Ernst-Hermann Rübsam
Keramische Gefäße – gegossen

Eine von fünf Arbeitsgruppen 5./6. Schuljahr.

Aufgabe:
Konfektschalen für einen Jungen-Geburtstag,
große Schalen und dazu passende kleine Schälchen
(siehe Bild auf Seite 65, Text auf Seite 228).

Ernst-Hermann Rübsam

Keramische Gefäße – gegossen

Schulpädagogik
Sozialpädagogik
Freizeit-Hobby

frech-verlag

Die Farbbilder auf Rückseite des Umschlages zeigen Beispiele verschiedener Glasuren:

Oben links: Eine Grundglasur (Egeling/337 m, Mattglasur 1150 °C) durch je 4 % Farbkörper (bezogen auf das Gewicht der Trockenmasse) eingefärbt. Die Grundglasur auf den Eierbechern ist weiß-deckend. Sie ergibt mit den Farbkörpern Pastelltöne. Scherben: Feinsteinzeug/Egeling.

Unten links: Abstufung des Farbtons durch Zugabe von je 1 %, 2 % und 3 % der Farbkörper Schwarz, Gelborange und Braun (Egeling) zur Grundglasur 337 m (Egeling/Mattglasur 1150 °C).

Oben rechts: Eintrübung und Mattierung der Grundglasur 338 (Egeling/transparent, glänzend 1150 °C) durch 10 %, 15 % und 20 % Braunkohlenasche (kleine Vasen), sowie durch 20 %, 30 % und 40 % Basaltmehl.

Unten rechts: Proben von Laufglasuren unter Verwendung von zwei Grundglasuren für zwei verschiedene Temperaturbereiche. Beschreibung: im Abschnitt über Laufglasuren.

ISBN 3-7724-0608-4 · Best.-Nr. 878
3. neubearb. und erweiterte Auflage
(ISBN 3-7724-0023-4 Erstausgabe)

© 1983

frech-verlag
GmbH + Co. Druck KG Stuttgart
Druck: Frech, Stuttgart 31

Dank

meinem Freund H. Schauermann,
Herrn Ing. grad. M. Wagner und
Herrn Dipl.-Ing. Gennrich
für die Beratung in keramisch-
chemisch-technologischer Hinsicht,

meinen Kollegen G. Steinmetz,
R. Sturm und D. Crumbiegel für den
ständigen Gedankenaustausch,

sowie
Herrn Prof. O. Mehrgardt
für seine freundliche Stellungnahme!

Inhalt

Zuvor:
Dem Werkunterricht ist nicht damit gedient,
lediglich um eine weitere,
mehr oder weniger fragwürdige Werktechnik
„bereichert" zu werden.
Es ist deswegen notwendig, sich zunächst eingehend,
kritisch und klärend, unterrichtstheoretisch,
mit der anstehenden Thematik auseinanderzusetzen.
Gleiches gilt für die Arbeitsbereiche
der Sozial-, der Heil-, der Freizeitpädagogik,
der Beschäftigungs- und der Arbeitstherapie.
Auch sie sehen im keramischen Arbeiten ein Medium,
ein Mittel zum Erreichen
unterschiedlicher und spezieller Ziele.
Darum sind in den jeweiligen Kapiteln
Hinweise für diese besonderen Intentionen gegeben.

Der Laienwerker,
der in fröhlicher Arbeit zu seinem Werkstück kommen möchte,
mag die entsprechenden Kapitel getrost übergehen.

I. Zur didaktischen Lage des Faches WERKEN

Der allgemeinbildenden Schule wird seit geraumer Zeit vorgeworfen, sie führe die Schüler in der herkömmlichen Version des Faches WERKEN nicht in jene Lebenswirklichkeit ein, die den zukünftigen Normal-Erwachsenen als common man (Klafki) erwartet.

Die Vorhaltungen beziehen sich auf die Tatsache, daß Werkunterricht längere Zeit hindurch entweder anderen Fächern in „methodischer Dienerschaft" ein- bzw. untergeordnet war, oder daß man ihn als „therapeutische Maßnahme" und als „musisches" Fach sah mit der Aufgabe eines Ausgleichs gegenüber der „Verkopfung" durch andere Fächer, oder daß man die Intention des Laienschaffens in den Werkraum übertrug und schöne oder nützliche Gegenstände produzierte, um sie dann besitzen oder ausstellen zu können.

Der Vorwurf bezieht sich letztlich auf die mehr oder weniger starke Vernachlässigung des Hauptziels jedes Schulfaches, auf einem bestimmten Sektor „Lernen" zu ermöglichen und anzustreben (1).

Deswegen bemüht man sich seit geraumer Zeit, einen Problemkreis (Bezugsbereich) festzulegen, den die Werkerziehung unterrichtlich klären sollte. In diesem Sinne sind Veröffentlichungen und Kongreßbeiträge seit etwa 1966 zu verstehen (8), die eine deutliche Neuorientierung dokumentieren und die gekennzeichnet sind durch die Worte

„nicht mehr das Bildnerische, sondern *Technik* als Bezugsbereich!"
„technisches Werken",
„Hinführung zur Arbeitswelt",
„Arbeitslehre",
„technische Bildung", „technisches Denken" . . . und ähnliche.

Da wir in den Termini „Arbeitswelt, Arbeitslehre" usf. den Begriff „Technik" mitdenken, können wir sagen, daß die Neuausrichtung eine mehr oder weniger vollständige Hinwendung zum Komplex der „Technik" ist.

Als äußerste Vereinfachung läßt sich sagen, daß dem Begriff „Technik" die Bereiche

„technisches Entwerfen" (Durchdenken, Rechnen, Skizzieren, Auswählen von Werkstoffen usw.),
„Fertigungstechnik" (z. B. Schweißen, Bohren, Sägen, Lackieren) und
„technischer Gegenstand" (Automobil, Tisch usw.)

immanent sind, wobei das Entwerfen und das Herstellen (mit Hilfe von Werkstoffen) lediglich Methoden sind, um zur eigentlichen Sache, dem *technischen Gegenstand* zu gelangen.

Vielfach wird der Begriff der „Technik" mit Erscheinungen vermengt, die
ihrem Wesen nach einem anderen Bereich, nämlich dem der „Wirtschaft"
angehören, z. B.:

Ökonomie des Einsatzes von Energie (Einzelarbeit — Arbeitsgruppe, Muskel-
arbeit — Maschinenarbeit, Serienfertigung, Schichtarbeit, Fließbandarbeit
usw),
Ökonomie des Einsatzes von Werkstoff und Werkzeug (Verschnitt, Ver-
schleiß, Unkosten, Zeitgewinn usw.)
mit den wiederum hieraus folgenden vielschichtigen sozialen Problemen wie
Ausbeutung, wirtschaftliche Macht, Kapitalismus — Sozialismus, Vermas-
sung, Arbeitszeitverkürzung, Fähigkeiten zur Kooperation . . . (12).
Wir werden an anderer Stelle zu entscheiden haben, in welchem Maße Phänomene der Wirtschaft und des Sozialen in der werkspezifischen Arbeit berücksichtigt werden können oder müssen.
Alle eben genannten Erscheinungen sind gleichsam aufgehängt an der eigentlichen Sache, nämlich dem „technischen Gegenstand". Um den Ort im
Gesamtgefüge erkennen zu können, an dem unsere Besprechung über „gegossene keramische Gefäße" stattfinden soll, ist es deswegen zunächst
notwendig, einen informativen Überblick über „technische Gegenstände"
zu geben.

II. „Technische Gegenstände", der Bezugsbereich der Werkerzie-
hung und der Ort der vorliegenden Thematik

Die Gegenstände der Technik, als Schöpfungen menschlicher Kunstfertigkeit (griech. = techne), sind in ihrem Wesen primär geprägt durch die jeweilige *Aufgabe,* deren Lösung der Mensch von ihnen erhofft. Dabei ist zu
betonen, daß wir sie als *ganzheitliche* und für sich voll aufgabenerfüllende
Dinge verstehen müssen und beispielsweise elektrische Schalter, Räder,
Schubstangen, Verkleidungen oder dergleichen nicht als „technische Gegenstände an sich" bezeichnen dürfen, sondern lediglich als deren Teile.
In ersten Gliederungsversuchen werden z. B. die Bereiche „Bau", „Gerät",
„Maschine" benannt (1) (8).

10

Die Tatsache der Sinnbestimmung aller Gegenstände und die Art ihres „Dienstes" und somit ihres Wesens gestatten es, diese weiten Begriffe feiner zu untergliedern und *Zusammenfassungen von Gegenständen gleicher Aufgabenrichtung* zu bilden.

Da findet sich zunächst der Typ **„Handwerkzeug"** (Typ 1).

Er umfaßt alle Gerätschaften, die der „Organverstärkung" dienen, die also eine als mangelhaft funktionstüchtig empfundene körperliche „Werkzeug-Funktion" des Menschen steigern, ergänzen oder gar ersetzen sollen.

Das sind spitze, scharfe, schabende, hammerartige usw. mit der Hand betriebene Werkzeuge. Scheren, Zangen und ähnliches sind jedoch schon einfache „Maschinen".

Eine zweite Zusammenfassung ist möglich zum Typ des Gegenstandes mit der vorwiegenden Funktion

des **Tragens** (Typ 2).

Sein primäres Spezifikum ist es, mit einer „Ebene" (oder einer modifizierten Vorrichtung) versehen zu sein, die sich in angemessener Weise und in der Regel vertikal belasten läßt. Es sind in einfacher („erdverbundener") Form: Untersetzer, Platz, Startbahn usw., und in einer von der Erde wegstrebenden und deswegen auch sekundären horizontalen Kräften ausgesetzten Spielart: Lichtmast, Stützgestell, Notenständer . . ., sowie Hochspannungs(gitter)mast, Sendemast, Tisch, Hocker, Podium, Brücke usw.

Zum Typ der **„Sperre"** (Typ 3)

gehören alle Dinge, die eine Abgrenzung, ein Hindernis gegen (meist) horizontale Bewegung bilden sollen. Das sind z. B.: Deiche, Sperrmauern, Palisaden, Geländer, Zäune, Windschirme . . .

Eine Kombination der beiden vorgenannten Arten sind die Gegenstände vom Typ **„Gefäß"** (Typ 4)

mit den deutlichen Funktionen des Aufnehmens und Bewahrens sowie der Hergabefähigkeit. Der (didaktischen) Klarheit halber hat es sich als sinnvoll erwiesen, drei Untertypen zu benennen:

a) das offene Gefäß (das man zwar abdecken kann, das aber im Grunde direkt zugänglich sein soll): Napf, Vase, Blumenkasten, Futterkrippe . . .,

b) das abdeckbare (abgedeckte) Gefäß: Flaschen, Kannen, Schachteln, Schränke, Silos . . .,

c) das Haus (im Grunde auch ein mehr oder weniger gut „abdeckbares Gefäß", wegen der besonderen didaktischen Bedeutung und seiner möglichen spezifischen Kompliziertheit hier aber gegen

b) abgesetzt!):

Hütten aller Art,

Hallen aller Art,

Einfamilienhaus, Bungalow, Mehrfamilienhaus . . .

Eine mehr in der persönlich-intimen Sphäre liegende Gruppe von Dingen läßt sich durch den Arbeitsterminus

„Verhüllendes" (Typ 5)

kennzeichnen. Das sind Gegenstände, die ähnliche oder gleiche Funktionen erfüllen sollen wie „Gefäße" oder „Sperren".

Wir finden zwei Untertypen vor:
a) durch Abdecken oder Umwickeln Verhüllendes: Decken aller Art, Teppich, Kopftuch, Schal . . .,
b) durch „Anpassung" Verhüllendes: Jacke, Hose, Strumpf, Mütze, Handschuh, Kissenbezug . . .

Das genannte Gegenstandsfeld ist vornehmlich Bezugsbereich der hauswirtschaftlichen Fächergruppe (Nadelarbeit, Textiles Werken und dergl.).

Den Typ „Maschine" (Typ 6) (11) unterteilen wir wie üblich in
a) „Energiemaschinen" (das sind die allbekannten „Motoren") und
b) „Arbeitsmaschinen" einfacher und komplizierter Natur.

Sodann ist der Typ „Fahrzeug" (Typ 7) zu nennen.

Die Untertypen sind:
a) Landfahrzeug
b) Wasserfahrzeug und
c) Luftfahrzeug.

Eine letzte Zusammenfassung von „Schmuckstück", „Orden", „Abzeichen" usw. könnte mit dem Arbeitsterminus

„Optisch Auszeichnendes/ Kennzeichnendes" (Typ 8)

belegt werden. Solche Gegenstände sollen letztlich soziale Probleme der „Rangordnung", d. h., des Über-, Ein- oder Untergeordnetseins regulieren helfen (13).

Das insgesamt sind die Gegenstände menschlicher Kunstfertigkeit (techne) in ihrer jeweils ganzheitlichen und für sich sinnerfüllenden, typischen Form (10). Die Aufstellung spiegelt gleichzeitig die Richtung der Wünsche und Hoffnungen des Menschen wieder, die aus seinen natürlichen „Nöten" erwachsen. Er will grundsätzlich

seine unzureichenden Organe verbessern (Typ 1),

seine „Güter" und sich selbst von der Erde abheben (Typ 2),

sich selbst und seine „Güter" vor seitlichem „Zugriff" schützen (Typ 3),

sich selbst und seine „Güter" schützend „umhüllen" (Typen 4 u. 5),

der Notwendigkeit zur Arbeit (vergeblich) entrinnen (Typ 6),

für sich und seine „Güter" gezielte Ortsveränderungen erleichtern bzw. ermöglichen (Typ 7)

und in der allgemeinen Sozität des Lebens „bestehen" (Typ 8),

wobei eine Organverbesserung (Typ 1) vielfach die Voraussetzung für eine maximale Erfüllung der anderen Wünsche ist.

Es wird deutlich, daß „technische Gegenstände" auf „Hilfe" ausgerichtet sind (15).

(Anmerkung: Die Grenzen von Typ zu Typ sind durchlässig. Es gibt also kombinierte Gegenstände, die sich nicht direkt einordnen lassen, weil ihre Teile verschiedenen Bereichen zugehören.)

Alle Gegenstände werden vom Menschen gruppiert, zusammengestellt und räumlich, nach ihrem Erscheinungsbild, nach ihrer Aufgabe zueinander in Beziehung gesetzt in Form eines **Biotops** (d. h. hier, eines durch menschliches Wesen geprägten Lebensraumes) (16).

Das sind Wohnungen,
Arbeitsstätten,
Ansiedlungen und ganze, vom Menschen beeinfußte Landschaften der jeweils unterschiedlichsten Art.
Weiter: Bei der Herstellung der Gegenstände aller Typen spielen grundsätzlich eine Rolle:
a) **Werkstoffe, Werkzeuge und Fertigungstechniken (Werkverfahren),**
b) **Fragen des ökonomischen Werkstoff-, Werkzeug- und Krafteinsatzes, des ökonomischen Fertigungsablaufs,**
c) **die soziale Organisationsform des Werkprozesses** als
   aa) Herstellung eines Einzelgegenstandes in Einzelarbeit (evtl. unter Mithilfe eines Partners) oder in Arbeitsteilung durch eine Gruppe,
   bb) Herstellung einer „Serie" durch den Einzelnen oder durch Arbeitsteilung in einer Gruppe.
In diesem Zusammenhang ist mit der Absicht einer Rangabstufung wiederum zum Ausdruck zu bringen, daß Werkstoffe, Werkzeuge, Fertigungstechniken und Organisationsformen von Arbeit *„nur" Mittel, Methoden, Wege sind,* um die eigentliche *Sache, den Gegenstand,* hervorzubringen.
Ein sich neu orientierender und auf „Technik" ausgerichteter Werkunterricht, eine „Arbeitslehre", eine „Hinführung zur Berufs- und Arbeitswelt" und ähnliche oder noch zu erwartende Konzeptionen werden ihre Substanz aus dem oben genannten Katalog entnehmen müssen. Es dürfte dabei nicht zu übersehen sein, *daß „Technik" nicht erst bei der „Maschine" beginnt,* sondern bei andersgearteten und sehr viel einfacheren, aber eben doch „technischen Gegenständen".
Mit allen diesen Gegenständen und den weiteren daraus resultierenden Erscheinungen der Technologie, der Ökonomie und des Sozialen gerät der Normal-Mensch in innige Berührung und zwar
a) als Herstellender, Produzierender,
b) als Käufer, Beschenkter, Übernehmender,
c) als Benutzender, Nutznießer, Bedienender-Steuernder oder/und
d) als „Leidtragender" dank mancher möglichen negativen Auswirkung.
In einen solchen zwangsläufigen Kontakt gerät sowohl das Kind, als auch der Jugendliche und der Erwachsene. Damit ist die Frage nach der allgemeinen Relevanz zu bejahen.
Innerhalb des umrissenen Bezirks werkunterrichtlicher Bemühungen (und auch als Präzisierung des Buchtitels) werden wir es fortan mit
a) *offenen und*
b) *abdeckbaren (abgedeckten) Gefäßen aus Keramik*
zu tun haben, zwangsläufig natürlich auch mit ihrer Einbettung *in einen Biotop,* darüber hinaus mit den entsprechenden
Werkstoffen,
Werkzeugen,
Fertigungstechniken,
Organisationsformen von Arbeit
sowie Problemen der Ökonomie und des Sozialen.

III. „Gefäß" aus Keramik

Spezielle didaktische Untersuchung

Wenn wir einen konkreten Gegenstand, eine Verfahrensweise, eine Verhaltensweise oder dergl. zum „Gegenstand", „Inhalt" des Unterrichts machen wollen, kommen wir nicht umhin, die didaktische Gewissensfrage zu stellen. Wir müssen also nach den vermuteten oder erhofften immanenten „Bildungsgehalten" („Bildungswerten") unseres „Unterrichtsgegenstandes" (unseres „Unterrichtsinhaltes") fragen. Oder einfacher: Wir müssen untersuchen, ob, wodurch und in welcher Richtung unser „Inhalt" geeignet ist, dem Lernenden bei der Bewältigung seines augenblicklichen und seines zukünftigen Lebens hilfreich zu sein. Mit dem Ergebnis einer solchen Untersuchung steht und fällt unser Vorhaben (19). Wir fragen also nach den „Lernzielen". (Siehe auch „Bildungsgehalte"!)
Zum Zwecke der Analyse bedienen wir uns des Denkmodells von W. Klafki über die „Struktur des Elementaren" (20), das der besseren Verständigung halber nachstehend in sehr gedrängter Form skizziert werden soll. Nach diesem Modell sind die möglichen Gegenstände des Unterrichts durch drei „Ebenen" charakterisiert, und der Lehrer sollte sich über diese innere Struktur seines Gegenstandes klar werden, um dessen bildenden Gehalt erkennen und danach seine didaktische Entscheidung fundiert treffen zu können. Im positiven Falle sollte er es dann dem Schüler ermöglichen, die drei „Ebenen" mit dem Erfolg einer „doppelseitigen Erschließung" zu durchschreiten (18).

Ebene III: Das „Geschichtlich-Elementare":

„Geschichtlich allgemein ist all das, was an konkreten Erscheinungen, Lagen, Aufgaben . . . das Leben des Kindes . . . und . . . des Erwachsenen. . . bestimmt . . ., was zu den uns alle berührenden Problemen der Gegenwart gehört . . ."

Geschichtlich elementar sind solche Gebilde, „. . . an denen . . . die . . . Allgemeinheiten . . . erfahrbar werden können" in der Wirkung einer „doppelseitigen Erschließung".

Ebene II: Die „kategorialen Voraussetzungen geistiger Aneignung und Bewältigung":

Sie werden bestimmt als „. . . der Inbegriff von Inhalten, die die Bedingungen der Möglichkeit der Erkenntnis oder die Erfahrung des Konkreten sind: . . . Methoden und Prinzipien, . . . Strukturzusammenhänge . . ., ästhetische Formelemente . . ., Urformen handwerklich technischen Schaffens . . ."
Die kategorialen Voraussetzungen geistiger Aneignung und Bewältigung „sind nur *am* Individuellen, Konkreten, Geschichtlichen faßbar. Aber sie werden als etwas erkannt, . . . was selbst . . . *nicht konkret,* sondern . . . *noetisch-allgemein"* (d. h. erkenntnismäßig-allgemein; d. Verf.) ist.

Ebene I: Das Fundamentale

ist bestimmt als „die geistige Grundrichtung" oder als „Geist und Haltung". Die großen Grundrichtungen müssen „an den sie repräsentierenden Gehalten schon in *einfacher* Form erfahrbar sein . . ."
z. B.: „. . . handwerklich-technische Bildung,
gesellschaftliche Bildung,
musisch-ästhetische Bildung . . .,
sprachlich . . .-kulturkundliche Bildung,
. . . wirtschaftlich(e) . . . Bildung . . .,
sittlich-soziale Bildung . . ."
Wahrscheinlich sind in jeder einzelnen „Grundrichtung" „mehrere fundamentale Grunderfahrungen" möglich.

Diese allgemein gehaltenen Aussagen gilt es nun in unserem speziellen Fall zu konkretisieren.

Die „Struktur des Elementaren", bezogen auf den Typ „Gefäß" aus Keramik

Ebene III: Das „Geschichtlich-Elementare"

a) *offene Gefäße:*

Napf
Schüssel   für Obst, Kleingebäck, Nüsse, Brot, Kartoffeln,
Schale   allg. „Speisen" sowie andere aufzunehmende
Teller   Dinge wie etwa Blumen, Nähzeug . . .

Ascher
Vogeltränke

Becher   für Wein, Likör, u. ä., Saft, Milch, Eier

Tasse   für Kaffee, Tee . . .
(speziell: Teeschale)

Topf
Krug   für Wasser, Wein, Bier . . .
Amphora

offene Kanne   für Wasser, Saft, Milch, Kakao (auch Milchgießer)

Vase   für die verschiedensten Arten von Blumen und
                als Boden-, Tisch-, Wandvase
evtl. Leuchter, als kombiniertes Gerät).

b) *abdeckbare (abgedeckte) Gefäße:*

Flasche   für Likör o. ä., Saft, Sirup . . .

Dose   für Kleingebäck, Zucker, Konfekt, Marmelade,
                Tabak, Zigaretten, Tee, Kaffee . . .
Kanne + Deckel für Kaffee, Tee, Kakao . . .

Bowlegefäß

Die genannten Gegenstände stehen bisweilen untereinander in enger Beziehung, etwa als *Gedeck* oder als Saft-, Milch-, Kakao-, Tee-, Kaffee-, Wein-, Likör-, Speise-Service.

Die Aufstellung zeigt das gegenständliche Hier und Jetzt unserer Thematik, und es ist evident, daß der common man engen Kontakt zu den o. a. Gefäßen hat, und zwar wohl nur im Sonderfall als Produzierender, dafür aber ohne Ausnahme als Käufer, Benutzender, Schenkender, als Konsument. Das bedeutet ganz allein: Er sollte von diesen Dingen „etwas verstehen". Oder, im Sinne „kategorialer Bildung" (18): Diese Dinge sollten für *ihn* „erschlossen", und umgekehrt, *er* für *sie* „aufgeschlossen" sein, wobei die Frage auftaucht, unter welchen Voraussetzungen eine solche „doppelseitige Erschließung" erfolgen kann. Zur Beantwortung benötigen wir die Fakten der Ebene II.

Sie ermöglichen es dem Lehrer, dem Sozialpädagogen, dem Arbeits- und Beschäftigungspädagogen usf. **Grob- und Feinlernziele** für seine jeweilige Situation aufzustellen, zu akzentuieren und zu modifizieren:

a) Welches ist das gewünschte (evtl. zu überprüfende) Endverhalten?
b) Welche Hilfsmittel sind erforderlich, möglich, gestattet?
c) Welcher Beurteilungsmaßstab soll bei einer (möglicherweise gewollten) Überprüfung des Endverhaltens angelegt werden?

Ebene II: Die kategorialen Voraussetzungen geistiger Aneignung und Bewältigung

Ein Mensch, der verstehen will, warum ein Gegenstand so und nicht anders gebaut ist, und warum er letzten Endes seine Aufgabe erfüllt, bzw. nicht, und der auch darüber urteilen soll, tut gut daran, dem Werdungsprozeß nachzuspüren. Ein technischer Gegenstand mit einem bestimmten Habitus ist ja nicht deswegen so beschaffen, weil man ihn eben „schon immer so macht", sondern es knüpfen sich an seine Herstellung ganz bestimmte Bedingungen, die von der zu erfüllenden Aufgabe diktiert werden. So ist der Herstellungsablauf, von der Planung bis zum letzten Handanlegen, ein Spiegel dieses Zwanges.

Die Frage nach der Aufgabe veranlaßt uns, an dieser Stelle einige Feststellungen vorwegzunehmen, die nicht zur Ebene II, sondern zur *Ebene I, des* „Fundamentalen" gehören, die ihrerseits charakterisiert ist durch die Frage nach dem „Geist", nach der „Sinnrichtung der Dinge", nach ihrem tiefsten „Wesen", und das ist in unserem Fall eben *die Frage nach der Aufgabe:* Was sollen die Dinge eigentlich? Wir hatten bereits früher dargelegt, daß alle technischen Gegenstände in ihrem tiefsten Sinngehalt anzusprechen sind als *Hilfe aus den „Nöten" des Lebens.*

Die in Ebene III angeführten Gefäße sollen den Benutzenden aus der Ohnmacht und der Hilflosigkeit befreien, nur geringe Mengen von „Gütern" (da sie evtl. flüssig sind, ätzen, heiß sind usw.) für nur sehr kurze Zeit oder überhaupt nicht bewahren zu können vor dem Auseinanderstreben, der Unordnung, dem Verlust, dem Verderb. Der Bau von Gefäßen entstammt also einem der bereits erwähnten „Urwünsche", nämlich nach Erlösung aus der mangelhaften menschlich-physiologischen „Bewahr-Fähigkeit", also einer unzureichenden „Gefäß-Funktion".
Zurück zur Ebene II! Welche Bedingungen müssen erfüllt werden, um diesen „Urwunsch" zu befriedigen?
Sie sind allgemein umrissen durch drei Forderungen:
Abstimmung des Gefäßes

1. auf die Körperform, die Größe, das physikalische und chemische Wesen, also auf den *Gesamthabitus* des zu Fassenden, Aufzunehmenden, zu Behaltenden und schließlich wieder Herzugebenden,
2. auf die speziellen Bedürfnisse, Erwartungen, Hoffnungen, Absichten *des Benutzers*, sowie seine physische Beschaffenheit, d. h. auf seinen psychophysischen Habitus,
3. auf die zukünftige Umgebung, *die Situation (Biotop)*.

Als Erläuterung
zu 1. Es bedarf keiner besonderen Betonung, daß z. B. Tafelobst verschiedener Art und Menge eine andere Form, Größe und auch Maßrelation von Gefäßen bedingt wie Zigaretten. Desgleichen verlangen Flüssigkeiten, im Gegensatz zu festen Gütern, möglicherweise eine andere Randformung und eine andere Stufe an Dichtheit und chemischer Beständigkeit.

zu 2. Wir zielen hier in der Betrachtung ab auf das Phänomen der „psychosomatischen Transparenz", daß nämlich in allen Lebensäußerungen (nicht nur beim „künstlerischen Gestalten") der augenblickliche und komplexe Zustand der leib-seelischen Ganzheit „durchscheint", das heißt, transparent zu werden versucht, in unserem Fall auch beim Bau oder bei der Auswahl von Gefäßen.
So werden die einzelnen und doch sehr unterschiedlich gearteten Menschen (auch in Zukunft) unterschiedlicher Meinung sein über die Angemessenheit von Form, Proportion, Größe und die Art der Gefäß-Oberfläche, denn sie messen ja durch die Brille ihrer eigenen Wesensart, und sie werden je nach ihren spezifischen Bedürfnissen, ihrem emotional gefärbten Dafürhalten, ihren mehr oder weniger unbewußten Erwartungen oder reflektierten Absichten in unterschiedlicher Weise feinsinnig, sachlich, nüchtern, unkritisch, vierschrötig, überspannt usw. und mit den entsprechenden Ergebnissen *aktiv werkerisch schaffen* oder *aus einem Angebot auswählen*.
Wir werden diese Tatsache als „werkerische Unbekannte" hinnehmen müssen. Hier liegt einer der Gründe für die Vielfalt der Erscheinungen, und hier haben

wir auch gleichzeitig das Feld von „Erziehung" und „Beeinflussung" jeder Art vor uns:

durch die Schule, durch das Elternhaus,

durch (positive) Konsumentenerziehung und -beratung,

durch verkaufswirksame Werbung, Reklame, Mode usw.

zu 3. Wir haben bereits weiter oben mitgeteilt, daß alle Gegenstände eingebettet sind in Situationen. Das zwingt dazu, die Dinge abzustimmen auf meist vorher bekannte lokale, dimensionale, historische, ökonomische, biologische, kultursituative, emotionale, logische usw. Bedingungen eines Biotops, und die Werkstücke werden dann, je nach Kritikfähigkeit, Habitus und Willen des Schaffenden bzw. Auswählenden in angemessener Weise in diese komplexe Umgebung „passen" und sie evtl. auch verbessern und „veredeln".

Konkret: Die Schüssel, in der das Weihnachtsgebäck im wohlverschlossenen Keller aufbewahrt wird, „kann man eben nicht gut" auf den Festtisch stellen. Ihre Größe und das Aussehen korrespondieren nicht mit der festlichen Situation. Man benutzt sogar eine besondere, die mithilft, dem Tisch das entsprechende Gepräge zu geben. Wahrscheinlich wird auch ein Zelturlauber nicht auf den Gedanken kommen, die „guten" Tassen einzupacken, weil die etwas rauhere und urwüchsigere Atmosphäre des „einfachen Lebens" wegen der Zerbrechlichkeit des Festgeschirrs zu Befürchtungen Anlaß gibt. Ebenso paßt eine Bodenvase nun einmal der Größe halber nicht recht auf den Schreibtisch. Und der Gedanke an die biologische Situation eines Freßnapfes für die Katze und eine mögliche unangemessene Zweckentfremdung durch Kleinkinder kann schockierend sein.

Den drei Forderungen nach „Abstimmung" gerecht zu werden, bereitet gewiß Schwierigkeiten. Aber gerade darin liegt das Reizvolle, und die Menschheit versucht seit Jahrtausenden, Lösungen zu finden, man schafft Neues, bis hin zum „letzten Schrei", um kurze Zeit darauf doch wieder unzufrieden damit zu sein. Offensichtlich ist der Begriff der „Abstimmung" relativ. Das kommt auch in der Rangordnung der drei Forderungen zum Ausdruck: Primäre Bedeutung hat die Erfüllung der ersten Bedingung, gewissermaßen als der Hauptaufgabe, nämlich das Gut tatsächlich aufzunehmen, zu bewahren und auch wieder herzugeben (Ebene I). Hier wird geurteilt nach den Kriterien: Es funktioniert grundsätzlich, bzw.: So geht es nicht! Der Spielraum zwischen diesem Entweder-Oder ist recht klein. Dagegen ist die Abstimmung auf den Benutzer und die Situation, auch wenn sie dringend zu wünschen oder gar kategorisch zu fordern ist, vielfach eine Frage des Kompromisses, dessen Beurteilungsspielraum viel weiter spannt und, je nach Anspruchsniveau, etwa über die Maßstäbe „ideal", „gut", „mäßig", „schlecht" bis „unangemessen" reicht. Aber auch im Fall relativ großer Unangemessenheit ist es möglich, daß der Gegenstand noch immer seine Hauptaufgabe erfüllt! Eine Umkehrung ist jedoch nicht denkbar. So läßt sich etwa die schon leicht angeschlagene Schüssel sehr wohl auf den Weihnachtstisch stellen, auch wenn sie nicht „paßt". Die Plätzchen stehen jedenfalls zur Verfügung, und zwar „wohlbehütet". Man kann auch die guten Tassen grundsätzlich zum Zelten mitnehmen und benutzen. Ebenso kann man auch zwei Meter lange Gräser in einer Bodenvase auf den Schreibtisch stellen: Die Gräser „stört" das nicht. Sie stehen sicher und fallen auch richtig zum Strauß. Usw. . . .

Wir wiederholen zusammenfassend, daß eine „Abstimmung" auf den Gesamthabitus des *Gutes* mehr der scharfen Beurteilung *„richtig — falsch"* unterliegt, während der Grad der „Abstimmung" auf den *Benutzer und die Situation* mehr eine Frage der Schulung des jeweiligen und unterschiedlichen Anspruchsniveaus, der werkerischen und finanziellen Möglichkeiten oder der Gelegenheit zur Bedarfsdeckung ist. Das hat die mehr fließenden und dem Ermessen unterliegenden Beurteilungsmaßstäbe von *„ideal"* bis *„außerordentlich unangemessen"* zur Folge.

An dieser Stelle sei folgende Erscheinung erwähnt: Es läßt sich nachweisen, daß im Laufe der Menschheitsgeschichte bei der Gestaltgebung von technischen Gegenständen und von ganzen Umwelten drei Phasen aufeinanderfolgen.

Die erste: Man ist glücklich, den Gegenstand zum Zweck der Hilfe (aus irgendeiner „Not") zunächst **überhaupt** herstellen zu können. Er sieht deswegen nüchtern, sachlich, einfach, schlicht, technisch „ehrlich" aus. So auch die Umwelt.

Die zweite: Die Herstellung ist nach einer gewissen Zeit kein übermäßiges Problem mehr. Die technische Funktionserfüllung allein genügt nicht mehr. Die Ansprüche wachsen. Man beginnt, den Gegenstand und seine Teile (dem „Zeitgeist" gemäß) „schöner", in stärkerer oder anderer Weise symbolträchtig zu machen, indem man ihn unter Wahrung der Funktionstüchtigkeit z. B. ornamentiert, färbt, schmückt, verformt, ohne ihn jedoch unter einer Decke von Zutaten zu ersticken. Die Umwelt wird „bunter", vielfältiger.

Die dritte: Man ist auch dieser „Einfachheit" überdrüssig. „Man kann es, man hat es!" Gestalteelemente, Buntheit, Zierat werden verändert bzw. so gesteigert, daß sie im Etxrem die aus der Funktion entstandene einfachtechnische Gestalt mit ihrer verwirrenden Fülle überdecken.

Als Beispiel sei die zeitliche Abfolge im alten Griechenland genannt: Dorisch (seit etwa 1100 v. Chr.), Ionisch (seit etwa 600 v. Chr.) und Korinthisch (seit etwa 500 v. Chr.). (Vergleiche z. B. Säulenkapitelle!)

Aus der neueren Zeit kennen wir die Abfolge: Romanik — Gotik — Renaissance/Barock/Rokoko. Sie zeigt das gleiche.

Je nach wirtschaftlicher, weltanschaulicher, politischer usw. Lage schalten ganze Völker oder Teilpopulationen zu gegebener Zeit um und holen aus dem Schatz dieser geschichtlich nachweisbaren Gestaltungsprinzipien, das für ihre Lage jeweils Zutreffende, für eine Weile hervor, bis sich die Lage wieder ändert. Diesen Wandel kann man auch, z. B. durch Werbung, beeinflussen. Man wird aber in Notzeiten die „dorische" Gestaltgebung bevorzugen, weil die „ionische" oder gar die „korinthische" wesentlich teurer sind. Es ist eben „mehr dran", und das kann man erst dann kaufen, „wenn man's hat".

Auch beim Einzelmenschen treffen wir die Abfolge dieser Phasen an, von der einfach-dorischen Funktionsphase der Kinder und Jugendlichen bis zur verwirrend protzig-korinthischen Phase von verdienenden Erwachsenen, die ihren Wohlstand (mehr oder weniger bewußt) auch zeigen wollen.

Das schließt nicht aus, daß ein erheblicher Teil von Menschen über kürzere oder längere Zeit bewußt eine Stilrichtung bevorzugt, etwa die einfach-funktional-dorische, weil sie ihrer Überzeugung im intellektuellen und emotionalen Bereich (also ihrem „Geschmack") entspricht.

Das bedeutet für den Schulpädagogen, den Sozialpädagogen, den Therapeuten und auch den Freizeitwerker, daß er in jeder Gruppe von Arbeitenden eine Mischung von Gestaltungsvorstellungen vorfinden wird, die vom Gruppenleiter in unterschiedlicher Weise zu tolerieren sind. Einem Sozialpädagogen z. B., der in der Volkshochschule unter dem Aspekt der „Selbstverwirklichung" arbeitet, laufen die Teilnehmer weg, wenn er sie allzustark beeinflussen will.

Uns obliegt es nun zu fragen, auf welche Weise es möglich ist, alle drei Forderungen nach Abstimmung im höchsten Maße zu erfüllen.

Wie schon angedeutet, versucht die Menschheit seit Tausenden von Jahren das Problem zu lösen, indem sie entweder auf urtümliche Art probiert, ob das zufällig Gefundene oder das Gemachte die Aufgabe erfüllen und dazu angemessen sind, oder, indem sie durch *planende Vorausschau, geistige Vorausbewältigung der werkerischen Fragen* von vornherein ein positives konkretes Ergebnis zu sichern versucht.

Beide Verfahrensweisen werden auch heute, wie eh und je, praktiziert, sowohl von Kindern als auch von Erwachsenen. Sobald ein Probieren *zielgerichtet* und vorsätzlich abläuft, nähert es sich der Form rein geistiger Planung, die jedoch ihrerseits einen spezifischen Erfahrungsschatz voraussetzt. Rein gedankliche „Planung" und „Probieren" ergänzen sich beim Menschen in eng verflochtener Weise spätestens dann, wenn ein geplanter und hergestellter Gegenstand der Kontrolle halber oder im Gebrauch ausprobiert, das heißt, geprüft wird und dann seine Eignung und Angemessenheit unter Beweis stellt bzw. den Erwartungen nicht entspricht (21).

Eine „technische Zeichnung" mit Material- und Stückliste (22) ist die *Perfektion* und das *Endstadium* von vorbereitender Planung, für die die oben genannte prüfende Erprobung vielfach noch aussteht. „Planende Vorausschau" *beginnt* aber bekanntermaßen viel einfacher, etwa als vage Vorstellung, verschwommenes und langsam Gestalt annehmendes inneres Bild, erste konkrete Notiz, in die allgemeine Richtung zielende und immer weiter getriebene Teil- und Gesamtskizzierung, Entwurf und technische Skizze, wobei der Gesamtablauf untermischt ist mit Versuchen, Berechnungen, gedanklichem und stofflich-konkretem Probieren, mehr oder weniger sachkundigem und kritischem Entscheiden.

Damit ist u. a. die *methodische Dimension* der schulischen Bemühungen angesprochen: Es muß im Werkunterricht, und natürlich auch in unserem speziellen Bereich der „keramischen Gefäße" *geplant* werden. Es muß nicht gleich eine perfekte technische Zeichnung gefordert werden, es sollte aber auf alle Fälle geistige Bemühung erfolgen, das heißt einfach, es sollte im obigen Sinne *nachgedacht* werden.

Worüber nun?

Wenn wir die Forderung nach „Abstimmung" im Hintergrund sehen, muß es sich notwendigerweise um eine *ganze Reihe von Werkproblemen* handeln, die planend vorausbedacht und schließlich praktisch bewältigt werden müssen. Sie bilden in ihrer Gesamtheit ein derart *verflochtenes Netz von Beziehungen,* daß man sie nicht isoliert sehen darf, sondern vielfach gleichzeitig im Auge haben muß. Wir kommen jedoch der Klarheit halber nicht umhin, sie getrennt aufzuführen und zu besprechen.

1. Die Wahl des Werkstoffes:

Sie knüpft sich zunächst an die grundsätzliche Frage, ob man das Gefäß aus Holz, Metall, Pappe, keramischer Masse oder dergleichen bauen sollte, und zwar in Relation zu den oben genannten und unterschiedlich gewichtigen Faktoren:

In erster Linie muß hier die chemische und physikalische Eignung bedacht werden. Ist das Werkmaterial in angemessenem Maße tauglich? Ist es ungiftig, unlöslich, korrosionsfest, bruchfest, dicht? Welche natürliche Farbe bringt der Werkstoff mit? Kann oder muß man sie gegebenenfalls beeinflussen, ändern, überdecken? Welche natürliche und an der Oberfläche sichtbare Struktur weist das Material auf? Z. B. Körnung durch Schamotte, Wachstums- oder Fabrikationsspuren wie Jahresringe, Markstrahlen, Maschinenspuren bei Blechen usf.? Oder ist keinerlei sichtbare Struktur vorhanden?

In unserem Falle ist die Entscheidung bereits getroffen: *Keramische Masse!* (Tonmehl allein, auch unter Zusatz von Schamotte oder Sand, ergibt keine betriebssichere keramische Masse, wie im zweiten Teil des Buches ausführlich dargelegt wird! Ton ist lediglich ein **Teil** einer „keramischen Masse".

Aus diesem Grunde wird der Ausdruck „Ton" auch weiterhin nicht verwendet, weil eine Irreführung vermieden werden soll!) Keramik also ist chemisch resistent, ungiftig und kann auch durch entsprechende Behandlung (siehe „Werkverfahren" und „Oberfläche"!) dicht und verhältnismäßig bruchfest werden. Über ungiftige Glasuren wird an anderer Stelle zu sprechen sein. Die unbehandelte Oberfläche ist in der Farbe von Natur aus oft wenig ansprechend, was aber durch Glasieren, Engobieren und Einfärben der Masse zu ändern ist. Gleiches gilt für die Strukturlosigkeit der Oberfläche: Sie ist nach Wunsch zu beeinflussen etwa durch Glasureffekte (Laufglasur, matte oder glänzende Glasur . . .), Lineamente, Ornamente, Aufrauhungen usw.

2. Das Verfahren zur Herstellung des Gefäßes bzw. seiner Einzelteile:

Aus der Vielzahl der keramischen Fertigungstechniken zur Formung von Gegenständen (23) benennen wir zunächst die hauptsächlichen und möglicherweise praktizierbaren:
a) *Formung von Hand* durch Kneten, Aufbau aus Wülsten oder Stücken (24).
b) *Drehen auf der Töpferscheibe* (25).
c) *Eindrehen in eine Gipsform:* In eine schnell rotierende Gipshohlform wird mit Hilfe einer zentrierten und in die Form ragenden Schablone eine Schicht keramischer Masse „eingedreht" (an der Wandung entlang eingestrichen) (Bierseidel, Blumentöpfe, Becher usw.)
d) *Überdrehen über eine Gipsform:* Über einer schnell rotierenden, erhabenen Gipsform (für Teller, flache Schüsseln usf.) ist eine feststehende Blechschablone angebracht, mit deren Hilfe keramische Masse in einer bestimmten Schicht „übergeformt" (überstrichen) wird.
e) *Pressen:* In eine Hohlform aus Stahl wird eine nasse, halbtrockene oder trockene keramische Masse mit Hilfe eines Stempels eingepreßt.
f) *Gießen:* Nach einem Original (Positiv) wird eine Hohlform (Negativ) aus Gips hergestellt, die mit verflüssigter keramischer Masse ausgegossen wird. Der Gips saugt aus dem Gießschlicker Wasser auf, es bildet sich eine Schicht an der Gipswand, die überschüssige Masse wird zurückgegossen, und der „Formling" (oder „Gießling") kann kurz darauf entnommen werden. Die Möglichkeit der Wiederholung ist außerordentlich groß. Das Gußverfahren eignet sich zur Herstellung von keramischen Gegenständen der unterschiedlichsten Art, gleichgültig, ob sie drehrund sind oder nicht (Henkel, Tüllen usw.) (26).
Zurückblickend und schon unter methodischem Aspekt ist zu sagen, daß für den Normalfall der allgemeinbildenden Schule das Drehen auf der *Töpferscheibe* nicht in Betracht kommen wird, weil einmal die Maschinen nicht vorhanden sind und wohl auch in Zukunft nicht beschafft werden, und weil die fertigungstechnischen Schwierigkeiten zu groß sind. Ein Töpfer hat vor noch nicht allzulanger Zeit immerhin sieben Jahre lernen müssen, und man schätzt das notwendige Üben an der Scheibe auf etwa eintausend Stunden!

Zum Pressen, zum Ein- und Überdrehen fehlen ebenso die Einrichtungen und Maschinen. Der durch die beiden letzgenannten Verfahren zu erschließende Sachbereich ist verhältnismäßig klein, wenn man daran denkt, daß sich in der Regel nur tellerartige Gefäße überdrehen lassen, und daß man durch Eindrehen nur Gefäße bis zu einer bestimmten Wandschräge (z. B. Blumentöpfe) herstellen kann. Sowie die Wandung steiler wird, oder die obere Öffnung enger als der „Bauch" (wie bei vielen Vasen, Kannen und dergl.), werden die Schwierigkeiten sehr groß. Damit sind die Grenzen des Ein- und Überdrehverfahrens vom Gegenstand her recht eng gezogen. Trotzdem! Es ist grundsätzlich möglich, beide Verfahren, die im Grunde auf dem gleichen Prinzip beruhen, an einfachen Geräten zu praktizieren. Es fragt sich aber unter anderem, in welchem Maße diese Verfahrensweise auch für andere Werkstoffbereiche typisch ist, und ob sie im Sinne des Exemplarischen geeignet ist, für prinzipiell gleiche Verfahren mit anderen Werkstoffen stellvertretend und übertragbar zu sein, ob letztlich der Gesamtaufwand für die *allgemeinbildende* Schule gerechtfertigt ist. Und daran muß vorerst gezweifelt werden, weil es sich um eines der ganz speziellen keramischen Verfahren handelt. Gleiches gilt auch für das Freidrehen auf der Töpferscheibe.

Das Aufbauen von Hand, als die urtümlichste Verfahrensweise, hat demgegenüber die entscheidenden Vorteile, daß es kaum instrumentellen Aufwand erfordert und überall und von jedem praktiziert werden kann. Der aber hier sehr zu Buche schlagende Nachteil ist die Tatsache, daß der Laie (und das sind auch unsere Schüler) den auf das Papier gebrachten oder im Geiste vorhandenen Entwurf kaum verwirklichen kann, weil die Ausführung eines bestimmten Planes doch recht schwierig ist. Das zeigen sogar in erheblichem Maße die Arbeiten von Studierenden der Werkpädagogik, deren richtige und angemessen ästhetische Planung dann in der praktischen Ausführung oft eine gründliche „Metamorphose" durchmacht. Und das trotz der Übung in einem Studium! Es fehlt also in diesem Fall die konkrete Bestätigung für die planerische Bemühung.

Dazu kommt, daß ein Aufbau von Hand, der außerdem ungeübt ist, zwangsläufig eine recht erhebliche Wandstärke sowie eine typische Rauhigkeit und Deformiertheit der Oberfläche nach sich zieht. Das wiederum hat zur Folge, daß im Handaufbau eben nur solche Dinge gewerkt werden, bei denen diese Fakten nicht ins Gewicht fallen oder gar dazu beitragen, die Originalität zu erhöhen. Es wird sogar (und zu Recht!) gefordert, ein solcher Gegenstand solle die Hand des Werkenden keinesfalls verleugnen. Damit schrumpft der mögliche Themenkreis zusammen, und wir haben es in der Schule im wesentlichen dann mit Vasen und Schüsseln verhältnismäßig grober Art zu tun. Es entstehen Dinge, die zwar in ihrer Weise gültig sind, die aber mit der tatsächlichen „Welt keramischer Gefäße", mit denen sich der common man umgibt, nicht korrespondieren, wie es wünschenswert wäre. *Ein ausschließlich solches keramisches Schaffen in der Schule steht also gewissermaßen „neben dem Leben"!* (Was nicht bedeutet, daß nicht auch auf diese Weise, etwa in der Grundschule, erste Kontakte zu ermöglichen und Kriterien zu gewinnen wären.)

Anders stellt sich „Aufbaukeramik" für den Sozialpädagogen, den Vorschul-
erzieher, den Heil- oder den Freizeitpädagogen, den Beschäftigungsthera-
peuten, den Hobbywerker usw. dar:
Aufbaukeramik birgt komplexe Lernziele, wie z. B. Selbstverwirklichung,
Selbstbestätigung, Identifikation mit Arbeit und Gegenstand, Entspannung,
Kreativität, Originalität, Motivationssteigerung, Therapie der Feinmotorik,
technologisches Lernen, soziales Verhaltenstraining usw. Das sind ganzheitlich verwobene (musische) Lernziele aus dem kognitiven, affektiv-emotio-
nalen und psychomotorischen Bereich. Sie lassen sich durch keramischen
Handaufbau hervorragend angehen.
Die Mittel- und Oberstufe der Schule allerdings, wie auch die anspruchs-
vollere Freizeitpädagogik, das gehobene Laienschaffen, z. B. in der Volkshochschule, die Arbeits- oder Beschäftigungstherapie, etwa im Strafvollzug,
in der Rehabilitation, in den Heilstätten für Suchtkranke usw., betonen oft
einzelne dieser Ziele. Sie differenzieren dann stärker und setzen auch das
Lernzielniveau partiell höher an.
Aus allen diesen Gründen wählen wir als methodische Möglichkeit *das Verfahren des Gießens,* das

a) die Gewähr bietet, tatsächlich und exakt das konkrete Ergebnis zu erhalten, das man vorausgeplant hat, das
b) Dinge erwarten läßt, die tatsächlich „Keramik" im Sinne der Lebenswirklichkeit des common man sind, oder ihr nahe kommen, das
c) Planungs- und Arbeitsfehler sich bemerkbar machen läßt, wie in der
Ernstsituation des Lebens, und zwar durch Stockungen im Werkablauf
und durch Mängel am Gefäß (genau wie in der „Arbeitswelt", zu der die
Schüler im Sinne von „Arbeitslehre" ja hingeführt werden sollen), das
d) lebensecht und produktionsnah ist, denn Keramik wird zum erheblichen
Teil gegossen, das
e) ein ganzheitlich für sich stehendes Ergebnis (aus dem Bereich des Typs
„Gefäß") ermöglicht und nicht, wie beim Metallguß, nur ein für sich wert-
loses Teil *an* irgendeinem nicht vorhandenen Gegenstandstyp (etwa eine
Türklinke oder ein Rädchen), das
f) in seinen allgemeinen fertigungstechnischen Prinzipien einen „Transfer"
auf die Gußverfahren mit den Werkstoffen Metall, Glas, Kunststoff usw.
zuläßt, das
g) ungefährlich ist, im Gegensatz etwa zum Metallguß, bei dem mit erheblichen Temperaturen gearbeitet wird, das
h) verhältnismäßig billig zu praktizieren ist, und das
i) sowohl Einzelarbeit als auch Arbeitsteiligkeit ermöglicht mit dem Ergebnis von Einzelstücken oder Serien.

Der Genauigkeit halber soll das Verfahren an anderer Stelle gesondert beschrieben werden.

3. Die allgemeine Form des Gefäßes:

Wir meinen hier mit „Form" nicht schon, wie im landläufigen Sinne, die Gesamtgestalt des Gefäßes, sondern lediglich eine Zugehörigkeit seines For-
menbestandes zu den voneinander unterscheidbaren Formbereichen

a) des „Natürlich-Rundlichen",
b) des exakt und geometrisch „Runden" und
c) des „Gerade-Winkligen"

mit den jeweils linearen, flächigen und körperlichen Erscheinungen (50).

Die Entscheidung für Formarten ist auch hier unter dreifachem Blickwinkel
zu treffen:

```
                          Aufzunehmendes?
Formbereich?              Benutzer?
                          Umgebung/Situation?
```

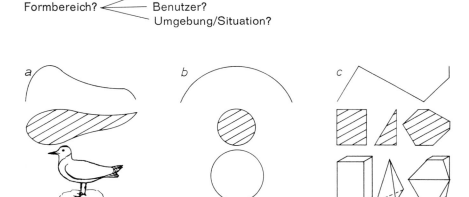

Abb. 1   Allgemeine Formbereiche des Gegenständlichen und des Ungegenständlichen.

Beim genaueren Durchdenken wird deutlich, daß nicht nur das Werkverfahren des Drehens Grund dafür ist, daß die meisten der in Ebene III aufge-
führten Gefäße in ihrem *Grundriß* (der Draufsicht) zum Formbereich des
Runden gehören. Man kann alle diese Dinge ja auch auf andere Weise eben-
winklig herstellen, tut es aber trotzdem nur in sehr wenigen Fällen. Gefäße
mit drehrunden Böden, Wandungen und Öffnungen scheinen sehr „beliebt"
zu sein!
Dagegen ist die Form des *Seitenrisses* (der Seitenansicht) offensichtlich
weniger stark festgelegt. Wir begegnen dort rundlichen, zirkelrunden und
gerade-winkligen Formen in großer Spielbreite, sogar miteinander vermischt
oder als Durchdringungen (6).

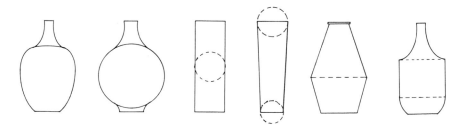

Abb. 2 Mischformen im Seitenriß von Gefäßen.

Wie ist das zu erklären?

Wenn wir an die Form des Aufzunehmenden denken, hellt sich schon einiges auf: Die aufzunehmenden Güter, wie Obst, Gemüse, Nüsse, Brotscheiben, Blumen, Flüssigkeiten, Zucker usw. gehören meist selbst zum Bereich des Rundlichen oder Amorphen und schmiegen sich einer runden, konkaven oder zylindrischen Wandung besser an als einer ebenen. Flüssigkeiten laufen beim Ausschütten reibungsloser, wenn zumindest das Ende der Tülle in der *Form der Gießbahn* hergestellt ist, und *das ist eine Kurve.* Die Fragen lauten:

Funktioniert der Ausgießer? Kann sich die Flüssigkeit, vom ersten bis zum letzten Moment des Ausgießens, tatsächlich vom Gefäßrand lösen? Ist in der Form der Schnaupe (der Tülle, des Gießrandes) berücksichtigt, daß die Flüssigkeit sowohl der Schwerkraft der Erde, als auch der Adhäsionskraft (der Anhangskraft) zwischen Gefäßwand und Flüssigkeit folgen will? Ist schon beim ersten Ausgießen der Winkel zwischen dem Flüssigkeitsspiegel und dem Gießrand negativ? (Siehe Abb. 2a). Kann man tatsächlich gießen, oder läuft die Flüssigkeit an der Kannenwand (u. dergl.) herunter? Eventuell Versuche vorschalten: Konservenbüchse und Wasser. Ausgießen! Rand mit Flachzange zunehmend umbiegen (Gießlippe)! Verbesserung der Gießfähigkeit.

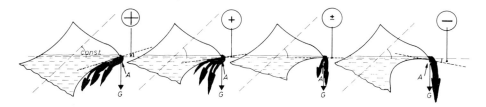

Abb. 2 a Die Form des Ausgießers und die Einwirkung der Schwerkraft (G) und der Adhäsionskraft (A) auf die über den Rand tretende Flüssigkeit.

Ebenso eindringlich sind die Forderungen von der Seite des Benutzenden her. Er kann mit seinen Händen (das sind Greiforgane in der Formqualität des „Natürlich-Rundlichen") oder mit Löffeln solche Gefäße besser entleeren, die im Seitenriß kurvig gebaut sind (Schüsseln und dergl.), weil auch seine Greifbewegungen Kurven darstellen. Er wünscht auch, Gefäße vollends entleeren bzw. reinigen zu können. Winkel und Kanten (Dreckecken) sind dabei hinderlich, kurvige Formen aber förderlich. Überhaupt wird an allen Teilen, die berührt oder mit der Hand angefaßt werden, Rundlichkeit bevorzugt, vor allem natürlich an Griffen, Henkeln, Deckelknöpfen, Greifrändern usw. Geradlinige und kantige Trinkränder zum Beispiel bereiten ein spezisisches Mißbehagen, so daß auch Entnahmeöffnungen aus dem Formbereich „rund" bevorzugt werden. Das zieht unter anderem die entsprechende Grundrißform des Deckels nach sich.

Wenn hier von der Beziehung zwischen Formqualität und Benutzer, Schaffendem oder Auswählendem (in seiner psychosomatischen Eigenart) die Rede ist, muß auch auf die Notwendigkeit einer Abstimmung auf *optischer Basis* hingewiesen werden. Damit sind u. a. die Möglichkeiten des Kontrastes (der Spannungserzeugung) bzw. des harmonischen Ausgleichs unter Ausnutzung unterschiedlicher Formqualitäten angesprochen (27) (6).

Lassen sich die Linienführungen (und wie wir hoffen, auch die daraus resultierenden körperlichen Formen) mit dem Auge in wohltuender Weise verfolgen, abtasten? Sind die Knicke nicht zu abrupt und störend? Gehen rundliche und gerade-ebene Formen harmonisch ineinander über? Oder sollen sie Teile des Gefäßes in Maßen voneinander abheben?

In diesem Zusammenhang ist es notwendig, einiges über die optisch richtende Wirkung von Formen zu wissen (2). Damit ist eine Erscheinung gemeint, die man z. B. auch für die Formgebung an Verkehrsschildern ausnutzt: Der Kraftfahrer wird durch die dreieckige Spitze des Wegweiser-Schildes unmißverständlich in die erforderliche Richtung gelenkt, und zwar durch ein optisches Signal.

Keramische Gegenstände unterliegen den gleichen oder ähnlichen Effekten. Verfolgen wir die optisch richtende Wirkung zunächst an einigen einfachen Formen!

a) Einfluß der mehr oder weniger scharfen Spitze mit den Wirkungen „leicht und aufstrebend" über „neutral" bis „schwer und klebend":
   Die aufstrebenden Formen sind möglicherweise für Vasen geeignet. Sie weisen auf den Strauß (als die Hauptsache) hin und kompensieren gleichzeitig seine Form (Abb. 3). Die „schweren" Formen sind eher für Becher und dergl. geeignet, die „fest" stehen sollen.

b) Einfluß der Höhe rechtwinkliger Formen (Abb. 4) von „breit und schwer" über „neutral" nach „hoch und leicht".

c) Einfluß von „Spitzen" an runden bzw. rundlichen Körpern (Abb. 5, Abschnitt a und b) mit den gleichen Wirkungen von „neutral und spannungslos", mehr oder weniger „leicht und sich abhebend" sowie „schwer lagernd und geduckt".

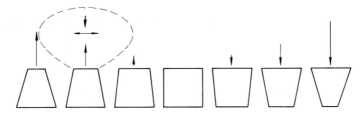

Abb. 3 Richtende Wirkung konvergierender gerader Formen (Kegelstumpf, Dreieck usw.).

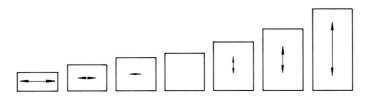

Abb. 4 Richtende Wirkung hoher bzw. breiter Rechtecke und Quader.

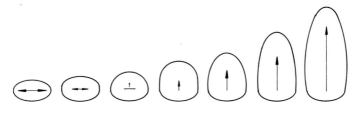

Abb. 5 Richtende Wirkung von „Spitzen" an runden bzw. rundlichen Formen.

Wenn wir ein Gefäß aus mehreren Einzelformen zusammensetzen (Abb. 6), so addieren sich deren richtende Wirkungen:

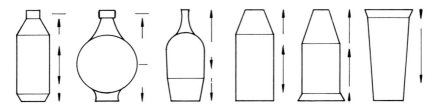

Abb. 6 Zusammenwirken des richtenden Effekts verschiedener Formen.

Sie heben sich entweder auf mit dem Erfolg des Überwiegens der einen oder der anderen Form bis hin zur völligen Ausgeglichenheit, oder sie verstärken sich in der gleichen Richtung bis zu einer individuell unterschiedlich empfundenen Unerträglichkeit.

Geradkantig-eben-winklige Formen wirken klar, evtl. streng und nüchtern, runde und rundliche dagegen weicher, anschmiegsamer, im Sinne von Kurven schwungvoller. Mischformen sind die entsprechenden Kompromisse.

Die richtende Wirkung von Formen ist bisweilen so stark, daß Gefäße in einem gewissen Maße sogar funktionsuntüchtig erscheinen können. Das gilt beispielsweise für Schüsseln, Becher usw., die häufig hochgehoben werden müssen, aber manchmal dank ihrer Form auf dem Tisch zu haften scheinen: Man kann das durch ein Absetzen mildern. — Oder: Eingefallene Flanken einer Vase oder einer Kanne zeigen an, daß das Fassungsvermögen verringert ist, oder daß das Gefäß in der Gefahr schwebt, zerdrückt zu werden. Als Folge stellt sich beim Betrachter leicht ein Mißbehagen ein. Auch eine Schale erleidet auf ähnliche Weise eine Einbuße ihres Behaltevermögens und geht bei nach außen schwingendem Rand über zur Form einer Platte, die seitliche Bewegungen nicht zu bremsen vermag.

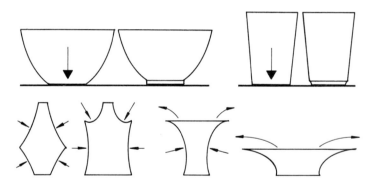

Abb. 7

(Anmerkung:
Beim Betrachten aller in diesem Kapitel gezeigten Formen ist zu bedenken, daß eine silhouettenartige Darstellung (auch in der Planung) einen anderen Eindruck erweckt als eine körperliche, etwa in der Schrägansicht, und daß außerdem jeder einzelne Mensch solche Formen wiederum auf seine eigene Weise empfindet.)

Wenn wir an eine Abstimmung auf die Situation denken, kommen in diesem Falle auch Fragen auf, die in Richtung auf den Begriff „Stil" zielen, wenn nämlich verschiedenartige Gegenstände zum Service oder Gedeck zusammengehören sollen, und wenn eine Vergesellschaftung mit Mobiliar usw. einer bestimmten Formqualität vorgesehen ist. Abstimmung ist hier keinesfalls lediglich als Anpassung an eine bestehende Situation zu verstehen, es muß vielmehr der Wille des Benutzenden, Schaffenden, Auswählenden oder Schenkenden mitgedacht werden, die Situation vielleicht sogar durch Kontraste zu verbessern oder zu verändern.

4a) Die Größen (Dimensionen) und ihre Beziehungen zueinander (die Proportionen), betrachtet von der Seite der Sinnerfüllung:

Die Größe eines Gefäßes ist gekennzeichnet durch eine Reihe von Dimensionen, deren jede für sich meßbar ist:

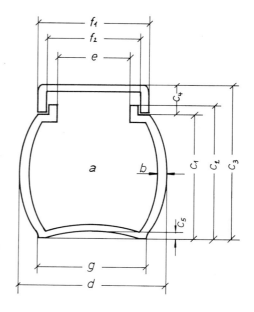

Abb. 8
Zu koordinierende Abmessungen
eines Gefäßes

a   = inneres Volumen
b   = Wandstärke
c   = Höhe (zusammengesetzt aus
*   eventuell mehreren inter-*
*   essierenden Teilhöhen)*
d   = größter Durchmesser des
*   Gefäßes (evtl. auch andere*
*   und kleinere Durchmesser*
*   von Verengungen, Flaschen-*
*   hälsen usw.)*
e   = lichter Durchmesser der Füll-
*   und Entleeröffnung*
$f_1 + f_2$ = Durchmesser des Deckels
*   (außen und innen)*
g   = Durchmesser der Standfläche

Außerdem interessieren noch die
Abmaße von Tüllen, Griffen usw.

Alle Abmessungen stehen in vielfach verflochtener Relation zueinander. Trotzdem sollen sie, soweit es geht, getrennt voneinander betrachtet werden, weil dadurch die Struktur des Flechtwerkes erst recht deutlich wird. Wir haben abzustimmen zwischen den Faktoren

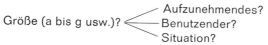

Größe (a bis g usw.)?   Aufzunehmendes?
                              Benutzender?
                              Situation?

und müssen dabei auf eine Vielzahl von Einzelfragen eine Antwort finden:
a) *Volumen*
Ist der Rauminhalt groß genug für die vom Benutzer geplante Menge des Gutes? Ist die Situation einer eventuell großen oder kleinen Vorratshaltung bedacht, oder soll der Inhalt in kleineren Mengen zum direkten Verbrauch dargeboten werden? (Das äußere Volumen interessiert in nur geringerem Maße. Es ist mitbestimmt durch das innere. In der Differenz haben wir die Menge des verwendeten Werkstoffes vor uns, charakterisiert durch die Wandstärke.)
An dieser Stelle ist zu bedenken, daß der fertige Gegenstand *dank der „Schwindung" der keramischen Masse kleiner ausfällt als er zeichnerisch geplant ist.* Dieser nachträglich eintretende Größenverlust ist vorher durch entsprechende Zugabe zu berücksichtigen! (Siehe dazu Kapitel über die Nachbehandlung und das Brennen!)
b) *Wandstärke:*
Ist sie dem Innendruck des Gutes angemessen und auch der situativ unterschiedlichen Kraft, Unvorsichtigkeit, Behutsamkeit usw. des Benutzers (Erwachsener, Kranker, Kind, Erfahrener, Unerfahrener)?
Ist die Wandstärke zu gering oder zu groß, auch im Hinblick auf die Gesamtgröße des Gefäßes und die brenntechnischen Probleme? Materialverschwendung?
c) *Höhe* und
g) *Durchmesser des Gefäßkörpers (evtl. auch mehrere):*
Beide Faktoren legen das Volumen fest. (Wir lassen hier der Einfachheit halber die Wandstärke unberücksichtigt und damit auch die Tatsache, daß wir es eigentlich mit einem inneren und einem Gesamtvolumen zu tun haben.)
Höhe und Durchmesser können nur in Relation zueinander gesehen werden: Ist das Gefäß so breit, beziehungsweise so hoch, daß das Gut tatsächlich aufgenommen und bewahrt wird, oder fällt es leicht heraus? Sind z. B. Höhe und Breite der Vase auf die Höhe und Breite des Blumenstraußes oder einer einzelnen Blume abgestimmt? Ist der „Bauch" so weit, daß die Stengel sich evtl. überkreuzen können, um ein Fallen des Straußes zu ermöglichen? Sollte man das Gefäß so breit bauen, daß der Benutzer mit der Hand hineinlangen kann? Soll er das nur mit Hilfe des Löffels? Oder kann geschüttet werden? Ist es zu reinigen? Läßt es sich zum Zwecke des Tragens oder Weiterreichens fassen, umgreifen, in der Dimension bewältigen?
Drängt die Enge einer Situation, die Feierlichkeit und Gemessenheit oder ein Herausragen-sollen mehr nach „hoch" als nach „breit"? Verlangen Gemütlichkeit, Unauffälligkeit oder aber die Lebhaftigkeit des Kinderdaseins eher nach „breit"?
Der Spielraum der Entscheidungen ist meist recht weit, da Volumen, Höhe und Breite vielfach nur als Richtmaße gefordert werden.
e) *Durchmesser der Füll- und Entleeröffnung:*
Ist die Öffnung weit genug für das Gut, oder zu groß? Kann der Benutzer tatsächlich einfüllen bzw. entnehmen? Mit der Hand, dem Löffel, dem Trichter? . . .

Verlangt die Situation eine weite Öffnung, mit der Möglichkeit, größere Mengen in kurzer Zeit passieren zu lassen, oder kann es gemächlich her- und zugehen?

f) Lassen sich mehrere gleiche Gegenstände dank der Maßrelation von Boden und Öffnung in evtl. erwünschter Weise *stapeln und damit raum-sparender aufheben?*

g) *Größe eines eventuellen Gefäßverschlusses (Deckel, Stopfen...)*
Sperrt er dank seiner Größe das Gefäß tatsächlich so ab, daß das Gut nicht zu entweichen vermag, daß kein Staub, keine Insekten und dergl. hin-eingelangen können?
Kann der Benutzende den Deckel in seiner Größe bewältigen, evtl. um-fassen, mit der Hand überspannen und anheben? Ist ein möglicher be-sonderer Griff angemessen groß?
Steht der Deckel (und ähnliches) in seiner Situation als dienendes Element in größenmäßig richtiger Relation zum Gesamtgefäß?

h) *Der Durchmesser der Standfläche (und damit ihre Größe):*
Die Aufgabe der Standfläche ist es, Stand**festigkeit** zu gewährleisten, und darauf zielen die Überlegungen des Werkenden ab (28).
Die Größe der Kippsicherheit ist abhängig
1. von der Größe der Standfläche, dazu
2. von der Lage des Schwerpunktes und
3. vom Gesamtgewicht.

Zu 1
Es ist bekannt, daß durch einen vergrößerten Durchmesser der Standfläche die Kippsicherheit erhöht wird:

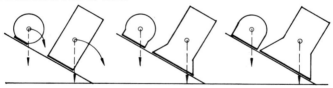

Abb. 9 Größe der Standfläche und Kippsicherheit.

Zu 2
Je tiefer der Schwerpunkt und je näher er an der Mittelsenkrechten über der Standfläche liegt, desto höher wird die Kippsicherheit:

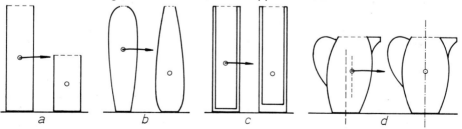

a   b   c   d

Abb. 10 Schwerpunktlage und Kippsicherheit.

Die Lage des Schwerpunktes wiederum hängt ab von der Verteilung der Masse des Gefäßes, was damit, bei gleichbleibender Standfläche, eine Frage der Höhe (a), der Lage des größten Durchmessers (b), der Wandstärke (c) und der symmetrischen Verteilung der Masse (d) ist (nicht aber unbedingt der Form!) (s. Abb. 10).

In unserem Fall tritt zusätzlich ein Problem auf insofern, als sich der Schwerpunkt sogleich verlagert, wenn man das Gefäß zu füllen beginnt oder etwas entnimmt: Flüssigkeiten, die beim Eingießen mit horizontalem Spiegel steigen, lassen den Schwerpunkt aus seiner ehemaligen Lage zunächst hinunter- und dann wieder hinaufsteigen. Beim Entleeren tritt die Umkehrung ein:

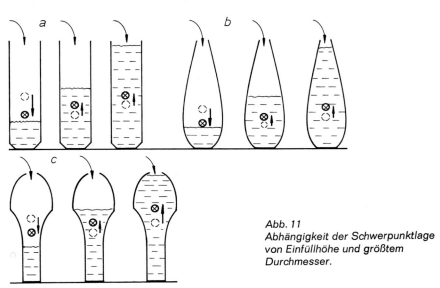

Abb. 11
Abhängigkeit der Schwerpunktlage
von Einfüllhöhe und größtem
Durchmesser.

Je höher die Flüssigkeit steigt, desto instabiler wird also die Gleichgewichtslage des Gesamtgefäßes. Auch hier ist sie charakterisiert durch die Verteilung der Masse, denn es stehen zwei Schwerpunkte in Korrelation, der des Gefäßes und der des Gutes (wechselnder Menge). Und es wirkt sich demnach auch hier wiederum die Einfüllhöhe und die Lage des größten Durchmessers (d. h. des größten Volumens) aus:
Bei c) wächst die Labilität mit steigender Füllhöhe stärker als vergleichsweise bei a) und b).
Zu 3
In jedem Fall tritt aber durch eine Füllung des Gefäßes und durch die damit verbundene Erhöhung des Gesamtgewichtes eine effektive Vergrößerung der Standfestigkeit ein. Dabei spielt natürlich auch das spezifische Gewicht der Füllmasse eine Rolle. Man muß also logischerweise größere Kraft aufwenden, um das Gefäß im gefüllten Zustand umwerfen zu können.

Das eben besprochene Phänomen des Kippens unterliegt letzten Endes dem Hebelgesetz:

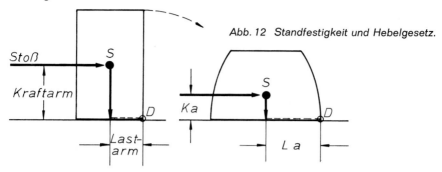

Abb. 12 Standfestigkeit und Hebelgesetz.

Auch von hier aus wird deutlich, daß der Wunsch nach Standfestigkeit die Forderung in sich birgt,
die Standfläche und das Gewicht groß
und die Lage des Schwerpunktes niedrig zu halten.
Zu der letzten Abbildung muß bemerkt werden, daß wir den möglichen Stoß im Schwerpunkt haben angreifen lassen. Wenn wir aber bei *hohen* Gefäßen den Angriffspunkt auch relativ höher legen können, verlängert sich der Kraftarm erheblich, und das Gefäß ist wesentlich gefährdeter als ein niedriges, auch wenn die anderen Bedingungen günstig sind.
Wir hatten bisher nur von *flüssigen* Füllgütern gesprochen. Sehr viele Gefäße sollen aber solche aufnehmen, die in *fester* Form und in mehr oder weniger großen stückigen Einheiten vorkommen: Äpfel, Nüsse, Gebäck, Reis usw. Beim Einfüllen oder Entleeren steigt oder fällt deren „Spiegel" nicht horizontal, sondern unregelmäßig kegelförmig, einseitig schräg usf. Das hat zur Folge, daß der Schwerpunkt sich nicht nur in der Vertikalen auf und ab bewegt, sondern auch seitlich, und zwar im Extrem bis jenseits der Unterstützungsfläche:

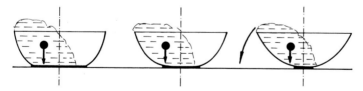

Abb. 13 Seitlich verschobener Schwerpunkt bei kleiner werdender Standfläche.

Das Gefäß kippt, und das um so eher, je kleiner die Standfläche im Vergleich zur Breite des Gefäßes ist, und je mehr ein stückiges Füllgut dazu neigt, sich aufstapeln zu lassen und nicht nach der Seite in die Vertiefung des Gefäßes zurückzurutschen wie eine Flüssigkeit.

Unsere Fragen lauten also:
Ist die Größe der Standfläche in ihrer vorgenannten Bedingtheit abgestimmt auf die Eigenart von Flüssigkeiten oder stückigen Füllgütern? Ist die Situation bedacht? Handelt es sich um die ruhige Sphäre einer Vase auf dem Wohnzimmerschrank, soll sie als *Boden*vase dienen oder gar in Wind und Wetter auf der Terrasse stehen? Haben wir es mit einer beschaulichen oder unruhigen Häuslichkeit zu tun? Zwingt vielleicht die mögliche Gefährlichkeit des Inhalts zu besonderer Vorsicht? Kurz gesagt: Ist im Hinblick auf die Art der Füllung und der Situation daran gedacht, daß Kräfte von außen und von innen das Gefäß zum Kippen bringen können?
Wenn ja, dann sind auch die Belange des Benutzers gewahrt: Sicherheit! Wer will schon, daß Gefäße kippen? Baut sie niedrig, breit und schwer!
Mit einer solchen dringenden Empfehlung gerät man aber sogleich in Kollision mit anderen Forderungen nach Abstimmung, denn wir können, wie gesagt, das Problem der Standfläche (und damit der *Standfestigkeit*) nicht trennen von dem der anderen Abmaße.
Damit nicht genug: Die Vorstellungen des Benutzers werden nicht nur durch rationale Forderungen gesteuert, sondern in erheblichem Maße auch durch Emotionen. Wie oft hört man sagen: „... Es gefällt mir nun mal nicht!" oder: „... Lieber das da!" Warum, kann vielfach nicht angegeben werden.
Damit wären wir, im Anschluß an die Besprechung der funktional-rational bedingten Forderungen, nunmehr im vagen Bereich der Sympathie und der Antipathie gegenüber den Proportionen von Gefäßen.

4b) Einiges zur emotionalen Bedeutsamkeit von Proportionen an Gefäßen des täglichen Gebrauchs (die „ästhetische" Seite)

Es geht also auch hier um das Verhältnis der verschiedenen Dimensionen *zueinander,* nicht um deren absolute Maße.
Jedes Gefäß besitzt, wie schon gesagt, im einfachsten Fall drei uns interessierende Abmaße, nämlich für den Boden (a), die Höhe (b), die Füll- und Entnahmeöffnung (c) (und dazu für die Wandstärke d).
An Gefäßen, deren Gesamtgestalt zusammengesetzt ist, oder an „abdeckbaren Gefäßen" müssen wir naturgemäß mit einer größeren Anzahl solcher Abmaße rechnen.

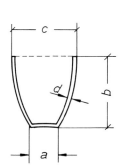

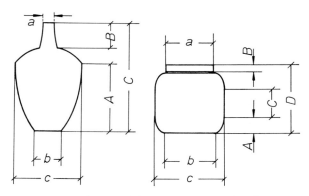

Abb. 14
Einfaches Gefäß,
wesentliche Abmaße

Abb. 15 Komplizierte Gefäße, wesentliche Abmaße.

Diese einzelnen Dimensionen sind nun in der Lage, sich durch das Verhältnis ihrer Größe gegenseitig zu beeinflussen. Mathematisch läßt sich ein solches Verhältnis durch eine Gleichung ausdrücken. Sie würde beispielsweise bei den zwei Abmessungen eines Papierblattes von 9 und 12 cm lauten: Es verhält sich die Breite zur Länge wie 9 cm zu 12 cm. Oder in Kurzform: Br : Lg = 9 cm : 12 cm. Der Quotient 9 cm : 12 cm hat einen Wert von 0,75. Das bedeutet in unsrem Fall, daß bei einem Vergleich der beiden Abmessungen die Breite nur 0,75 oder 3/4 der Länge beträgt. Dieses Verhältnis bleibt auch erhalten, wenn wir die Maße verdoppeln oder verdreifachen. 18 : 24 oder 27 : 36 ergeben noch immer den gleichen Wert (0,75). Es ist nun optisch gar nicht gleichgültig, welches Maßverhältnis wir zwischen zwei, drei oder vier Dimensionen wählen, weil sich der Betrachtende durch unterschiedliche Proportionen auch unterschiedlich angesprochen fühlt. Das mag an einigen Beispielen erklärt sein:
Die abgebildeten Rechtecke sind alle gleich lang, nur ihre Breite ist jedesmal eine andere, d. h. ihr Verhältnis Länge zu Breite ist nicht gleich.

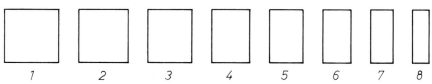

1   2   3   4   5   6   7   8

Abb. 16 Testfiguren zum Goldenen Schnitt.

Auf die Frage, welches Rechteck „... am besten gefiele", entschieden sich im Test die Versuchspersonen verschiedenen Alters und beiderlei Geschlechts in ca. 300 Wahlakten
12 % für Nr. 1, 13 % für Nr. 2, 14 % für Nr. 3, 20 % für Nr. 4, 17 % für Nr. 5, 12 % für Nr. 6, 6 % für Nr. 7, 10 % für Nr. 8.
Ein zweiter Versuch: Die abgebildeten rundlich ovalen Flächen besitzen alle die gleiche lange Achse, während die kleine jeweils differiert. Also auch hier ein unterschiedliches Verhältnis.

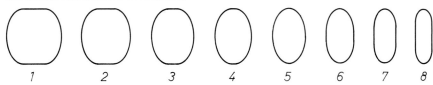

Abb. 17 Testfiguren zum Goldenen Schnitt.

Auf die gleiche Frage entschieden sich in weiteren 300 Wahlakten
13 % für Nr. 1, 14 % für Nr. 2, 6 % für Nr. 3, 15 % für Nr. 4, 34 % für Nr. 5, 6% für Nr. 6, 5 % für Nr. 7, 7 % für Nr. 8.
Ein dritter Versuch: An den unten gezeigten Figuren sind jeweils die Höhe, die obere Weite sowie die Kurvenführung gleich. Lediglich der Bodendurchmesser ist ein anderer

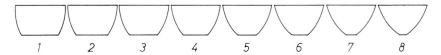

Abb. 18 Testfiguren zum Goldenen Schnitt.

Auf dieselbe Testfrage wählten in wiederum 300 Wahlhandlungen
6 % die Nr. 1, 4 % die Nr. 2, 5 % die Nr. 3, 19 % die Nr. 4, 30 % die Nr. 5, 21 % die Nr. 6, 8 % die Nr. 7, 8 % die Nr. 8.
Es ergeben sich drei Kurven (des „Angetanseins"), die in Abb. 19 graphisch dargestellt sind.

Wir bemerken eine erstaunliche Übereinstimmung der Ergebnisse: Von den Maßverhältnissen der Objekte Nr. 4, Nr. 5 und Nr. 6 fühlt man sich am meisten angesprochen.
Solche Untersuchungen können natürlich nur Anhaltswerte liefern, bzw. allgemeine Tendenzen nachweisen, denn es ist gewiß, daß für die Auswahl sowohl die Vorbildung als. auch alle möglichen konkreten Vorstellungen maßgebend waren, die von den Versuchspersonen in die Skizzen hineingedacht worden sind. Ebenso dürfte psychosomatische Transparenz mit im Spiel gewesen sein.

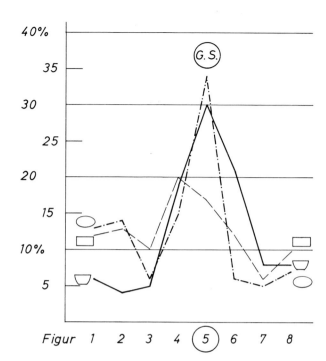

Abb. 19
Graphische Dar-
stellung des „Ange-
tan-seins" von
Maßverhältnissen
des Goldenen
Schnittes (GS).

Sicherlich ist die Auswahl des „Schälchens" unter anderem durch das in-
stinktive Verlangen nach Standfestigkeit gesteuert worden. Aber die gerade
besonders standfesten Objekte (1 bis 3) sind nicht als übermäßig „ansprechend" bezeichnet worden!
Ähnliches läßt sich auch über das Oval sagen. Viele Versuchspersonen
werden an eine Schale gedacht haben, die ja grundsätzlich etwas aufnehmen
soll, und die in einer bestimmten Situation steht. Man akzentuiert aber weder
die großen noch die ganz kleinen.
Es bleibt nur übrig, den Grund für diese Auswahl in der *ästhetisch* unterschiedlichen optischen Wirkung der einzelnen Maßverhältnisse zu suchen.
(Dabei spielt natürlich das „Gestalt"-Phänomen eine Rolle.) Die meisten
Versuchspersonen haben nämlich, ohne in der Regel etwas davon zu wissen,
in allen drei Versuchen den gleichen Maßrelationen den Vorzug gegeben:
Sie haben solche Objekte als besonders ansprechend bezeichnet, die nach
den Gesetzmäßigkeiten des *„Goldenen Schnittes"* entworfen worden
sind (29).
(Die Versuche können in allen möglichen Varianten wiederholt werden.)

Was ist das, der „GOLDENE SCHNITT"? (30)
Kurz gesagt: Er bezeichnet die Möglichkeit zur Teilung *einer* Strecke in *zwei* Teile. Zusammen mit der ungeteilten Strecke liegen dann insgesamt *drei* Längen vor.

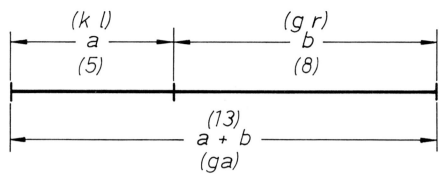

Abb. 20 Teilung einer Strecke nach dem Goldenen Schnitt.

Der Teilungspunkt wird jedoch in unserem Fall so gelegt (siehe mathematische Fachliteratur!), daß das Zahlenverhältnis

a : b gleich ist dem Verhältnis b : (a + b),

oder, in Worten gesagt, die *kleine* Strecke muß sich zur *großen* verhalten, wie die *große* zur *ganzen.*

Diese einmalige „goldene" Proportion ist nur zu erreichen, wenn der „Schnitt" an einer bestimmten Stelle erfolgt, und zwar würde er eine 13 cm lange Strecke in die Teilstrecken a = 4,97 cm und b = 8,03 cm zerlegen. Damit kommen wir zu der Verhältnisgleichung

4,97 cm : 8,03 cm = 8,03 cm : 13 cm,

wobei jede Seite der Gleichung den angenäherten Wert von 0,618 besitzt. Es ist einfacher, und für unsere Betrachtungen genügt es auch, wenn wir statt der *genauen* Werte kleine, ganze Zahlen verwenden. Wir können dann sagen, es verhält sich beim „Goldenen Schnitt"

das kleine zum großen wie das große zum ganzen Stück, und zwar

$$5 : 8 \approx 8 : 13$$

Dabei spielt es keine Rolle, ob wir als Maß mm, cm, dm, m, km, oder ein individuell festgelegtes einsetzen. Der Quotient jeder Seite hat immer den ungefähren Wert 0,62.

Legen wir den Schnittpunkt jedoch an eine andere Stelle, etwa in die Mitte der Strecke, dann „stimmt" die „Gleichung" nicht mehr. Es wären dann a und b gleich groß, so daß es heißen müßte

a : b ist *nicht* gleich b : (a + b), oder in Zahlen:

$$1 : 1 \neq 1 : 2 !$$

Was bedeutet das für uns?

Wir erinnern daran daß die Versuchspersonen durch ihre Auswahl jeweils die Objekte Nr. 4, Nr. 5, und Nr. 6 hervorgehoben haben. Sowohl das Rechteck, als auch das Oval und das „Schälchen" Nr. 5 (als Kulminationspunkte unserer Kurven) enthalten *genau* die Relationen des „Goldenen Schnittes".

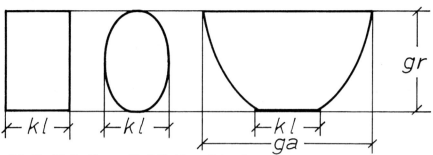

Abb. 21 Die Testfiguren Nr. 5 (Goldener Schnitt).

Man fand sich also von *diesen und den benachbarten Proportionen* besonders angesprochen!

Das ist eine Tatsache, die dem Eingeweihten längst bekannt ist und die man auch beim Bau aller möglicher Dinge berücksichtigt, wenn andere Forderungen nach Abstimmung es zulassen.

Die tieferen Gründe für das Wohlgefühl beim Auswählen solcher Gegenstände liegen sicherlich unter anderem auch in der Tatsache, daß der menschliche Körper vielfältig die Proportionen des Goldenen Schnittes oder dessen Näherungswerte aufweist (viele Pflanzen- und Tiergestalten übrigens auch) (30).

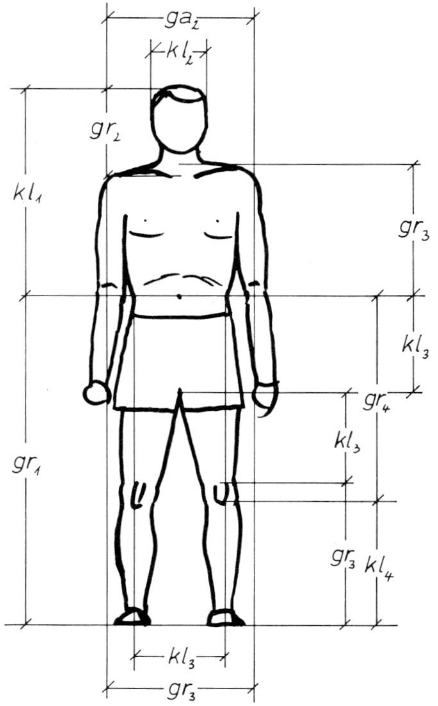

Abb. 22
Einige der Proportionen nach dem Goldenen Schnitt am menschlichen Körper.

Ein Mensch mit „verschobenen" Proportionen erscheint sofort kurzbeinig und daher bewegungsgehindert, oder er besitzt im umgekehrten Fall einen zu kleinen Rumpf mit entsprechend kleinen Eingeweideorganen und geringer Kapazität. Auch bei Verschiebungen anderer Relationen, etwa in der Kopf-Schulter-Partie, wird man von einem unguten Gefühl befallen, weil gleichzeitig biologische Funktionen gestört erscheinen usw.

Wenn wir an die entwicklungsgeschichtliche Situation der menschlichen Vorfahren denken, können wir uns vorstellen, daß die genannten Proportionen (in einem gewissen Spielraum) und ihre optische Wirksamkeit entscheidende Funktionen besaßen und in einer feindlichen Umwelt praktisch das „Überleben" bedeuten konnten, vor allem deshalb, weil man biologische Fehler nicht in dem Maße zu kompensieren vermochte, wie uns heute Lebenden das vielfach möglich ist.

Von einem solchen Gefühl für „gute", das heißt hier „lebenssichernde" Proportionen wurden seit jeher alle möglichen Entscheidungen beeinflußt, wenn es um den „richtigen" Körperbau, beispielsweise in den Bereichen Arbeitsfähigkeit, Ausdauer, Partnerwahl, Kampftüchtigkeit und dgl. ging. Das ist heute im Grunde nicht anders. (Man denke an die sogenannten Schönheitskonkurrenzen, bei denen letztlich Proportionen beurteilt werden.)

So dürfte das Gefühl für schöne, ästhetische, harmonische usw. Proportionen sehr eng mit einer Befriedigung über *gesicherte Funktionserfüllung* zusammenhängen, was bei der Jahrtausende dauernden *Erschaffung der „neuen" und nicht naturgegebenen Dinge*, die uns heute umgeben, und die oben als die Gegenstände der verschiedenen „Typen" bezeichnet worden sind, *mit Sicherheit* eingeflossen ist.

Wie dem auch sei, dem Menschen scheint der Quotient 0,618 des Goldenen Schnittes in einem gewissen Umfang und in gewisser Spielbreite zu behagen, und damit müssen wir auch bei unseren schulischen Bemühungen rechnen. Gleiches gilt auch für den sozialpädagogischen, den therapeutischen und den privaten Raum.

Wichtig ist in diesem Zusammenhang noch folgendes: Die Praxis des Unterrichts scheint den Schluß zuzulassen, daß es dem Menschen sehr viel leichter fällt, aus vorliegenden „Gestalten" die wohlproportionierten auszuwählen, als solche ausgewogenen Proportionen aus sich heraus selbst zu schaffen, bzw. zu entwerfen.

Damit sind wir wieder bei unseren eigentlichen Bemühungen um Gefäße aus Keramik, deren Proportionen nach Abstimmung verlangen und hier nun auf das Empfinden des Benutzenden.

Zu Beginn sei gleich gesagt, daß es *den* Benutzer in dieser Beziehung nicht gibt, weil die Weite und die Tiefe der emotionalen Schicht oder die ins Unterbewußtsein gesunkenen und zum Gefühl gewordenen Urteilskriterien individuell verschieden sind. Das sichert wiederum die Vielfalt der Erscheinungen
a) beim Schaffen und
b) im notwendigen Auswahlspektrum eines Angebots fertiger Gegenstände;
denn ein „genormtes" Empfinden kann man nicht voraussetzen.

Trotzdem hat die Proportionalität des Goldenen Schnittes in Grenzen ihre Bedeutung. Und wenn wir an die Schwierigkeiten denken, die beim Entwerfen von Gegenständen sowohl im Studium als auch in der Schule oder im Laienschaffen usw. entstehen, drängt sich die Frage auf, ob man nicht im Raum der Erziehung das Finden von „ansprechenden" Proportionen in unserem Falle erleichtern könnte, indem man ein diffuses Ermessen, Dafürhalten oder Meinen objektiviert durch helfendes oder überprüfendes Rechnen, ohne sich sklavisch daran zu binden und das Verfahren seelenlos zu vergötzen. Um es überspitzt zu sagen: Man sollte in der Lage sein, „trotz" des Wissens um den Goldenen Schnitt angenehme oder angemessene Proportionen aufzuspüren.

Es ist kein Zufall, daß auf diese Weise hervorragende und schöpferisch tätige Menschen, wie etwa Le Corbusier, ihr Leben lang mit solchen Proportionsgesetzmäßigkeiten (Modulen) gearbeitet haben, oder daß Albert Einstein, auf die Proportionalität des menschlichen Körpers und des Goldenen Schnittes zielend, von einer Maßordnung sprach, die *„das Schlechte schwierig und das Gute leicht macht"!* (30) (31)

Der skeptische Leser mag an dieser Stelle das Metermaß zur Hand nehmen, um sein Gebrauchsgeschirr nachzumessen. Er wird bei sehr vielen Gegenständen, auch bekannter Herstellerfirmen, die Relation des Goldenen Schnittes, evtl. als Annäherung, wiederfinden. Ein sogenanntes „Gefühl für gute Proportionen" entwickelt sich sicherlich nicht von allein, sondern läßt sich wohl nur erwerben durch kritische Reflexion und intensives Training (29) (30). Wie wenig Zeit steht aber während der Ausbildung dafür zur Verfügung?! Warum sollte man sich also hier, in einem Streben nach einer fragwürdigen Originalität, vollkommen auf ein unklares und verschwommenes Empfinden verlassen, wenn man (in Grenzen) durch Überlegung helfen kann? Es wird sich zeigen, daß trotz einer gewissen Festlegung ein großes Maß an individueller Gestaltungsmöglichkeit (in Form von Entscheidungsfreiheit) verbleibt, denn — es handelt sich ja hier *nur* um die *Relation* von Abmessungen zueinander, nicht um die Abmessungen selbst und auch nicht um Formen.

Die nachstehenden Skizzen versuchen das zu zeigen, und zwar sind bei einigen Arten von Gefäßen die charakteristischen Abmessungen in das beschriebene Verhältnis gesetzt. Die tatsächliche Größe ist unberücksichtigt, und der Verlauf der Seitenrißlinien (im Sinne von „Formen") kann nur als Beispiel aufgefaßt werden.

Zunächst stehen Höhe, Breite und Standfläche in Beziehung:

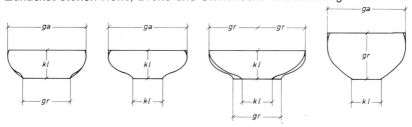

Abb. 23   Goldener Schnitt als Relation von Höhe, Breite und Standfläche.

Es werden wichtige Punkte in der Vertikalen gefunden. Die Dimensionen in der Breite sind frei variabel:

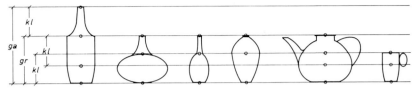

Abb. 24   Goldener Schnitt: Wichtige Punkte in der Vertikalen.

Ein kompliziertes System ermöglicht eine differenzierte Bestimmung von Punkten in der Vertikalen. Die Breiten sind wiederum frei verfügbar:

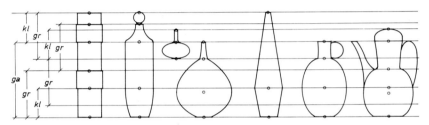

Abb. 25   Goldener Schnitt: Komplizierteres System in der Vertikalen.

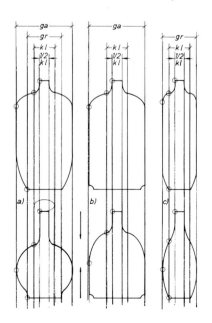

Die Skizzen zeigen, daß trotz der Einengung die Freiheit in der Wahl der Proportionen groß ist. Man könnte sogar mit ihnen „spielen", ohne allerdings die anderen Forderungen nach Abstimmung aus dem Auge verlieren zu dürfen. So ist man beispielsweise beim Entwurf einer Flasche von der Sache her möglicherweise gezwungen, für den Durchmesser des Halses das „kleine", für die Standfläche das „große" und für die Weite des Bauches das „ganze" anzusetzen (a).

Abb. 26
Goldener Schnitt: Festlegung in der Breite, Freiheit in der Höhe.

Man kommt aber für den Flaschenkörper auch mit dem „kleinen" und dem „ganzen" (b) oder mit dem „kleinen" und dem „großen" allein aus (c). Die Maßverhältnisse in der Senkrechten sind dabei nicht festgelegt und lassen eine große Zahl von Möglichkeiten zu.

Die Umkehrung finden wir, wenn die Proportionen in der Vertikalen festliegen und über die Breitenabmaße frei verfügt werden kann.

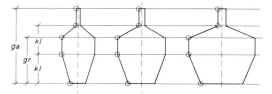

Abb. 27
Goldener Schnitt:
Festlegung in der Höhe,
Freiheit in der Breite.

Erst bei Zuhilfenahme eines zweiten Goldenen Schnittes wird man sowohl in der Senkrechten als auch in der Waagerechten festgelegt. Aber auch dann noch besteht Raum für freie Entscheidungen, wenn man daran denkt, daß bei zwar gleichbleibender Relation (5 : 8 ≈ 8 :13) für die jeweils größte Höhe und größte Breite des Gefäßes eine andere Abmessung festgelegt werden können, daß also im konkreten Fall das „ganze" für die Höhe 21 cm, für die Breite aber 13 cm betragen kann. Dabei erhalten auch das „kleine" und das „große" für Höhe und Breite unterschiedliche Längen.

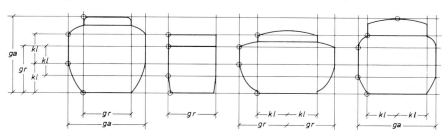

Abb. 28 Goldener Schnitt: Höhen und Breiten sind durch die gleichen absoluten Maße festgelegt.

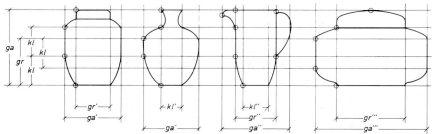

Abb. 29 Goldener Schnitt: Für die Höhen und die Breiten sind jeweils unterschiedliche Längensysteme verwendet.

An dieser Stelle wird besonders deutlich, daß man in der Lage sein muß, zu *einem* bekannten Maße die anderen ausrechnen zu können, gleichgültig, ob man nur einen oder aber mehrere „Goldene Schnitte" anzuwenden gedenkt. Dazu sei die nachfolgende Hilfe gegeben:

Wir können unsere vereinfachte „Gleichung" (5 : 8 ≈ 8 : 13) beliebig *erweitern oder kürzen* und erhalten dann, wie gewünscht, andere Zahlenwerte, während das Zahlenverhältnis (0,62) immer annähernd gleich bleibt. Als Maß können wir mm, cm, dm, m usw. einsetzen.

Beispiele:

5 : 8 ≈ 8 : 13
10 : 16 ≈ 16 : 26 (= erweitert mit 2)
7,5 : 12 ≈ 12 :\19,5 (= erweitert mit 1,5)
2,5 : 4 ≈ 4 : 6,5 (= gekürzt durch 2)
0,5 : 0,8 ≈ 0,8 : 1,3 (= gekürzt durch 10)

usw.

Da wir durch *Addition* der „kleinen" und der „großen" Teilstrecke die „ganze" Strecke erhalten, können wir unsere „Gleichung" auch durch Addition bzw. Subtraktion fortsetzen, ohne allzu ungenau zu werden:

3 : 5 ≈ 5 : 8 ≈ 8 : 13 ≈ 13 : 21 ≈ 21 : 34 ≈ 34 : 55 ≈ 55 : 89   usw. . . .

kl + gr   ga
   kl + gr ⟶ ga
      kl + gr ⟶ ga   usw. . . .

umgekehrt:

21 : 13 ≈ 13 : 8 ≈ 8 : 5 ≈ 5 : 3

ga — gr ⟶ kl
   ga — gr ⟶ kl
      ga — gr ⟶ kl

oder:

21 — 8 = 13
ga — kl = gr   usw.

Mit Hilfe der *feststehenden* Relation des Goldenen Schnittes von ungefähr 5 : 8 (etwa 0,62) können wir auch zu *einem bekannten Maß* die beiden anderen errechnen. Soll z. B. die kleine Strecke 7 cm lang sein, so ergibt sich

kl : gr ≈ gr : ga
7 cm : gr ≈ 5 : 8 (oder wie 8 : 13 oder 13 : 21 usw. . . . .)
5 gr ≈ 56 cm
gr ≈ 11,2 cm

Dann ist die *ganze* Strecke natürlich 7 cm + 11,2 cm = *18,2 cm lang.*

Man hätte sich auch aus der oben angegebenen durch Addition fortgeführten „Gleichung" einen Quotienten heraussuchen können, in dem die hier in Frage stehende Zahl 7 enthalten ist, nämlich 21 : 34 ≈ 34 : 55. Um auf 7 cm zu kommen, kürzen wir durch 3 und erhalten die nahezu gleichen Maße wie oben:

7 : 11,3 ≈ 11,3 : 18.3
kl : gr ≈ gr : ga

Wer Verhältnisgleichungen nicht lösen kann, wird durch eine einfache Überlegung zum Ziel kommen: Wir wissen, daß die „ganze" Strecke in 13 Teile einzuteilen ist, und daß der „Schnitt" zwischen dem fünften und dem sechsten Teilstück liegt. Wollen wir zu einer vorgeschriebenen *Gesamtlänge von 26 cm* das „kleine" und das „große" Stück finden, ist verständlich, daß ein einzelnes Teilstück 26 cm : 13 = 2 cm lang sein muß.
Dann ist das „kleine" fünfmal so lang = 10 cm
und das „große" achtmal so lang = 16 cm.
Sollen zu einem *bekannten „großen"* von 10,5 cm die beiden anderen Werte ermittelt werden, dann machen wir von unserer Kenntnis Gebrauch, daß dieses „große" mit *acht* Anteilen am „ganzen" (13 Teile) beteiligt ist.

Somit ist *ein* Anteil	= 10,5 cm : 8 = *1,3 cm*,
das „ganze" ungefähr	1,3 cm · 13 = *16,9 cm* und
das „kleine" ungefähr	1,3 cm · 5 = *6,5 cm* lang.

Eine *Addition* von „großem" und „kleinem", der Kontrolle halber, ergibt für das „ganze" 17 cm, was ausreichend genau ist.

Eine sehr einfache Verfahrensweise zur Bestimmung von angenäherten Zwischenwerten läßt sich ermöglichen, wenn man zwei bekannte Längensysteme des Goldenen Schnittes parallel zueinander aufzeichnet, die interessierenden Punkte verbindet und dann in den Zwischenräumen nach Wunsch Parallelen zieht, an denen man die entsprechenden Werte abgreifen kann. (Die Abb. ist eine verkleinerte Wiedergabe.)

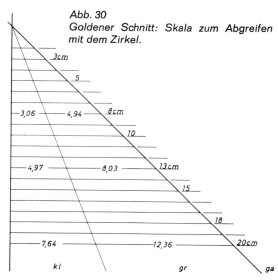

Abb. 30
Goldener Schnitt: Skala zum Abgreifen mit dem Zirkel.

Wem der Quotient 0,62 nicht zusagt, kann durchaus einen anderen wählen. Er muß dann allerdings in Kauf nehmen, daß er nicht mehr *drei* korrespondierende Maße zur Verfügung hat, *sondern nur noch zwei!* Wählen wir das Verhältnis 1 : 2, so ist der Quotient 0,5. Die entsprechende Verhältnisgleichung heißt dann 1 : 2 = 2 : 4. Die Zahl 4 ist dann aber nicht mehr das sogenannte „ganze" Stück, weil sie nicht aus 1 + 2 entstanden ist. Sie steht zwar mit dem „großen" (2), nicht aber mit dem „kleinen" im Einklang! Bei anderen Quotienten wie 0,66 (aus 2 : 3 ≈ 3 : 4,6) oder 0,75 (aus 3 : 4 ≈ 4 : 5,3) finden wir das gleiche, was sich naturgemäß auf den Charakter des Gegenstandes auswirken muß, in den wir solche Maßverhältnisse einplanen. Zur Demonstration und zum Vergleich ein „Näpfchen" mit stets gleicher oberer Weite in den o. a. und nicht mehr dreiseitig abgestimmten Proportionen.

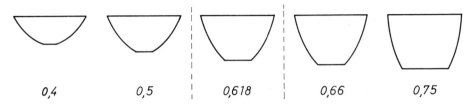

0,4   0,5   0,618   0,66   0,75

Abb. 31

Mit einem höher werdenden Wert des Quotienten tritt eine deutliche Vergröberung der „Gestalt" ein.

Ob überhaupt, in welcher Altersstufe und in welchem Maße Schüler in der beschriebenen Weise rechnen sollten, muß der Lehrer aus seiner spezifischen Situation heraus entscheiden. Er selbst sollte aber dazu fähig sein, im gleichzeitigen kritischen Bewußtsein, daß ein Rechnen nur Anhaltswerte liefern kann, die modifizierbar sind.

Wer sich langes und verwirrendes Rechnen ersparen will und an die relative Spielbreite des „Wohlbehagens" um den Wert von 0,62 denkt, kann sich auch der einfachen Regel bedienen, die z. B. beim Gestalten von Fotografien eine Rolle spielt. Der Wert 0,62 (5:8 oder 5/8) ist ja nicht weit weg von 0,66. Und das ist der Wert 2/3. Dann beträgt der Restbetrag bis zum (rechnerisch nun nicht mehr genauen) „Ganzen" 1/3. Man „drittelt" einfach und ist damit recht nahe am Goldenen Schnitt.

Von der Seite der Kunsterziehung werden in diesem Zusammenhang Bedenken erhoben, weil das Arbeiten nach dem Goldenen Schnitt zum Schematismus verführe und auf diese Weise ein „originales" Schaffen behindern könne. Ein solcher Vorwurf trifft für unseren Bereich jedoch nicht zu, da es sich um Keramik handelt, die gebrauchsfähig und dazu angemessen „schön" sein soll, die aber nicht dazu gedacht ist, im Sinne von „künstlerischem Ausdruck" das aufzunehmen bzw. *mitzuteilen,* was der Schaffende „leidet",

wovon er positiv oder negativ berührt ist (48). Sicher fließt die psychosomatische Ganzheit mehr oder weniger unbewußt in die Entscheidungen des
Schaffenden oder Auswählenden ein, sie kann aber *nie* in vollem Maße
transparent werden, wie in einem Kunstwerk, weil in jedem Fall eine Vielzahl von Forderungen nach Abstimmung zum Kompromiß zwingt.
Als Alternative zu unserer Sache wären z. B. „Vasenplastiken" anzusprechen, die, von Künstlern geschaffen, für sich stehen können, und die im
Gebrauch unpraktisch sein dürfen. Sie wollen keine Gebrauchsgefäße sein!

(Von hier aus betrachtet wird übrigens deutlich, daß die *isolierten Bereiche*
des *„Reliefs"* und der *„Plastik"*, als dreidimensionaler Möglichkeit zum künstlerischen „Ausdruck" und zur „Mitteilung" an einen anderen, nach ihrem
Sinngehalt und aus bildungsökonomischen Gründen *in das Aufgabengebiet
der Kunsterziehung gehören,* nicht aber in das des Werkunterrichts.)

Als Summe: Gerade im Bereich der Proportionen haben wir ein weites Feld
der Entscheidungen vor uns, wenn es darum geht, die eigenen Wunschvor-
stellungen auf die Notwendigkeiten abzustimmen, die vom Füllgut, von der
eigenen Logik und von der Situation her diktiert werden. Man muß nach dem
Kompromiß suchen:

Ist es nicht möglich, den Durchmesser der Standfläche doch etwas kleiner
zu halten? Kann man den größten Durchmesser nicht doch eine Kleinigkeit
höher legen? Wann geschieht es denn schon, daß eine ausladende Schale
umkippt, weil alle Früchte auf einer Seite liegen? usw. . . .

Ist die Situation nicht doch etwas zu gefährlich gesehen? Und wenn
schon . . . ! Scherben bringen Glück!

5. Die Art der Abdichtung und der Befestigung zwischen Deckel (usf.) und Gefäß

Für unsere Gegenstände kommen nur zwei verschiedene Möglichkeiten der Abdeckung in Frage, nämlich

a) durch Einpressen von Stopfen aus Kork oder Holz, etwa bei Flaschen (eingeschliffene Keramik-Stopfen sind in der Schule nicht herstellbar, aber an vorhandenen Flaschen zu untersuchen, falls darauf eingegangen werden sollte);

b) durch Auflegen eines Deckels unter Ausnutzung des Deckelgewichtes (das Einschieben in Nuten sowie das drehbare Anschlagen von abdeckenden Elementen ist anderen Werkstoffbereichen vorbehalten).

Die Abdichtung durch Auflegen eines Deckels (b) kann durch Anwendung von Falz und Doppelfalz vervollkommnet werden.

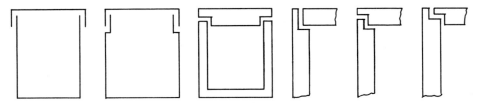

Abb. 33 Deckelabdichtungen.

Damit ist gleichzeitig das Verrutschen unterbunden und eine Befestigung erreicht. Eine weitere Perfektion wird durch zusätzliche Dichtungen aus Filz, Gummi, Schaumstoff usw. erzielt.

Auch hier taucht die Trilogie der Fragen auf: Verlangt das Füllgut eine intensive Abdichtung? Verliert es das Aroma? Verdunstet es? Oder besteht nur die Gefahr des Verstaubens? Muß der Verschluß so dicht und unverrückbar sein, daß das Gefäß auch umgelegt werden kann? Wird die Abdeckung den Ansprüchen des Benutzenden gerecht? Wird er zufrieden sein, auch wenn er an die zukünftige Situation des Gefäßes denkt?

6. Die evtl. zu fordernde Tragemöglichkeit durch gesonderte Trageelemente

Es war bereits an anderer Stelle gesagt worden, daß alle Gefäße in unterschiedlicher Häufigkeit, die einen nur ab und zu, die anderen verhältnismäßig oft, angefaßt und getragen werden müssen. Zum einen wird das ermöglicht durch eine geringe Größe, die ein Umspannen mit der Hand zuläßt (siehe 4a: Die Größen...), zum anderen durch besondere Henkel, Griffleisten, Vertiefungen, Ösen, Knöpfe, Stiele und dergl., und zwar sowohl an Gefäßen als auch an „Deckeln".

Es ergeben sich die Fragen:
Ist ein solches Trageelement überhaupt vonnöten? Etwa weil der Gefäßinhalt
heiß ist, oder das Gefäß selbst zu unhandlich? Ist das Tragelement so groß,
daß man es fassen kann? Oder zu groß? Ist es angenehm handlich geformt
(siehe 3.:Form. . .)? Kann man es sicher fassen, oder rutscht man ab?
Ist es in Größe, Proportion und Form abgestimmt auf den Deckel, bzw. auf
das ganze Gefäß? (Auch in Hinsicht auf seine Bestimmung als nur dienendes
Teil?)

7. Verfahren des Zusammenbaues eventueller Teile

Viele der hier interessierenden Gefäße können, wie wir sehen werden, in
einer einzigen Form (Matrize) gegossen werden. Es gehören jedoch zu
Tassen, Krügen, Kannen und dergl. vielfach Henkel, Ausgießer, Tüllen usw.,
die man gesondert gießen kann oder muß, und die dann evtl. nachträglich am
eigentlichen Gefäßkörper anzubringen sind. Darüber wird noch im fertigungstechnischen Teil zu sprechen sein (siehe das Kapitel über „Garnieren").

Die Frage lautet also vorerst:
Kann ich das gesamte Gefäß in *einem* Guß herstellen oder muß ich es in
Teilen gießen? Und dann — kann ich die Teile auch verbinden?

8. Die Oberfläche des Gefäßes

Zunächst ist festzustellen, daß wir es mit zwei, ziemlich scharf voneinander
zu trennenden Oberflächen-teilen zu tun haben, nämlich der Oberfläche der
Innen- bzw. der Außenseite. Die Grenze wird durch den Rand gebildet.
Innere und äußere Oberfläche besitzen jeweils ihren eigenen Aufgabenbe-
reich: Während die Innenseite (in der eigentlichen „aktiven Zone") des
Gefäßes mit dem Füllgut direkt in Berührung kommt, die Behalte- und Her-
gabe-Funktion des Gefäßes zu unterstützen und deshalb optisch nicht so
sehr oder gar nicht in Erscheinung tritt (z. B. bei einer Flasche), stellt die
äußere Oberfläche vielfach die „Schauseite" dar. Die Sichtbarkeit nimmt mit
der Schrägstellung der Wände ab, so daß sie optisch nahezu unwirksam
wird. Es dominiert im Extrem beim Teller die Oberfläche der Innenseite.
Eine Oberfläche ist keine Sache an sich, sondern sie ist immer äußere
Grenzzone eines Körpers und stellt sich als komplexe Erscheinung dar:
a) Sie läßt uns den Gegenstand *farbig-getönt* erscheinen im Gesamtbereich
dessen, was wir laienhaft als „hell-dunkel" (im Sinne von „Grau-wertig-
keit") und als „farbig-bunt" (im Bereich der ganzen Farbskala) bezeich-

nen. Diese Tönung kann vom Werkstoff selbst herrühren, sie kann aber auch künstlich und zusätzlich gegeben werden.

b) Die Oberfläche als Grenzzone läßt in jedem Fall und in einem gewissen Umfang einen Einblick in den Bau des Werkmaterials zu: Es setzt sich möglicherweise aus feinen oder gröberen Körnern zusammen, ist entsprechend glatt oder rauh, und man kann die Lineamente dieser Körnung erkennen (z. B. bei Granit). Oder es sind Wachstumsspuren in Form von Fasern zu finden, die eine typische „Zeichnung" ausbilden, z. B. als Maserung. Auch künstlich hergestellte Werkstoffe (in der Form von Halbfertigfabrikaten) zeigen an ihrer Oberfläche die Spuren ihres „Wachsens", d. h. der Fertigung, und zwar in Form von Kette und Schuß, des Faserbildes bei Papier, der Ziehspuren bei Blechen, der Schichtung von Sperrholz usw. — und das in einer mehr oder weniger guten Sichtbarkeit mit bloßem Auge bis hin zu einer vermeintlichen völligen Homogenität und Glätte.

Diese vom Werkstoff mitgebrachten und an der Oberfläche sichtbaren oder spürbaren Eigentümlichkeiten bezeichnen wir in herkömmlicher Weise als „Struktur" (von lat. structura = der Bau, die Bauart). Sie kann an der Oberfläche eine mehr oder weniger starke Rauhigkeit hervorrufen, die durch Glätten zu beeinflussen ist. Mitgebrachte Strukturen besitzen in der Regel auch einen Farbwert (im Sinne von a): Körnigkeit, Maserung, Schichtung usw. werden ja erst durch unterschiedliche Tönungen sichtbar.

c) Zusätzlich ist es möglich, die Oberfläche eines Gegenstandes mit farbig, bzw. im Hell-Dunkel-Wert abgesetzten oder reliefartig vertieften oder erhabenen Zutaten zu versehen,

die in ihren *Dimensionen* wiederum

zur Punktförmigkeit,

zum Linearen und

zum Flächenhaft-Ausgedehnten neigen können.

und das in der unterschiedlichen *Form*

der natürlich geschwungenen,

exakt kreisförmigen,

gerade-winkligen oder

in einer gemischten Linienführung oder Verteilung

über die Fläche,

gegenständlich oder ungegenständlich

Das ist der weite Bereich des Ornamentalen, den man bewußt oder im selbstvergessenen Spiel ansteuern kann (33), in den man aber auch zwangsläufig hineingerät, wenn man Werkzeug- und Fingerspuren hinterläßt oder beim Aufbau von Gefäßen die Wülste von außen nicht verstreicht und auf diese Weise das Werkverfahren sichtbar macht.

Man spricht hier üblicherweise, aber etwas unscharf , von „Texturen" (von lat. textura = das Weben; textus = geflochten, zusammengefügt) und meint damit die genannten Oberflächenerscheinungen, *die auf Maßnahmen des Werkenden zurückzuführen sind.*

Diese drei Phänomene der Oberfläche, „farbliche Tönung", „Struktur" und „Textur" sind nun auf das Gesamtobjekt abzustimmen. Die Forderungen vom Gesamtobjekt her sind aber wiederum ein Komplex von Einzelbedingungen, gestellt durch:
den Werkstoff und das Werkverfahren,
die Größe, deren Relationen, sowie die Art der Form,
das Aufzubewahrende,
den Benutzer,
die Situation.

Daraus erwächst ein ganzer Katalog von Überlegungen:

Oberfläche — Werkstoff und Werkverfahren?

Ein keramischer „Scherben" in seiner Situation des Benutzbar-sein-müssens verlangt fertigungstechnisch nach *keramischen* Farben:
Ist die „mitgebrachte" Farbe so wenig ansprechend, daß sie besser durch Engobe (= eingefärbte, dünnflüssige keramische Masse) (47) oder Farbglasur überdeckt werden sollte? Oder ist es ein Vorteil, farbig-transparent zu glasieren, um durch den hellen, durchscheinenden Scherben leuchtende Farben zu erhalten? Kann man die keramische Masse (den Gießschlicker) vor dem Guß einfärben? Oder ist ein Überdecken der natürlichen farblichen Tönung nicht erforderlich bzw. unerwünscht?
Ist die Oberfläche in ihrer Struktur grob und rauh, aber möglicherweise zu glätten? In unserem Fall werden wir durch die Verwendung keramischer Gießmasse eine glatte und strukturlose Oberfläche erhalten.
Ist es möglich und sinnvoll, Texturen zu erzeugen? Sollte man ritzen, kratzen, stempeln? Ober läßt man die Oberfläche glatt, so daß man beim Entnehmen des Formlings aus der Gußform (der Matrize) keine Schwierigkeiten zu befürchten hat? Können *nachher* durch Schaben, Ritzen usw. oder durch Farbeffekte Texturen geschaffen werden? (Als Unterglasur- oder Aufglasurmalerei (4); in Form von verschiedenfarbigen und verschieden getönten Zonen bzw. Flecken, durch Aufbringen von Mosaik (5), durch unterschiedliches Eintauchen in Engobe (47) oder Glasur oder durch gezieltes Beschütten?)

Oberfläche — die Größen, ihre Relation, die Formarten:

Farbliche Tönung wirkt nicht nur qualitativ an sich, sondern durch ihre Ausdehnung auch quantitativ. Deswegen ist die Größe eines von Natur aus homogen gefärbten Gegenstandes geeignet, als „Auslöser" zu wirken und nach Möglichkeiten zur Untergliederung (Texturierung) suchen zu lassen. Keramische Massen können strukturiert sein durch ihre Korngröße (Aufbaumassen z. B. durch grobkörnige Schamotte). Die Strukturlosigkeit von Gießmassen kann auch hier durch ihre Eintönigkeit im obigen Sinne auslösend wirken.

Abb. 34   Einfluß von Texturen auf den Habitus eines Gefäßes.

Sollte man also das Gefäß durch Texturen „beleben"?
Sind diese Texturen in ihrer Ausdehnung, ihrer Form und in der Intensität
ihrer farblichen Tönung angemessen gegenüber der Größe, den Proportionen
und dem Formenbestand des Gefäßes? Sitzen diese zusätzlichen Akzente
an der richtigen Stelle, oder zerstören sie den formalen Gesamthabitus des
Gegenstandes? Sollte man nicht sehr vorsichtig sein? Ist eine Textur nicht
eventuell überflüssig?

Oberfläche — Aufzubewahrendes:

Die Art der farblichen Tönung dürfte, vom aufzunehmenden Gut her gesehen,
völlig ohne Belang sein, nicht aber die Struktur der Oberfläche. Rauheit, Un-
ebenheit, Rissigkeit können verletzen. Außerdem kann von der rißfreien
Glasur, mindestens der inneren Oberfläche, die Undurchlässigkeit für Flüssigkeiten abhängen.
Auch konvexe oder konkave Texturen im Innenraum, d. h. in der „aktiven"
Gefäßzone, können im obigen Sinne störend wirken, während farbliche Or-
namentierungen dem Gut selbst weder förderlich noch hinderlich sind.

Oberfläche — Benutzer:

Wir haben auch hier wiederum mit der großen Breite psychosomatischer
Unterschiedlichkeit der Menschen zu rechnen. Trotzdem können einige nahezu allgemeinverbindliche Forderungen von seiten des Benutzers an die Oberfläche genannt werden, die seinem mehr oder weniger kostbaren Gut und
somit auch ihm selbst zugute kommen: Die farbliche Tönung der Innenseite
sollte so geartet sein, daß das Wesen des aufzunehmenden Gutes nicht
beeinträchtigt wird. In einem Gefäß mit schwarzer, bräunlicher, grünlicher
usw. Innenglasur können Kaffee, Tee, Säfte, Limonade, Wein und dergl. als
undefinierbare „Brühe" empfunden werden. Und das ist unerwünscht. Ein

anderes Beispiel: Erdnußkerne heben sich in einem beigefarben glasierten Schälchen nicht ab und „gehen unter". Eine in den Innenraum gelaufene, dunklere Außenglasur kann farblich reizvoll aussehen, sie kann aber unter Umständen auch abstoßend wirken, „weil da etwas zum Gut vordringt". Auf ähnliche Weise kann durch die nach außen gelaufene Innenglasur ein Überlaufen vorgetäuscht werden.

Farbe und Tönung der *äußeren* Oberfläche unterliegen in Bezug auf den Benutzer vor allem der Vorliebe, der Stimmung, der Mode, der Konvention und natürlich auch der kritischen Reflexion und dem Willen, beides auf die Situation abzustimmen bzw. zur Verbesserung, Hebung oder Veredlung der Umstände beizutragen (durch Angleichung oder Kontrast).

Dank ihrer Struktur ist die Oberfläche unglasierter Keramik mehr oder weniger rauh, was bei der Berührung eine unangenehme Empfindung auslösen kann. Außerdem hindert Rauhigkeit das Entnehmen des Gutes und fördert das Anhaften von Substanz bis hin zum „Schmutz". Wegen der besseren Entnahme- und Reinigungsfähigkeit, d. h. unter anderem aus Gründen der Funktionstüchtigkeit, wünscht der Benutzende in der Regel also angemessene Glattheit in Abstufungen bis hin zum Hochglanz. Gleiches gilt vor allem auch für Teile, die angefaßt werden müssen, vielfach eben auch für die ganze Außenseite.

Die natürliche Strukturlosigkeit gegossener keramischer Gefäße (aber auch der gedrehten oder aufgebauten) läßt den Schaffenden bzw. den Auswählenden nach einer „Belebung" durch Texturen suchen: Wie bereits erwähnt, kann gekratzt, geritzt, gestempelt, aufgerauht, mattiert, geglättet usw. und dadurch die Oberfläche reliefartig verändert werden. Es ist aber außerdem möglich, mit *farblich* getönter Absetzung durch verschiedenfarbige Glasuren, Laufglasuren, Engobeflecken, Bemalung usw. zu arbeiten. Durch übermäßige und sachlich unangemessene Ornamentierung der *inneren* Oberfläche, etwa von Schalen, Schüsseln usf., wird aber wiederum das Wesen des Gutes und seine primäre Bedeutung ungünstig beeinflußt. In einem Zu-viel an Lineamenten und Farbflecken kann das Gut „untergehen" wie unter einem Tarnnetz, oder es wird in seiner Ganzheitlichkeit gestört und „zerstückelt". Seine legale primäre Stellung (denn das Gefäß wird ja nun einmal wegen des Gutes hergestellt) wird bedroht durch sekundäre Phänomene des Schmückens. Und das ist meist nicht im Sinne des Benutzenden.

Auf die Oberfläche der *Außenseite* hat das Gut jedoch nur dann einen Einfluß, wenn es über den Rand hinwegschaut, wie z. B. ein Blumenstrauß: Er kann durch ein buntes ornamentales Gewirr auf der Vase geradezu degradiert werden. Oder — was soll das aufgemalte Blümchen, wenn die Vase selbst Blumen tragen soll? Was hat ein eingeritzter Pferdekopf mit einem Blumenstrauß zu tun?

Auch hier müßte der Benutzer ein ungutes Gefühl haben, wenn das eigentlich zu Bewahrende zur zweitrangigen Sache wird. Der natürliche Drang zur Füllung leerer Stellen oder zur Akzentuierung bestimmter Zonen sollte durch kritische Reflexion gezügelt werden.

Die Beziehungen sind leicht erkennbar: Korrespondiert die allgemeine farbliche Tönung mit der Unbeschwertheit des Kinderzimmers oder mit der rustikalen Stimmung eines Gartentisches, einer Terrasse? Oder mit der Stille und Gemessenheit einer Erwachsenenhäuslichkeit, der Möbelfarbe, Fußbodenfarbe . . .? Gießen wir die Gefäße aus Steingutmasse, die schon eine Tönung mitbringen kann, oder nehmen wir lieber (und das ist auch, wie wir sehen werden, in der Schule möglich!) blütenweißes Porzellan? Sind die Einzelstücke zusammengehörigen Geschirrs farblich aufeinander abgestimmt? Muß engobiert oder farbig glasiert werden?

Wie schon mehrfach gesagt, ist ein gegossener keramischer Scherben zwar ohne sichtbare Struktur, aber doch in Abstufungen rauh. Auch diese feine Rauhigkeit (im Gegensatz zu der möglicherweise gröberen von Aufbaumassen) verlangt nach Veränderung durch Glasieren oder höheren Brand, der die Masse stärker sintern und durch das Verschmelzen der Masseteilchen die Oberfläche glatter werden läßt.
Verlangen wir also ein „glatt" und daher „sauber" für den Frühstückstisch usw., oder genügt evtl. das natürliche „rauh" für das ruhige Dasein von Vasen, Dosen und dergl., die nicht oft angefaßt werden?

Alle Texturen in Form von reliefartigen Oberflächenveränderungen oder farblich-getönten Absetzungen sind Zusätze des Werkenden zum eigentlichen Gefäß. Sie sind *dienender Natur* und haben sich, wie gezeigt wurde, dem Gesamtphänomen einzugliedern. Somit ist auch eine Abstimmung auf die Situation erforderlich: Wo wird der zukünftige Standort sein? Im Keller, in der Speisekammer, auf dem Tisch, auf dem Schrank, im Garten? Zusätzlich handelt es sich dann um Lebensräume ganz unterschiedlich gearteter Menschen!

„Ornamentales" — ja oder nein? (34) (4)
Wo? Welcher Art? Wieviel? Wie intensiv?
Sollte man nicht sparsam sein?
Sind Texturen überhaupt wünschenswert? Sind sie angemessen, auch im Sinne einer *Verbesserung, einer Veredlung der Situation?* Oder sind sie unpassend bis hin zur Geschmacklosigkeit und zum Kitsch? Mäander und der Fudschijama auf einem Vorratsgefäß für saure Gurken im Keller?

Vasen, Schalen und Teller stehen oft leer. Man wünscht dann vielfach, daß sie auch in *diesem* Zustand im Biotop der Häuslichkeit ansprechend aussehen möchten. Vasen werden deshalb mitunter als „Plastiken" betrachtet, die auch für sich allein stehen können. Eine Doppelfunktion, die gerade im Bereich der Texturen zu Schiefheiten führen kann (übermäßige Dekoration, Bildchen . . .)! Leerstehende Schüsseln erzeugen natürlicherweise einen „horror vacui", ein „Entsetzen vor der Leere", denn ein Gefäß ist ja nun einmal zum Vollfüllen geschaffen. Man füllt also (sinnloserweise) mit Texturen, bis (z. B.) der Teller „zu schön" und „zu schade" zum tatsächlichen Gebrauch ist. Dann hängt man ihn an die Wand. Er ist somit lediglich Ornament in der optischen Form des Tellers und nicht mehr Gebrauchsgegenstand. Alle Entscheidungen innerhalb der bisher besprochenen acht Fragenkomplexe münden in den Zwang, sich nun über

9. die Abfolge der Arbeitsschritte Gedanken zu machen, wenn man seine Ideen verwirklichen will. Oft wird man mehrere Möglichkeiten des Vorgehens finden, auch hinsichtlich der **sozialen Form der praktischen Arbeit** (Einzelarbeit— Arbeitsteilung / Einzelstück — Serie). Man wird dann eine solche Abfolge und eine solche Arbeitsform wählen, die eine große Zeit-, Kraft-, Werkstoff- und Werkzeugersparnis, also Wirtschaftlichkeit verspricht. Hauptkriterium ist jedoch die sachliche Richtigkeit, die ein Erreichen des Arbeitsziels verbürgt. Darüber wird noch ausführlich zu sprechen sein. (Siehe auch: Nachbesinnung und Unterrichtsbeispiel!)

Aus der vorigen Frage ergibt sich die Notwendigkeit,

10. eine Wahl zwischen einer Vielzahl möglicher Werzeuge und Hilfsmittel zu treffen. Auch damit werden wir uns bei der Beschreibung des Verfahrens auseinandersetzen.

Schließlich muß der Planende darüber nachdenken,

11. welche Werkstoffe er bereitstellen muß, welche Rohform er wählt, wie groß die Menge sein muß, und ob er als Lehrer das Material in irgendeiner Weise zuzurichten und vorzubereiten hat. Wir werden sehen!

Es sei an dieser Stelle daran erinnert, daß wir uns noch immer mit den zu bewältigenden Werkproblemen der *„Ebene II"* des Elementaren (den „kategorialen Voraussetzungen geistiger Aneignung und Bewältigung") befassen, und daß bisher der Gegenstand lediglich *geplant* wurde.
Nach Abschluß solcher Überlegungen könnte der praktizierende Fachmann oder der versierte Laienschaffende unverzüglich an die Arbeit gehen. Nicht so der Werklehrer mit seiner Klasse! Er hat vielmehr vorausschauend zu durchdenken, *welche zusätzlichen Probleme beim praktischen Werken,* d. h. beim *Werkvollzug,* mit den Lernenden zu lösen sind. Das sind
a) die Klippen, an denen der praktische Teil des Unterrichts scheitern kann, aber gleichzeitig sind es auch
b) die Möglichkeiten bzw. Notwendigkeiten *zum „Lernen" im fertigungstechnischen Bereich* des Vorhabens.

Welches sind also die praktischen Werkprobleme, die zu bewältigen sind?

1. Werden die Werkenden mit den physikalischen und chemischen Eigenarten der Werkstoffe bereits fertig?

Oder muß erst Wesentliches einsichtig gemacht bzw. erfahren und gelernt werden mit dem Ziel, einen Zuwachs an *Wissen* (Kenntnissen), *Können* (Fertigkeiten) und *Kritikfähigkeit* (über die sachlich richtige Behandlung und Verwendung von Werkstoff) zu erreichen?
Verfügen die Werkenden bereits über *Verhaltensweisen*, durch die sie in unserem konkreten Fall befähigt werden, Gips, Wasser, Gießmasse usw. zu verwenden, ohne das Mobilar, den Fußboden und die Wände des Raumes zu verderben oder sich selbst und die anderen Anwesenden (also auch den Lehrer) in Mitleidenschaft zu ziehen? Sind sie gewillt und fähig zur Kooperation? Oder müssen diese Verhaltensweisen erst entwickelt werden?

2. Werden die Werkzeuge bereits beherrscht?

Muß erst gelernt werden, sie überhaupt zu handhaben? Muß erst Urteilsfähigkeit über den richtigen Einsatz angebahnt werden? Können Schwierigkeiten auftauchen in der allseitigen Relation zwischen dem Werkenden, dem Werkzeug und der Umgebung (Werkstück, Raum, Möbel usw., Menschen)? Wird er sich selbst, das Werkstück, andere Dinge oder Menschen durch diese Werkzeuge schädigen, oder ist er umsichtig, rücksichtsvoll, hilfsbereit . . .? Sind also seine Verhaltensweisen auch hier positiv?

3. Kann eine angemessene Genauigkeit beim Formen des Stückes und beim Formen, Einpassen und Verbinden eventueller Bauteile (Henkel, Tüllen usw.) erwartet werden, als Ergebnis eines angemessenen Mindestmaßes der oben genannten Fähigkeiten und Verhaltensweisen?

4. Ist die Herstellung der geplanten Oberfläche möglich (in Parallele zu den Punkten 1 bis 3)?
Ist der Umgang mit Engobe und Glasur, mit Messer, Stempel, Eimer, Kelle, Brennofen usw.
in angemessener Exaktheit
und in der Situation des Werkraums mit den anderen Werkenden zu bewältigen?

Alles in allem: Sind die Werkverfahren (Fertigungstechniken) unter Verwendung von Werkstoff und Werkzeug für den Einzelnen und auch im Hinblick auf die soziale Situation im Werkraum bereits beherrscht? Wenn nicht, welche der Fähigkeiten und Verhaltensweisen müssen während der Arbeit (evtl. in eingeschobenen Phasen) erworben werden? (Siehe dazu: Nachbesinnung und Unterrichtsversuche).

Das also ist die auf den ersten Blick verwirrende Vielfalt der mehr oder weniger ungelösten Probleme, die den Lehrer, den Sozialpädagogen, den Therapeuten usw. veranlaßt, seine speziellen Ziele, Lernziele, Absichten, Intentionen herauszulösen und für seine spezielle Situation zu artikulieren. Alles, was die Mitglieder einer Gruppe noch nicht „können" (was also gleichzeitig in einer Veranstaltung „Gegossene Keramik" die Stolpersteine darstellt, vor denen der Gruppenleiter natürlich Angst hat, weil daran das Unternehmen scheitern könnte), stellt positiv gesagt das Potential an Lernzielen im kognitiven, psychomotorischen und affektiven (also auch sozialen) Bereich dar. Der Gruppenleiter muß diese Ziele nur erkennen, sie voraussehend ansteuern und mithelfen, sie zu erreichen.

Der besseren Übersicht und der Wiederholung halber sollen die zu bewältigenden *Werkprobleme der Ebene II* noch einmal zusammengefaßt dargestellt werden:

Ebene II: Die „kategorialen Voraussetzungen *geistiger Aneignung und Bewältigung"*

hier: *Die Werkprobleme,* durch deren „Meisterung" eine „doppelseitige Erschließung" ermöglicht wird:

Abstimmung   1. auf das Füllgut
                        2. auf den Benutzer
                        3. auf die Situation

durch

A) planende Vorausschau
    (Vorstellung, Notiz, Versuch, Berechnung, Skizze, Zeichnung . . .) hinsichtlich der folgenden, miteinander verwobenen Werkprobleme:

1.   Der Werkstoff und seine Eignung
2.   Das Werkverfahren (die Fertigungstechnik)
3.   Der allgemeine Formbereich des Gegenstandes
4 a. Die Größen (Dimensionen) und ihre Beziehungen zueinander (die Funktionstüchtigkeit des Gefäßes und die Proportionen)
4 b. Die ästhetische Seite der Proportionen
5.   Die Art der Abdichtung und Befestigung zwischen einem eventuellen Deckel (usw.) und dem Gefäß
6.   Die evtl. zu fordernde Tragemöglichkeit durch gesonderte Trageelemente
7.   Das Verfahren des Zusammenbaues eventueller Teile

8. Die Oberfläche des Gefäßes
9. Die richtige und ökonomische Abfolge der Arbeitsschritte und die soziale Form der Arbeit
10. Die Wahl angemessener Werkzeuge
11. Das richtige und ökonomische Bereitstellen und Zurichten von Werkstoff in der Rohform oder als Halbfertigfabrikat

durch
B) Lösung der praktischen Werkprobleme:
1. Fertigwerden mit den chemischen und physikalischen Eigenarten des Werkstoffes
2. Handhabung der Werkzeuge
3. Angemessene Genauigkeit
4. Herstellung der Oberfläche (in Parallele zu 1. bis 3.)
5. Bewältigung sozialer Probleme, z. B. des Unter-, Gleich- oder Überordnens während der praktischen Arbeit.

Als Summe von B):
Praktizieren von Werkverfahren (Fertigungstechniken) unter Benutzung von Werkstoff und Werkstoff im Sinn einer Methode, eines Weges mit dem Ziel der Werkverwirklichung!

Der vorgenannte Komplex von „Kategorien" ist es also, der die „doppelseitige Erschließung" (Lernender ⟷ Sache) ermöglicht. Wir wissen, daß dieses Aufschließen um so gründlicher erfolgt, je intensiver sich der Lernende mit den einzelnen Punkten auseinandersetzt, am tiefgreifendsten natürlich durch *aktive* Planung und *praktischen Werkvollzug*. Es ist auch evident, daß die aufgezählten „Kategorien" nur *am* Individuellen, Konkreten, Geschichtlichen faßbar sind (Klafki), das heißt hier, *an* Gegenständen aus der *Ebene III* (des „Geschichtlich-Elementaren"): Schon beim Bau eines einfachen Milchbechers können die meisten Werkprobleme aufleuchten, bedacht und gelöst werden, vorerst natürlich nur auf dieses Gefäß bezogen. Damit steigen wir als aktiv Planende und Werkende in die *Situation des Produzenten* ein, der ja auch nicht keramische Gefäße „ins Blaue hinein" herstellen kann und zufrieden ist mit dem, was da entsteht, dem vielmehr vom Käufer, vom Konsumenten ganz bestimmte Forderungen vorgetragen werden:

Wo sind die Vasen für Wiesenblumen? für Gräser?   Wo ist der Becher
für einzelne Birkenzweige? für eine Rose?   für Kakao, für Saft,
für die Terrasse?   für ein Kleinkind?
zu meinem Kaffeegeschirr passend?

Der Konsument wählt dann reflektierend aus dem Angebot aus. Die Praxis zeigt allerdings, daß auch vielfach mitgenommen wird, was gerade „gefällt", und daß oft erst nachträglich ausprobiert und gefunden wird, wozu das Gefäß eigentlich nütze ist. Auch diese *Situation des Konsumenten* kann bei nachfolgenden Besprechungen, kritischen Betrachtungen, beim „orientierenden Lernen" eine Rolle spielen.

Eine Übertragbarkeit (Transfer) des „Gelernten" auf andere Gefäße und andere Arbeitssituationen ist bekanntermaßen um so leichter möglich,

a) je tiefer die Schüler Einsicht in die allgemeinen Prinzipien gewinnen konnten,
b) je bewußter sie Arbeits- und Denkmethoden angewendet hatten und
c) je intensiver wir dafür gesorgt hatten, daß sich ihre Einstellungen und Haltungen verfestigen (35).

Das erfordert einmal eine gewisse Breite schulischen Arbeitens, beispielsweise als „orientierendes Lernen" im Anschluß an das „exemplarische", zum anderen einen gewissen Reifegrad der Schüler und damit, wie auch in anderen Fächern — Zeit.

Der Lehrer wird deswegen in seiner speziellen Unterrichtssituation genötigt sein, Einzelprobleme der Ebene II zeitlich herauszulösen, sie zu dosieren, zu akzentuieren, vorweg zu klären, durch Anordnung oder Übereinkunft schnell zu lösen oder aber fürs erste zu umgehen.

Das oben Gesagte gilt im übertragenen Sinne gleichermaßen für den Sozialpädagogen, den Therapeuten usw.

Die Suche nach Lösungen für die Probleme der Ebene II zwingt dazu, wie schon einmal kurz dargestellt, über das Wesen und den eigentlichen Sinn des Gegenstandes nachzudenken. Dabei ergeben sich Antworten und Fakten, die der Ebene I (des „Fundamentalen") zugehören. Wie stellt sie sich in unserem Fall dar?

Ebene I: Das Fundamentale (nach Klafki)
hier: Geist, Sinn, Aufgabe, spezielles Wesen der o. a. Gefäße

Sie sollen Sicherheit gewähren
vor dem unerwünschten Auseinanderstreben von „Gütern und vor dem unerwünschten „Zugang" zu diesen „Gütern", und zwar sollen sie diese „Güter" im einzelnen sichern
a) *gegenüber der Gewalt der Natur:*
dem Wegrollen, Wegrutschen, Wegfließen, Herunterfallen (allgemein gegenüber der Anziehungskraft der Erde), dem Wegwehen, Wegstoßen . . . (gegenüber horizontalen Kräften), gegenüber dem Verdunsten, dem „sich Verflüchtigen" . . ., dem Hineinfallen, Hineinwehen . . . von „anderem" (von oben), gegenüber der physiologischen Begrenztheit des Menschen, selbst als „Gefäß" für seine Habseligkeiten fungieren zu können (weder hinsichtlich der Menge, noch der Dauer, vor allem auch wegen der Empfindlichkeit seiner Haut gegenüber Heißem usf.);

b) *gegenüber „dem anderen Menschen":*
   seinem unerwünschten Zugriff, seinem Blick . . ., dem Verstreuen und Unordnung-stiften;
c) *gegenüber „dem Tier":*
   dem unerwünschten Ein- oder Zudringen, dem Tierfraß, der „Verschmutzung", Verseuchung . . .;
d) *gegenüber „der Pflanze":*
   der Vergärung, der Fäulnis, allgemein der chemischen Umsetzung . . ., der „Verschmutzung", dem „Verderb".

Gefäße, als Gegenstände menschlicher Kunstfertigkeit (techne), das heißt, **als Gegenstände der „Technik" sollen wirken**
als Hilfe aus diesen Nöten des Lebens
(durch Verwirklichung der Forderungen nach „Abstimmung" aus der Ebene II); **mit der Folge einer Befriedigung,**
eines „Sich-wohl-fühlens" (als Summe des Fundamentalen),
dank der Sinnerfüllung durch das offene oder abdeckbare Gefäß, also dank der Verbesserung der mangelhaften menschlichen Fähigkeit, Schützens-, Sammelns- und Aufhebenswürdiges oder -bedürftiges zu „behalten", „bewahren", am „Entschwinden" zu hindern, also dank der Fähigkeit des Gefäßes, menschliche Leistung p · s/t zu ersetzen oder zu erhöhen (p = Kraft beim Sammeln oder Zusammenhalten, s = Weg beim Zusammenholen und Heben der Güter, t = minimal klein als augenblickliche Wirksamkeit auf lange Dauer), dank der Fähigkeit, das Gut in gewünschter Menge und Geschwindigkeit wieder herzugeben,
also dank der Fähigkeit, unverzüglich „Ordnung" zu stiften und sie aufrechtzuerhalten;
dank der Abstimmung auf den psychosomatischen Habitus des Benutzers und auf die spezifische Situation;
das heißt letztlich,
dank der Sinnerfüllung durch das „Gefäß"
in angemessener „Schönheit".

Die Ebene I (des Fundamentalen) ist nicht nur eine Bestandsaufnahme dessen, was der Gegenstand in unserem Fall „leisten" soll, sie gibt dadurch gleichzeitig auch die *„Ursituation"* des Bedürfnisses an, aus der heraus der Mensch überhaupt „schafft". Didaktisch gesehen sind die in der *Ebene I* knapp skizzierten situativen Bedingungen geeignet, als *„Motivation"* zum Lösen der Werkprobleme aus der Ebene II zu wirken, letztlich also, durch „Kunstfertigkeit" ein „Werk" in Angriff zu nehmen. Gleichzeitig wachen sie gewissermaßen als Schiedsgericht über die Angemessenheit dieser werkerischen Maßnahmen aus der Ebene II, oder sie setzen die Maßstäbe bei der Prüfung des fertigen Gegenstandes.
Diese Tatsachen sind für den Lehrer notwendig zu wissen. Er wird zeit

seiner Tätigkeit nicht umhinkommen, nach einem „Einstieg", nach *Motivationen* und *nach Urteilskriterien* zu suchen. Konkrete Vorstellungen aus der Ebene I sind ihm dabei behilflich.

Demnach geben die Kategorien der Ebene I auch die Substanz ab zum Aufstellen von **gröberen Lernzielen.** Ein Beispiel:

a) Der Lernende soll erklären/demonstrieren usf. können, aus welchen Gründen er annimmt, daß sein Entwurf eines Schälchens für Erdnüsse funktionstüchtig ist.

b) Hilfsmittel: seine Seitenrißskizze, evtl. Tafel und Kreide.

c) Beurteilungsmaßstab: je nach pädagogischer Situation (Schule, Freizeitpädagogik, Therapie usw.) und je nach Aufgabenstellung mehr oder weniger tolerant bis hin zu „falsch/richtig"

Die oben geforderte Erklärung/Demonstration (als gewünschtes Endverhalten) wird je nach Situation eine eigene Darstellung des Lernenden sein. Sie kann gemeinsam erarbeitet werden, sie kann auch die beratende, mehr empfehlende, mahnende oder auch sorgenvoll fragende Stellungnahme des Gruppenleiters (des Lehrers usw.) sein, wenn er prinzipielle Fehlplanungen verhüten will oder wenn die Zeit drängt.

Vom augenblicklichen Stand der Untersuchung aus läßt sich nun abschließend und zusammenfassend sagen, daß die eigentlichen, *konkreten keramischen Gegenstände* in der Ebene III zu suchen sind, und daß deren *„Bildungsgehalte" (Bildungswerte)* durch die Angaben in der Ebene II repräsentiert werden.

Die Kategorien der Ebene II geben folglich die Substanz ab zum Formulieren von mehr in die Tiefe gehenden **feineren Lernzielen.** Wenn der Lernende, wie oben gefordert, seinen Entwurf grob/allgemein erläutern soll, kommt er in der Regel zwangsläufig ins Detail. Man ist sich z. B. nicht einig über das Volumen, die Kurvenführung der Wandung, die Größe der Standfläche des Schälchens usw. Dann würden einige der vielen Fein-Lernziele etwa heißen:

a) Der Lernende soll erklären können, aus welchen Gründen er den Wandungsverlauf kurvig und nicht winklig-gerade zum Boden entwirft. (. . . vorrechnen können, daß das Volumen ausreicht), (. . . demonstrieren können, daß die Standfläche wahrscheinlich groß genug ist.)

b) Hilfsmittel: seine Skizze/techn. Zeichnung, evtl. Tafel und Kreide, vergleichbare Gefäße . . .

c) Beurteilungsmaßstab: wie oben, mehr oder weniger tolerant als Frage nach der Sinnerfüllung durch den Gegenstand (Ebene I) und je nach pädagogischer Situation.

Die unterschiedlichen Ziele von Schule, Sozialpädagogik, Therapie usw. bewirken auch hier, daß die (überprüfbare) Erklärung/Berechnung/Demonstration eine Eigenleistung des Lernenden, eine Erarbeitung durch die Gruppe oder aber Lehre, Empfehlung, Warnung des Gruppenleiters sein kann, wenn etwa die Lösung zu schwierig, die Zeit zu knapp, das Problem in der augenblicklichen Situation nicht übermäßig wichtig ist, oder wenn z. B. in der Arbeitstherapie weniger das kognitive Lernen im Vordergrund steht, als der Arbeitsablauf mit seinen vielfältigen Einwirkungen und das Arbeitsergebnis selbst.

Ob das Lernziel erreicht ist, ob nämlich die in der Skizze ausgedrückten und im Gespräch z. B. verteidigten Planungen richtig bzw. akzeptabel sind, wird sich spätestens bei der Prüfung des fertigen Gegenstandes erweisen, wenn alle wesentlichen Fragen rückschauend noch einmal aufgeworfen werden. (Siehe auch die „Einstiegs-Schemata"!)

Das sind die genannten, immanenten Werk-Probleme, die zur Frage erhoben werden, und die dank der planerischen und vollziehenden Bemühungen aufgeschlossen und transparent werden sollten, die zu klären, die einsichtig zu machen sind, und in deren Bereich Wissen, Können, Kritikfähigkeit und angemessenes Verhalten erworben werden sollte, in deren Bereich letztlich „gelernt" werden kann mit dem Ziel des erschließenden Eindringens in die Ebene I des Fundamentalen.

Es muß jedoch nochmals gesagt werden, daß natürlich auch diese Kategorien aus der Ebene II für sich allein zeitweilig „Unterrichtsgegenstand" („Unterrichtsinhalt") werden können, wenn man sie aus dem Gesamtkomplex (hier: Gefäß) herauslöst und akzentuiert. Sicherlich wird man als Werklehrer einzelne Werkprobleme wie „Proportionen", „Trageelement", „Zusammenbau", „Organisation des Arbeitsflusses" und dergl. bei Bedarf der Klarheit halber isolieren, um sie unterrichtlich wirksamer werden zu lassen. Sie stellen dann ihrerseits „Gegenstände" der Ebene III dar und bilden mit der ihnen immanenten Problematik eine neue, fein strukturierte Ebene II (der kategorialen Voraussetzungen geistiger Aneignung) aus und natürlich auch eine eigene Ebene I. (Wir waren bemüht, diese Feinstruktur in vorerst einigen Punkten deutlicher zu zeigen: so in den Abschnitten über die allgemeinen Formbereiche, die Größen, Proportionen usw.)

Der Blick ist aber letzten Endes immer auf die eigentliche Sache (hier: das keramische Gefäß) gerichtet, oder er kehrt wieder dorthin zurück. Damit wird die sinnvolle Ganzheitlichkeit der Bemühungen gewahrt.

Als selbstverständlich müssen graduelle Unterschiede hinsichtlich der Eindringtiefe und der Quantität angesehen werden, bedingt durch die Unterschiedlichkeit der jeweiligen schulischen Situation.

Bisher ist kaum etwas über den Feinbau all jener Probleme (Ebene II) gesagt worden, die mit dem Werkstoff, dem Werkzeug und dem Werkverfahren, also mit der Technologie unseres Vorhabens zusammenhängen. Das soll nunmehr erfolgen.

Wir werden uns also im weiteren Verlauf mit den Möglichkeiten der praktischen Verwirklichung beschäftigen. Dabei treten die inzwischen besprochenen Fragen der Formarten, der Größe, der Proportionalität usw. zurück. Sie werden bisweilen aber gestreift werden müssen und *das um so notwendiger,* weil die Art der Fertigungstechnik naturgemäß Einfluß hat auf den Habitus des Gesamtgegenstandes. Es wird dann auch deutlicher werden, in welcher Weise die Teilbereiche der Ebene II, A) „planende Vorausschau ..." und B) „Lösung der praktischen Werkprobleme ..." in Wechselbeziehung stehen und sich gegenseitig bedingen.

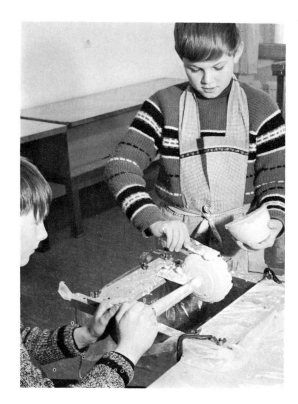

Eine von 10 Arbeitsgruppen,
5/6. Schuljahr.
Aufgabe wie bei Bild Seite 2.
Hier wird das Modell für
eine Schale gedreht.

IV. Die Herstellung von keramischen Gefäßen im Gießverfahren im Unterricht der Schule, in der Sozialarbeit, in der Rehabilitation, in der Heil-, Arbeits- und Beschäftigungstherapie usw., sowie im freien Laienschaffen.

Der Gesamtablauf ist verhältnismäßig leicht überschaubar: Man muß zunächst *ein Modell des geplanten Gegenstandes* oder den Gegenstand selbst herstellen (siehe Abb. 35 A). Mit Hilfe dieses „Originals" kann *eine Gußform (B)* angefertigt werden. Die wiederum wird mit *„keramischer Gießmasse"* ausgefüllt. Die Gipswandung der Form saugt Masse an und läßt eine Schicht entstehen (C). Die übrigbleibende Gießmasse wird zurückgegossen, der „Formling" entnommen, und der Vorgang kann wiederholt werden. Wir brauchen also bei diesem Verfahren keinen „Kern", der in die Form hineinragt und die Innenseite der Wandung formt. Die so hergestellten Formlinge sind anschließend in der üblichen Weise nachzubehandeln, dann zu brennen und eventuell zu glasieren (D).
Wir müssen uns folglich notwendigerweise nacheinander mit den nachstehenden Punkten beschäftigen:

A   Das Herstellen von Modellen

B   Das Herstellen von Gußformen

C   Das Herstellen bzw. der Gebrauch von „keramischer Gießmasse"

D   Die Nachbehandlung von Formlingen

E   Das Brennen

F   Das Glasieren

Einleitend ist aber zu betonen, daß es nicht unsere Absicht sein kann, Fachkeramiker auszubilden, sondern es sollen dem Laien Möglichkeiten aufgezeigt werden, die ihn in die Lage versetzen, *Prinzipielles* zu erfahren. Deswegen müssen Unzulänglichkeiten, z. B. hinsichtlich der handwerklichen Perfektion oder der Produktionsgeschwindigkeit, in Kauf genommen werden.

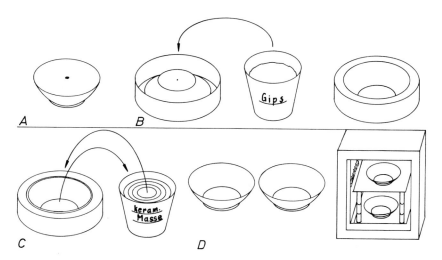

Abb. 35 Prinzip des Gesamtablaufs beim Gießverfahren.

A Das Herstellen von Modellen (Patrizen)
   für Gefäße aus „keramischer Masse"

Wir nehmen an, das in der Phase der Planung vorläufig festgelegte Aussehen des Gegenstandes liegt als technische Skizze, als Faltschnitt oder
als Werkzeichnung vor. Denken wir konkret und der Einfachheit halber
zunächst nur an eine kleine Schale! Wie kommen wir zum „Original"?
Im einfachsten Fall könnte man eine solche Schale fertig kaufen, voraus-
gesetzt, man fände die gleiche, und das ist unwahrscheinlich! Bliebe die
Möglichkeit, ... irgendeine zu nehmen oder zu kaufen, die „gefällt". Man
besitzt dann zwar ein „Original", aber es stellt

a) die Originalleistung eines anderen dar, die nur kopiert werden kann
   (womit wir möglicherweise auch in eine zwielichtige Sphäre geraten).
   An Können, Erkenntnissen und Kritikfähigkeit erlangen wir lediglich
   einen Zuwachs im Bereich der praktischen Fertigungstechnik, nämlich
   beim Herstellen der Gußform, beim Gebrauch von Gießschlicker usw.
   Das kann möglicherweise in bestimmten Situationen wünschenswert
   sein, es fällt dann aber nahezu

b) die gesamte Planung und die geistige Bemühung um den eigentlichen
   Gegenstand aus. Damit begeben wir uns natürlich auch der Möglichkeit,
   im Bereich der Kategorien der Ebene II zu „lernen"!

Da in der allgemeinbildenden Schule, im Gegensatz zum Laienwerken, das Lernen an erster Stelle zu stehen hat und nicht das Produzieren von Werkstücken, kann das Kopieren von fertig vorliegenden Gegenständen in der Schule bestenfalls ein Notbehelf sein oder die Absicht, lediglich das Gießverfahren einsichtig zu machen.

Aber auch in der Sozialarbeit, bei therapeutischer Zielsetzung, im Laienschaffen usf., oder wenn absolut keine Zeit oder Möglichkeit zur Verfügung steht, ein Original herzustellen, wie es im folgenden beschrieben wird, oder wenn man in einem bereits vorhandenen Gefäß seine Wünsche gegenständlich vorfindet, warum sollte man in diesen Fällen nicht ein solches Original verwenden? Wir werden später im Kapitel über das Herstellen mehrteiliger Gußformen darauf zurückkommen.

Wie kommen wir nun aber zu einem tatsächlichen Original? Es hilft nichts, wir müssen es selbst herstellen!

Wer jedoch Schalen und dergl. von Kindern und auch Erwachsenen hat „aufbauen" lassen, der weiß, daß die Ergebnisse in ihrer Art liebenswert sind, daß sie aber (wie bereits erwähnt) vom Plan stark abweichen und wegen der Klobigkeit, wegen der typischen Oberfläche und wegen der für die Aufbautechnik typischen Abweichungen vom exakt Runden nicht für eine Vervielfältigung geeignet sind. Von Hand aufgebaute Gegenstände besitzen nun einmal den Charakter des Einmaligen!

Die für unser Verfahren notwendigen Modelle lassen sich schnell und präzise nur mit Hilfe von Maschinen herstellen: eines der charakteristischen Merkmale!

Die eine Möglichkeit besteht im *Drehen an der Holz- oder Metalldrehbank (3).*

Für den einzelnen Laienschaffenden, der eine Drehbank mit der entsprechenden Spitzenhöhe besitzt, und der auch drehen *kann,* wäre das ein Lösungsweg, für die Schule in der Regel jedoch nicht:

a) Die wenigsten Schulen besitzen solche Maschinen, weil sie teuer sind und wenig gebraucht werden. Hin und wieder findet man eine einzelne Maschine, die für das Vorhaben einer ganzen Klasse kaum ausreicht.

b) Genaues Drehen nach Zeichnung will gelernt sein!

c) Die Arbeit ist nicht ganz ungefährlich!

d) Es wird teures, astfreies, feinjähriges Holz in verhältnismäßig großen Abmessungen und (wie sich gezeigt hat) erheblichen Mengen verbraucht.

e) Die Modelle aus Holz verziehen sich verhältnismäßig leicht.

Man kommt also zumindest in der Schule auf diese Weise nicht so recht zum Ziel.

Abb. 36 Modelle, aus Holz gedreht.

Abb. 37 Verstellbares Drehgerät für Gipsmodelle/Gips-Patrizen (DBGM), Hersteller:
Egeling, Bad Hersfeld (Vertrieb durch den Fachhandel).

Ein anderer Weg ist *die Herstellung von Modellen aus Gips.* Das freie Aufbauen und Abdrehen auf der Töpferscheibe ist jedoch in der Schule nicht praktikabel, es läßt sich aber eine kleine, von Hand getriebene, einfache Maschine einsetzen (36), mit deren Hilfe man unter Einsatz von selbstgefertigten Schablonen aus Aluminium- oder Eisenblech nahezu jedes gewünschte Modell herstellen kann.

Die Vorteile dieses Gerätes im Gegensatz zur Holzdrehbank:
a) Das Gerät ist billig und kann mehrfach für einen Werkraum beschafft werden. Es wird auch ein verstellbares Gerät mit einer großen und einer kleinen Welle angeboten.
b) Es liefert auf den Millimeter genau das durch die Blechschablone festgelegte Modell.
c) Das Gerät ist im Betrieb völlig ungefährlich und läßt dabei das Prinzip des Drehvorganges klar erkennen. Verschmutzung durch Gips wird durch ein Fangtuch vermieden.
d) Der verwendete Werkstoff ist billig. Die Modelle sind verhältnismäßig unempfindlich, in der Form konstant und mit Hilfe der noch vorhandenen Schablone notfalls schnell neu zu drehen.
e) Ungeübte zwölf- bis dreizehnjährige Schüler kamen „auf Anhieb" mit dem Gerät zurecht.

Zum Verfahren:
Zunächst muß wie üblich der Entwurf angefertigt werden. Dafür sind die Überlegungen maßgebend, die sich innerhalb der oben angeführten Problematik der „Ebene II" bewegen (Größe, Proportionen usw.).
Auf den Entwurf nimmt aber *auch das Werkverfahren* Einfluß: Einer genaueren Klärung vorgreifend, muß bereits hier gesagt werden, daß ein Formling durch die „Schwindung" beim Trocknen und beim Brand kleiner wird, daß man diesem Kleinerwerden jedoch durch eine entsprechende Vergrößerung des Entwurfs begegnen kann, falls das notwendig erscheint. (Siehe die Kapitel über Nachbehandlung und Schrühbrand!)

Zwei einfache Beispiele: Wir wollen eine Masse verwenden, die nach dem Glasurbrand um insgesamt 10 % geschwunden ist (Hersteller-Angabe oder eigene Probe!). Dann zeichnen wir den Gegenstand in der Originalgröße auf, die er später haben soll. Wir wissen aber, daß wir ihn um etwa 10 % größer herstellen müssen, weil sich alle senkrechten und alle waagrechten Abmessungen um 10 % verkürzen. Wir wählen deshalb markante Punkte aus und verlegen sie von der Mittellinie 10 % nach außen und von der Standfläche 10 % nach oben. Die neu gefundenen Punkte verbinden wir und erhalten so die Seitenrißlinie des (nun größeren) Modells.

Man kann so etwas auch „über den Daumen" machen, natürlich kann man sich das Vergrößern auch ganz ersparen, wenn man mit einem kleinen Gegenstand zufrieden ist.

Ebenso ist bereits bei der Planung zu bedenken, daß ein keramischer Scherben im Brand erweicht und der *Schwerkraft* nachgibt, vor allem beim Glasur- oder auch beim Sinterungsbrand (siehe die Kapitel über Brennvorgänge!):

An flachen Tellern und dergl. drohen die Ränder abzusinken, weitgespannte Gefäßböden versuchen durchzuhängen, Ausbuchtungen an bauchigen Vasen sacken ein wenig nach unten ab, die Wände von zylindrischen Gefäßen fallen etwas nach innen ein,

und das um so eher, je dünner die Wandung und je höher der Brand ist (statische Probleme).

Mögliche planerische Gegenmaßnahmen:

Die Tellerränder nicht zu flach halten, sondern etwas steiler stellen, sowie den Stehring weiter nach außen legen!

Böden, wenn möglich, leicht nach oben hochwölben!

An gebauchten Gefäßen die Wölbungen um Millimeter nach oben verlegen!

Eventuell eine höher brennende Masse benutzen, die im Brand nicht so weich wird!

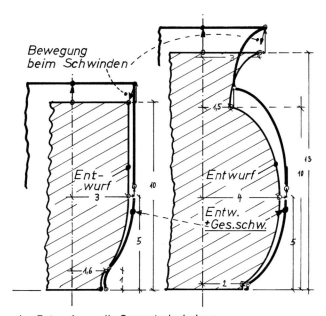

Abb. 37a   *Vergrößerung des Entwurfs um die Gesamtschwindung*

An zylindrischen Gefäßen die Wände ganz geringfügig nach außen wölben! Bei Deckeln, die in einem Falz sitzen, muß die Dicke der Glasurschicht berücksichtigt werden.

Möglicherweise war die eine oder andere Korrektur im beschriebenen Sinne nötig.

Die endgültig festgelegte Seitenrißlinie des geplanten Gegenstandes wird nun auf ein Blechstück aufgerissen oder als Faltschnitt zur Hälfte aufgeklebt (0,8—1,2 mm verzinktes Eisenblech oder 1,2—2 mm *hartes* Aluminiumblech.) Wir benutzen ausschließlich Aluminiumblech (mittelhart oder hart) von 1,5 mm Stärke. Den Entwurf sollte man von Anfängern auch nicht, wie Abb. 39 zeigt, mit der Schere ausschneiden und aufkleben lassen!

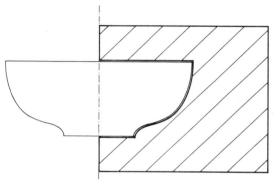

Abb. 38
Entwurf und zukünftige
Schablone.

Abb. 39
Aufgeklebte Hälfte des
Entwurfes.

Abb. 40
Aussägen der Schablone.

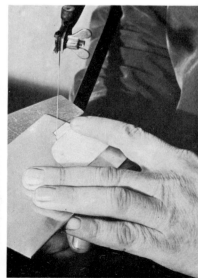

Es ist sicherer, das ganze Blatt mit dem Entwurf in der Mittellinie durchzu-
schneiden und die eine Hälfte vollflächig aufzukleben. Vor allem der Riß sollte
natürlich fixiert sein!
Dann wird die Schablone ausgesägt und anschließend gefeilt. Aufpassen,
daß innen (!) am Riß entlang gesägt wird! Er muß stehenbleiben, weil man ja
sonst nicht weiß, bis wohin man feilen muß. Sägte man außen entlang, würde
das Modell außerdem zu groß.
Sodann legt man fest, an welcher Stelle längs der Welle man das Modell
drehen will. Im allgemeinen wählt man den geringstmöglichen Durchmesser
der konischen Welle, man benutzt evtl. sogar die kleine Welle (für Väschen,
Eierbecher und dergl.). Diese Stelle markiert man auf dem vorderen Querbrett (Schablonenhalter) und mißt mit der Schieblehre die Wellenstärke an
der entsprechenden Stelle, weil ja die Hälfte der Wellenstärke von der
Schablone abgezogen werden muß. Dabei ist auf die unterschiedliche Wellenstärke (da konisch) zu achten!

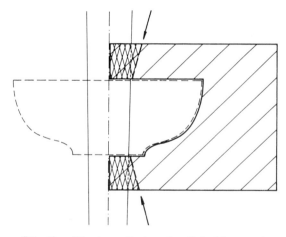

Abb. 41
Berücksichtigung der
halben Wellenstärke.

Die überflüssigen Enden der Schablone schneidet man mit der Blechschere
leicht abgeschrägt weg, und zwar vom einen Schenkel der Schablone
logischerweise eine Kleinigkeit mehr (weil die Welle dort etwas dicker ist).
Danach werden zwei Bohrlöcher markiert und gebohrt. Man hält ihren
Durchmesser um zwei Millimeter weiter, damit man die Schablone später
noch etwas verrücken und so besser „einrichten" kann.
Im Herstellen und Montieren der Schablone liegt der erste entscheidende
Arbeitsschritt der praktischen Verwirklichung des Planes, *und es übertragen sich alle falschen Maßnahmen genau auf das Modell und werden dort
sichtbar!* Für den Schüler (und natürlich auch für den Laienschaffenden) ist

diese Tatsache eine starke Motivation, *genau* zu arbeiten. Voraussetzung ist allerdings, daß die Abhängigkeit zwischen der Qualität der Schablone und der Qualität des Modells klar erkannt ist.

Auch im „Ernstfall des Lebens", in der sogenannten „Arbeitswelt" wird der Mensch unter anderem motiviert durch die bekannte Relation: „Eine liederliche oder falsche Vorbereitung wird mit Sicherheit zu einem mangelhaften oder zu gar keinem Ergebnis führen!"

Ein Lehrer kann in unserem Fall mit ein wenig Geschick diese Situation *auch im Werkunterricht* arrangieren, so daß sich die Schüler tatsächlich diesem so schwer herbeizuführenden „Ernstfall" gegenübergestellt sehen. Die bisherige Unterrichtspraxis zeigt das in erfreulichem Maße, am deutlichsten und gleichzeitig am schmerzlichsten dann, wenn zum Beispiel an zehn Geräten gedreht wird, und zwei der Modelle fehlerhaft werden: Sie müssen nach dem Beseitigen des Fehlers neu gedreht werden! (Der Gips kostet glücklicherweise nur wenige Pfennige!)

Welche Fehler können nun unterlaufen?

a) Der harmloseste ist ein unsauberes Feilen der Schablone. Das ergibt umlaufende Rillen und streifenartige Erhöhungen, die aber unter Umständen später mit einem gegengehaltenen Blechstreifen, einem Stemmeisen o. ä. weggedreht werden können. Die dadurch entstehenden Abweichungen vom Plan sind minimal. Die nachstehenden Fehler können jedoch größere Schwierigkeiten verursachen.

b) Man vergißt, die Schablone um die Hälfte der Wellenstärke zu verkleinern, und das Modell wird zu groß.

c) Das Gefäß bekommt einen kegeligen Fuß und wird nicht gut stehen, weil die Schablone unexakt gefeilt ist. Abb. 42.

d) Die Schablone ist nicht winklig zur Mittellinie der Welle eingerichtet. Entweder wird die Standfläche kegelig statt eben, oder die Oberseite wird kegelförmig (Abb. 43 und 44), so daß sie beim Herstellen der Gußform von Gips unterflossen wird (wie wir bei Abb. 46 sehen werden).

Abhilfe: Wir legen am hinteren Querbrett einen Anschlagwinkel, ein großes Zeichendreieck oder dergl. an und richten die Schablone daran aus.

Abb. 45
Ausrichten der Schablone am Drehgerät.

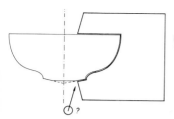

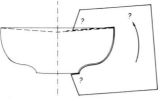

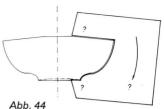

Abb. 42
Fehlerhafte Standfläche.

Abb. 43
Kegelige und verbrei-
terte Standfläche.

Abb. 44
Kegelige Oberseite und
unterschnittene
Standfläche.

e) Der obere Rand ist nicht scharf ausgefeilt. Beim Herstellen der Gußform wird die runde Kante (Abb. 46) oder der Kegel (bei Abb. 44) vom
Gips unterflossen. Das Modell läßt sich dann aus einer einteiligen Gußform nicht mehr herausheben. Das gleiche gilt für einen „unter-
schnittenen" Fuß (Abb. 46). Solche Gußformen müssen mehrteilig hergestellt werden. Darüber später!

f) Die Standfläche soll einen Ring erhalten, oder der Boden soll nach
innen gewölbt werden: Die Schablone läßt sich dann nach der An-
fertigung des Modells nicht mehr herunterziehen. Sie muß vorher (!)
geteilt werden.

Man schneidet sie dazu an einer solchen Stelle durch, die ein Abziehen
nach zwei Richtungen ermöglicht (Abb. 47). Den einen Teil der Schablone
klebt (Uhu-kontakt oder dergl.) oder schraubt man auf ein dünnes Brettchen (Sperrholz Spanplatte . . .), den anderen Teil befestigt man mit
zwei Holzschräubchen, die man dann leicht wieder lösen kann.

(Man kann aber auch zum Zweck des Abziehens eine ungeteilte Schablone mit Gewalt aufbiegen, um sie dann wegzuziehen.)

Die Praxis zeigt, daß man bei der Verwendung von Alu-Blech eine Schablone
nicht unbedingt vorher teilen muß. Das ist dann unnötige Arbeit, weil sich
solche Schablonen in jedem Falle mit einer Flachzange oder einer Pumpen-
schwengel-Zange an einem Schenkel so verbiegen lassen, daß man sie abziehen kann. (Siehe auch Abb. 54!)

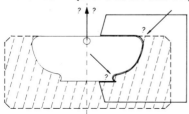

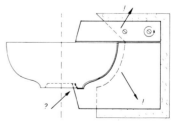

Abb. 46
Aus einer einteiligen Gußform nicht
entfernbares Modell.

Abb. 47
Geteilte Schablone.

75

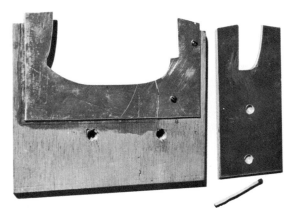

Abb. 48
Geteilte Schablone
(Dose) von oben (mit
Deckel).

g) Wenn man befürchten muß, daß sehr starke Schwingungen auftreten, und daß sich die Schablonenenden verbiegen, kann man sehr weit vorspringende Schablonen für Teller, große Schüsseln und dergl. auf die gleiche Weise von unten verstärken.

Es ist aber darauf zu achten, daß die arbeitende Schabekante der Schablone *frei liegt* (ca. 5 mm), daß also die Verstärkung „zurückspringt" und die Schabewirkung nicht beeinträchtigt. Die Verstärkung sollte auch nicht so dick sein, daß die Schablone auf einem wesentlich

Abb. 49   Fertig montiertes Drehgerät mit Fangtuch.

höheren Niveau liegt als die Mittellinie der Welle. Man müßte sonst hinten ein Leistchen oder einen Furnierstreifen unterlegen, damit sich die Schablonenspitzen wieder senken.

Die Schrauben steckt man am besten von oben durch, damit sich die Flügelmuttern *unter* dem Schablonenhalter befinden und nicht mit Gips verschmiert werden.

Nach all diesen Vorkehrungen kann das Gerät mit Schraubzwingen am Tisch montiert werden. **Es muß gleichzeitig ein Fangtuch untergespannt werden, das herunterfallenden Gips daran hindert, auf den Fußboden zu gelangen!!!** Eine kräftige Kunststoff-Folie, an den Ecken mit Knoten und Schlaufen aus Bindfaden versehen, reicht aus. Unterläßt man diese Vorsichtsmaßnahme, wird der Gips auf dem Boden breitgetreten, und die Folgen können höchst unerfreulich sein. (Siehe Bericht über einen Unterrichtsversuch!)

Bevor man zu drehen beginnt, muß die Welle an der Stelle, an der das Modell aufgebaut werden soll, dünn mit Schmierseife oder besser mit „Gipsformenschmiere" (32) eingerieben werden. Dann gleitet das Modell nachher leicht von der Welle herunter. — Nun kann es losgehen! —

Man rührt im Gipsbecher (aus Gummi oder Kunststoff) zunächst eine kleine Menge Gips *steif* an (einfachen Stuck-Gips, wie ihn die Maler verwenden) und umkleidet die Welle *zwischen* den beiden Spitzen der Schablone mit einer Schicht von ein bis zwei Zentimetern Dicke. Nicht dicker, weil die Schicht sonst wieder abfällt! Nach kurzer Wartezeit, je nach Gipsqualität 5 bis 10 Minuten, hat er soweit „abgebunden", daß er fest auf der Welle sitzt.

Falls Gips, an der Welle entlang, über die Schablone hinausragen sollte, schneidet man ihn weg, weil er sonst die Welle blockiert oder beim frühzeitigen Drehen das Abbröckeln der ganzen ersten Schicht verursacht.

Im Anschluß an diese erste Phase kann mit weicherem Gips (Konsistenz wie Kartoffelbrei) weiter aufgebaut werden. Es muß langsam gedreht werden. Drehrichtung: Von oben gegen die Schablone. Sobald die Schablone zu „fassen" beginnt, wird sichtbar, an welchen Stellen noch Gips angetragen werden muß. Vom Zeitpunkt des ersten Fassens an muß die Welle ruhig und ohne zu große Pausen (von mehreren Minuten) gedreht werden. Gips nimmt beim Abbinden infolge der Kristallisation bis zu einem Prozent an Volumen zu. Die Welle läuft dann natürlich nicht mehr so leicht. Bleibt sie längere Zeit in einer Stellung stehen, kann sich das Modell in der Schablone festklemmen, und die Blockierung läßt sich bisweilen nur unter Mühen beheben. Auf der Schablone festsitzender Gips, vor allem an der Schabekante, muß dann und wann mit einem Spachtel (Streifen aus Blech) oder dgl. entfernt werden. Alle Gipsbröckchen, auch solche, die beim Reinigen der Hände anfallen, werden vom Fangtuch aufgenommen. *Es kann im Schulunterricht günstig sein, die Welle von einem Helfer drehen zu lassen,* der gleichzeitig unter Zuhilfenahme eines kleinen Blechstreifens oder ähnlichem Gips anrührt, die notwendigen Handreichungen erledigt *und dabei saubere Finger behält, um heruntergefallene Gipsbröckchen aufheben zu können.*

Die letzte Schicht soll glatt sein. Man stellt sie am besten aus (etwas!) dünner angerührtem Gips her, der dank seiner Konsistenz (etwa wie dicke Pudding-Sauce) die letzten Unebenheiten ausgleichen kann. Wenn er jedoch zu wässerig ist, kann die Schicht sehr leicht von der Schablonenkante abgerissen werden. Wässeriger Gips bleibt auch nach dem Abbinden sehr weich, und das Modell ist leicht zu verletzen.

Der Gips für die Feinschicht sammelt sich zum Teil auf der Schablone, so daß er von hier aus mit den Fingerspitzen an das Modell herangeschoben werden kann. Ob das Modell beim Drehen Gips abnimmt oder nicht, kann man an einem evtl. vorhandenen Luftspalt zwischen dem Modell und dem Gips erkennen.

Durch Schiebebewegungen mit den Fingerspitzen kann man einen solchen Spalt wieder schließen, und es bedarf bei *ruhigem* und umsichtigem Arbeiten keiner übermäßigen Kunstfertigkeit, die Feinschicht aufzubringen. Bei extrem langem Drehen kann die Feinschicht schmierig werden, weil die Verfilzung der Gipskristalle verhindert wird!

Alle diese Arbeiten können besser auch mit einem Kunststoffspachtel (Egeling, Bad Hersfeld) ausgeführt werden, so daß man vollständig saubere Hände und Kleider behält!

Lernziel: Der Lernende soll durch praktische Tätigkeit nachweisen, daß er in der Lage ist, durch umsichtige Handhabungen beim Drehen des Modells sich selbst und den Arbeitsplatz sauber zu halten.

Hilfsmittel: Fangtuch, Kunststoffspachtel, Gips und Wasser am (!) Arbeitsplatz in 5-l-Eimern (mit Kunststoffschaufel und Kunststoffbecher) zur Vermeidung von Wegen.

Beurteilungsmaßstab: möglichst absolut sauber!

Daraus kann man sogar einen Wettbewerb machen: Wir wollen nachher sehen, wer . . . ! (Siehe auch: Unterrichtsbeispiele!)

Der Verfasser hat gelegentlich Studenten im dunklen Anzug bzw. Kleid arbeiten lassen (zum Gaudium aller und mit vollem Erfolg), um nachzuweisen, daß ein Arbeiten mit Gips nicht unbedingt und unausweichlich mit „Dreck" verbunden sein muß.

Rillen, die sich auf dem Modell bilden, haben ihre Ursache meist in Gipsteilchen, die sich an der Schabekante der Schablone festgesetzt haben. Ein solches Ansetzen erfolgt bisweilen auch *in scharfen Ecken,* beispielsweise am oberen Rand von Schüsseln oder am Fuß! Man stößt dann die

Abb. 50
Erste Umkleidung
der Welle mit Gips-
brei.

Abb. 51
Weiterer Aufbau des
Modells.

Abb. 52
Anschieben von
Gipsbrei.

betreffende Stelle von oben her mit einem spitzen Gegenstand vorsichtig durch. Die dabei entstehende Lücke im Modell läßt sich leicht wieder ausfüllen. Vorsicht bei Schablonen aus Aluminium: Die Schabekante nicht beschädigen, sonst werden die Rillen noch ärger!
Wenn keine Verbesserungen mehr zu erreichen sind, kann nach Lösen der Schrauben die Schablone nach vorn weggezogen werden. Keine Gewalt anwenden!
Nicht exakt gearbeitete Schablonen können dabei Schwierigkeiten bereiten, wenn z. B. die beiden Kanten von Boden und Oberseite eines Schüsselmodells nicht parallel laufen. Man hilft sich, indem man entweder den Schablonenschenkel an der Oberseite leicht verdreht und so „Luft schafft", oder indem man an der für uns unwichtigen Oberseite des Modells eine Rille bis kurz vor die Kante ausschneidet, die Schablone in der Rille gleiten läßt und auf diese Weise ein Herunterziehen erleichtert. (Vgl. Abb. 55.)
Anschließend kann das Modell wie an einer Holzdrehbank mit einem Blechstreifen, einem Stemmeisen oder dgl. nachgedreht werden.
Schon nach wenigen Minuten läßt sich das Modell ohne Gefahr von der herausgenommenen Welle abstoßen. Dazu entfernt man zunächst etwaige Gipsreste von der Welle, hält sie dann aufrecht, faßt mit den gespreizten Fingern unter das Modell, stößt die Welle kurz auf und läßt das Modell von der konischen Welle (die ja vorher mit Formenschmiere isoliert worden war) in die Hand gleiten.
Der gesamte Drehvorgang läuft erstaunlich schnell ab. Ungeübte Schüler von 12 und 13 Jahren brauchten, bei montierter Schablone, 30 bis 45 Minuten, um die Modelle von Milchbechern, Untersetzern und Tellerchen zu drehen. Studierende benötigten für die Körper von Teekannen, Kakaokannen usw. auch nicht länger als eine Stunde. Das abgestoßene Modell kann sofort oder später weiter bearbeitet werden. Das Loch am Boden wird mit Gips verschmiert, die Unebenheiten werden mit einem geradkantigen Blechstreifen oder einer Ziehklinge weggeschabt. Bei Modellen für Schüsseln, Becher, zylindrische Vasen usw. gipst man in die obere Öffnung einen Holzdübel mit vorgebohrtem Loch oder besser einen Kunststoff-Dübel (für Wandhaken und dgl.) ein, damit man dort später eine Schraube mit einem Knebel eindrehen und daran das Modell aus der Gußform herausheben kann. Der Dübel darf aber nicht herausragen!
Damit ist das Modell, im beschriebenen Fall ein unkompliziertes, fertig. Es entspricht genau dem Plan des Werkenden. Es kann nun trocken werden, man kann es aber auch gleich verwenden, um die Matrize zu gießen (notfalls schon nach wenigen Minuten). Wenn man Wert auf die Erhaltung des Modelles legt und Zeit hat, sollte man den Gips aber erst richtig hart (nach ca. 2^1/$_2$ Std.) oder gar trocken werden lassen. Dann kann man auch noch mit Schleifpapier ein wenig nacharbeiten.

Abb. 53
Abziehen der
Schablone.

Abb. 54
Abziehen nach dem
Verbiegen der
Schablone.

Abb. 55
Nachdrehen des
Modells.

Wenn man das Modell etwas widerstandsfähiger machen will, streicht man es nach dem Durchtrocknen mit Nitro-Einlaßgrund oder dergl. ein. Die Poren werden dadurch verschlossen, und es wird an der Oberfläche etwas härter. Ein solches (erhabenes) Modell, das zum Herstellen einer (hohlen) Gußform dient, ist im technischen Sprachgebrauch eine „Patrize" (von lat. pater = Vater), während man die Gußform auch als „Matrize" bezeichnet (von lat. mater = Mutter).

Zusammengefaßt noch einmal die wesentlichen Schritte:
a) Aufreißen des halben Seitenrisses auf Blech (evtl. unter Zugabe für die Schwindung)
b) Ausschneiden und Feilen der Schablone (evtl. verstärken)
c) Verkürzen der Schablonenschenkel (halbe Wellenstärken)
d) Befestigungslöcher bohren
e) Schablone aufschrauben
f) Gerät montieren (Fangtuch nicht vergessen)
g) Welle isolieren (Schmierseife bzw. Formenschmiere)
h) Erste Schicht Gips aufbringen und abbinden lassen
i) Weiterer Aufbau
k) Feinschicht aufbringen
l) Schablone abziehen
m) Evtl. nachdrehen
n) Welle herausnehmen
o) Modell abstoßen
p) Löcher verschmieren, Dübel eingipsen

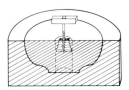

Abb. 57 Modell und Gußform, Schema/Schnitt.

Abb. 56
Abstoßen des
Modells von der
Welle.

Abb. 58
Einfache und kompli-
ziertere Modelle aus
Gips. Vorn das eben
beschriebene.

Benötigte Hilfsmittel und Werkstoffe:

Anschlagwinkel
Reißnadel
Laubsäge, Sägeblättchen und
Sägetisch
Feilen
Schraubstock
Blechschere
Drehgerät für Gipsmodelle
(Egeling)
Fangtuch
Schraubzwingen
Gipsbecher
Spachtel zum Rühren
Blechstreifen oder Messer
zum Entfernen von Gips
Eimer für frischen,
trockenen Gips
Eimer für Gipsabfälle
Wischlappen

(0,8 mm) verzinktes Eisen- oder hartes
Aluminiumblech (1—2 mm) für die
Schablone
evtl. Millimeterpapier für Faltschnitt
Klebstoff (für Faltschnitt)
evtl. Sperrholz als Verstärkung
evtl. Holzschräubchen für geteilte
Schablone
Schmierseife bzw. Gipsformenschmiere
Stuck-Gips
Wasser
Holz für Dübel bzw. Kunststoffdübel

Mit Hilfe unseres fertigen Modells muß nun die Gußform hergestellt werden. Der Klarheit halber ist es gut, diesen Vorgang wiederum an unserem
einfachen Gegenstand zu zeigen. Über kompliziertere Modelle und die entsprechenden mehrteiligen Gußformen soll erst später gesprochen werden.

B Das Herstellen der Gußform (Matrize)

Wie schon gesagt, muß die Gußform aus Gips hergestellt werden. Und zwar soll die Gipswandung später Wasser aus der keramischen Gießmasse ansaugen und so eine Schichtbildung ermöglichen. Eine getreue Negativ-Form unseres Modells erhalten wir, wenn wir Gips verflüssigen und das Modell damit übergießen.

Zu diesem Zweck und für unseren einfachen Fall bauen wir uns zunächst eine runde Umrandung aus einer biegbaren „Folie" (wie Linoleum, Stragula, PVC-Fußbodenbelag und dgl.), die nicht zu wasserempfindlich ist, wie etwa Pappe, die wir an der Innenseite mit Gipsformenschmiere oder Schmierseife isolieren und der Einfachheit halber ein oder mehrere Male mit Bindfaden umschnüren (e).

Sehr vorteilhaft, einfach und unbegrenzt wiederverwendbar lassen sich diese runder Umrandungen herstellen aus Kunststoff-Kanalrohren, die es mit unterschiedlichen Durchmessern von 10 cm bis 50 cm und in Längen von 1 m an in Geschäften für Bau-Bedarf zu kaufen gibt. Von diesen Rohren schneidet man sich für Modelle mit unterschiedlichen Durchmessern und Höhen entsprechend lange Stücke ab und hat dann immer ein kleines Sortiment von jeweils passenden Umrandungen auf Lager. Diese zylindrischen Stücke müssen vor dem Gebrauch einmal in Längsrichtung aufgeschnitten werden, damit man sie zum Entnehmen der Gußform etwas aufbiegen kann. Zum Schneiden verwendet man Fuchsschwanz, Eisensäge oder Bandsäge.

Vorteile: Diese Umrandungen stehen in sich, Gips haftet kaum an ihnen, sie sind unzerbrechlich und brauchen nur mit einem Bindfaden oder einer Klemmzwinge (oder dergl.) am Längsschnitt zusammengehalten zu werden.

Ebenso vorteilhaft ist die Verwendung von Streifen aus 1 mm starkem Aluminiumblech, die man leicht zu stabilen und variablen Umrandungen zusammenbiegen und durch einen Bindfaden oder eine kleine Zwinge sichern kann. Mit einem Streifen von 150 cm Länge kann man immerhin sehr große Umrandungen bis zu etwa 40 cm Durchmesser herstellen und hat dann für die Überlappung der beiden Enden noch etwa 25 cm übrig. Für unterschiedliche Höhen hält man einige Streifen unterschiedlicher Breite bereit (Metall-Fachhandel, Karosseriebau-Unternehmen, Klempnereien.) Da man immer schlechter Linoleum und dergl. beschaffen kann, und da diese Materialien nicht so gut in sich stehen, verwendet der Verfasser selbst seit geraumer Zeit fast ausschließlich („Standard"-) Sortimente aus Kanalrohr und unterschiedlich breiten und langen Alu-Streifen.

(Man kann natürlich auch eine Umrandung aus Brettern bauen. Das ist aber aufwendiger!) Die Umrandung (a) soll ringsherum 2 bis 3 cm größer sein als das Modell (b), damit die Wandung der Matrize eine angemessene Stärke mit der entsprechenden Saugkapazität erhält. Im gleichen Sinne

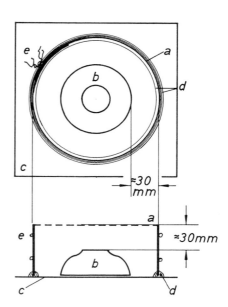

Abb. 59
*Schema: Herstellung der Umrandung
für eine einfache Gußform (Matrize).*

muß die Umrandung auch um mindestens 3 cm höher sein als das Modell.
Als Unterlage (c) benutzen wir PVC-Folie, Resopal, Linoleum und dgl.,
aufgelegt auf eine ebene Tischfläche oder ein Brett. Diese Folien lassen
sich später von der Matrize leicht abziehen, während Glas, Holz usw. erst
mit einer Trennschicht aus Schmierseife oder Formenschmiere versehen
werden müssen und sich überhaupt schlechter lösen lassen, weil sie nicht
zu biegen sind.
Die Umrandung drücken wir auf eine „Dichtung" aus normaler keramischer
Aufbaumasse oder aus halbtrockener Gießmasse (d), die wir zu einer Wurst
gerollt und vorher auf die Unterlage gelegt hatten. *Diese Dichtung ist sehr
nötig,* weil der Gips sonst zwischen der Unterlage und der Umrandung
hindurchquillt. Der Ordentlichkeit halber sollten wir diese abdichtende
Masse innen an die Umrandung drücken bzw. wegschneiden, weil sie sich
sonst mit abformt. Es ist auch *gut und vorteilhaft* möglich, die Abdichtung
einfach mit Gipsbrei vorzunehmen. Aber nicht nur äußerlich verschmieren!
Die Praxis zeigt, daß es vor allem bei größeren Umrandungen der Stabilität
halber zweckmäßig und billiger ist, mit Gipsbrei (Konsistenz wie Kartoffelbrei) abzudichten: Zunächst mit Bleistift oder Kugelschreiber die aufgestellte
Umrandung umfahren! Dann die Umrandung zur Seite stellen und auf (!) dem
Strich einen kleinen Wall von Gipsbrei rundherum aufbringen. Danach die
Umrandung aufdrücken, den Brei vor allem innen sauber verstreichen und

abbinden lassen! Anschließend das Ganze nicht mehr heftig bewegen, weil sonst die Abdichtung schadhaft wird! Das kann sich verheerend auswirken, wenn z. B. ein ganzer Eimer Gipsbrei ausläuft. Abhilfe: Siehe einige Seiten weiter!

Abb. 60   Umrandung zum Herstellen einer einfachen Gußform (Matrize).

Das Modell, ob aus Gips oder aus Holz hergestellt, muß vor dem Übergießen mit einer Trennschicht versehen werden, die ein Hängenbleiben in der Matrize verhindert. Wir benutzen dazu Gipsformenschmiere (32), nur im Notfall Schmierseife. Schmierseife wird am besten unverdünnt mit den Händen in einer durchgehenden Schicht aufgerieben. Es ist darauf zu achten, daß auch Absätze, z. B. an der Standfläche *sorgsam* mit dem trennenden Film versehen werden. Schon eine kleine, nicht isolierte Stelle des Modells kann die Ursache für ein Steckenbleiben in der Matrize sein! Man sollte aber nun nicht in den anderen Fehler verfallen und die Schmierseife zu dick auftragen, so daß Schlieren entstehen, die sich dann getreulich in der Gußform (Matrize) abbilden. *Die Trennschicht soll durchgehend und hauchdünn aufgetragen werden!*

Ein weiterer Hinweis:
Schmierseife enthält das chemische Element Kalium, das in der Lage ist, sich mit Gips (Kalziumsulfat) umzusetzen und die Verbindung zu zerstören. Mit anderen Worten, Schmierseife ist grundsätzlich in der Lage, die Oberfläche eines Gipskörpers in geringem Maße anzugreifen, die Struktur zu stören, kleine Unebenheiten zu verursachen, und das um so mehr, je dicker der Auftrag ist, und je unvollständiger der Gips „abgebunden", das heißt also, durch Einlagerung von Wasser seine kristalline Struktur zurückgewonnen hatte. Man sollte deswegen Schmierseife nicht nur dünn auftragen, sondern frühestens dann, wenn der Gips nach ca. 30 min abgebunden hat und wieder kalt ist. (Abbindender Gips bildet kleine Kristallnadeln aus, die sich kreuz und quer überlagern. Dabei tritt durch Energiefreisetzung die bewußte Erwärmung ein. Brennen = Energieaufnahme = endothermer Vorgang. Abbinden = exothermer Vorgang.) Es schadet aber nichts, wenn das Modell noch feucht ist. Gipsmodelle, die trocken geworden sind, lassen sich mit Schmierseife besser konservieren, wenn sie zuvor angefeuchtet worden sind. Die erwähnte Aggressivität von Schmierseife mag uns nicht stören, wenn das Modell ohnehin nicht erhalten bleiben soll. Es besteht jedoch die Gefahr, daß anhaftende Schmierseifenreste die Saugkraft der Gußform beeinträchtigen!

Wer genaue Abgüsse erhalten, risikoloser arbeiten und das Modell nicht so sehr der Gefahr der Zerstörung aussetzen will, benutzt zum Isolieren besser die auch in der Industrie gebräuchliche „Gipsformenschmiere", die nach unterschiedlichen Rezepten aus Schmier- oder Kernseife, etwas Wasser und geringen Mengen verschiedener Öle hergestellt wird (32). Sie ist im Fachhandel zu kaufen (Egeling, Bad Hersfeld).
Formenschmiere ist von puddingartiger, halbflüssiger Konsistenz. Man kann sie bequem mit dem Pinsel auftragen oder mit den Händen verteilen. Sie ist schon nach wenigen Sekunden in das Modell eingezogen und bildet keinerlei Schlieren, gleichgültig, ob der Gips feucht oder trocken ist, ob er eben erst abgebunden hat oder schon vor geraumer Zeit. Außerdem verhält sie sich dem Gips gegenüber nahezu neutral und ermöglicht insgesamt ein unkomplizierteres und gesicherteres Arbeiten.
Man trägt sie zunächst „satt" auf, läßt sie kurze Zeit einziehen (1—2 min) und verreibt dann den Überschuß oder wischt ihn weg (vor allem bei Holzmodellen, in die die Schmiere nicht in dem Maße einzieht).
Unangebracht wäre eine Isolierung mit reinem Fett jedweder Art, weil dann die Gußform durch anhaftende Reste in ihrer Saugkraft sehr beeinträchtigt würde. Möglich dagegen ist eine Isolierung mit Schellack und Seife. Das Verfahren ist aber umständlich, weil das Modell erst trocknen muß, und das kann einige Tage dauern.

Wenn nun diese wenig aufwendige und schnell zu erledigende, aber doch *so wichtige Maßnahme des Isolierens* erfolgt ist, wird das Modell vorsichtig, mit der Oberseite nach unten, in die Mitte der Umrandung gesetzt. Es ist zu hoffen, daß der Werkende vorher (!) einmal probiert hat, ob sein Modell tatsächlich eben aufliegt. Sonst würde es beim nun folgenden Übergießen sicherlich vom Gips unterflossen werden und säße dann in der Matrize fest!

In diesem Zusammenhang sei nachträglich bemerkt, daß es günstig ist, die Oberseite eines Schüsselmodells oder dgl. ein klein wenig (!) trichterförmig zu drehen, evtl. auch nachträglich von Hand, damit der Rand dicht aufliegt. (Die Schablone trotzdem herunterzuziehen ist ja nicht schwierig.)

Das Herstellen der hier beschriebenen Umrandung, eingeschlossen das Konservieren des Modells, nimmt meist nicht länger als 20 Minuten Zeit in Anspruch. Es ist also so weit, die Matrize kann gegossen werden!

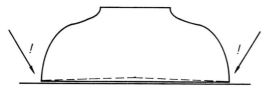

Abb. 61
Bessere Abdichtung durch trichterförmig gedrehte Oberseite.

Wie bereiten wir den Gipsbrei zum Gießen der Matrize, und was ist dabei zu beachten?

Die Industrie verwendet zum Herstellen von Modellen (Patrizen) und Gußformen (Matrizen) zwei Gipssorten, die als *Hartformgips* und als *Alabaster-Modellgips* bezeichnet werden. Diese und auch alle anderen Gipssorten werden aus Gipsgestein hergestellt, das man in Gipsbrüchen abbaut. Gipsgestein ist bekanntlich Kalziumsulfat, in das Kristallwasser eingelagert ist ($CaSO_4 \cdot 2 H_2O$). Der Rohgips wird bei Temperaturen zwischen 120 und 140 °C gebrannt und verliert dabei bis zu 75 % des Kristallwassers. Das Ergebnis sind die beiden oben genannten, chemisch identischen Halbhydrate ($CaSO_4 \cdot 1/2 H_2O$). Der Brennvorgang wird in diesem Fall jedoch unterschiedlich geleitet, so daß *zwei* Sorten entstehen, die unterschiedlich viel Wasser zum Erreichen der Gießfähigkeit brauchen.

Das gleiche Gipsgestein, zwischen 140 und 170 °C gebrannt, ergibt den bekannten *Stuckgips* als weiter entwässertes Halbhydrat. Brennt man noch höher, entsteht *„totgebrannter Gips"*, der nicht mehr zum Abbinden fähig ist, und bei Temperaturen zwischen 800 und 1000 °C erhalten wir (wasserfreien) *Estrichgips,* der sehr langsam abbindet.

Bei Zugabe von Wasser wird das entzogene Kristallwasser wieder eingebaut, und es entstehen mikroskopisch kleine, sich überlagernde Kristallnadeln, wodurch die mechanische Festigkeit des abgebundenen Gipses entsteht. Gleichzeitig kommt es zu der bereits erwähnten Erwärmung und zu
einer Volumenvergrößerung um etwa 1 %.

(Estrichgips bindet auf etwas andere Weise ab: Während seiner Herstellung
spaltet sich ein Teil des $CaSO_4$ zu $CaO + SO_3$ ↗ . Der gebrannte Kalk
löscht mit dem Anrührwasser und bindet dann mit dem CO_2 der Luft langsam zu $CaCO_3$ (Kalkstein) ab. Die verbleibenden, sehr feinkörnigen
$CaSO_4$-Partikel (Anhydrit) bilden mit Wasser und dem Kalk ein sehr feines
und recht festes Gefüge aus.)

Industrielle Perfektion verlangt nach den beiden speziellen Gipssorten. Für
unsere Situation genügt aber Stuckgips, wie er in der Bauwirtschaft verwendet wird. Die beiden anderen Gipsarten sind im Baustoffhandel ohnehin kaum zu haben. Stuckgips ist für unsere Zwecke des Lernens (oder
des Laienschaffens) ausreichend gießfähig, und seine Oberfläche wird auch
ausreichend glatt.

Von unserem Gipsbrei verlangen wir,
a) daß er sich gut vergießen läßt (wie frisch gekochter Vanille-Pudding),
b) daß er nicht zu schnell erstarrt (erst nach ca. 4—5 min),
c) daß er nach dem Abbinden ausreichend porös und daher gut saugfähig ist,
d) daß er ausreichend mechanisch fest wird und
e) zum Zweck des Trocknens auch eine Erwärmung in bestimmten Grenzen
   erträgt.

Diese Eigenschaften hängen unter anderem davon ab, wieviel Anteile Gips
und Wasser zusammengegeben werden. So wird ein Brei aus 55 Teilen
Wasser und 45 Teilen Gips sehr dünnflüssig und gut gießfähig,
er bindet langsam ab,
ist später sehr porös und saugfähig,
aber sehr weich (!) (greift sich sogar ab),
und er ist auch entsprechend wärmeempfindlich.

Seine erfreulich gute Gieß- und Saugfähigkeit paart sich also mit schlechten
mechanischen Eigenschaften. Es ist deswegen notwendig, einen Kompromiß
zu schließen und die Festigkeit auf Kosten der Gieß- und Saugfähigkeit zu
erhöhen. Für frischen Stuckgips haben sich im Versuch folgende Werte
ergeben:

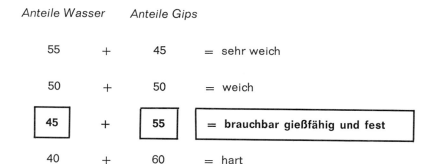

Anteile Wasser		Anteile Gips	
55	+	45	= sehr weich
50	+	50	= weich
45	+	**55**	**= brauchbar gießfähig und fest**
40	+	60	= hart

Die Angaben sollen lediglich modifizierbare Anhaltswerte sein. Sie sind zusätzlich abhängig von der Güte und dem Alter des Gipses (Gips bindet durch die Luftfeuchtigkeit während der Lagerung permanent ab), außerdem von der Zusammensetzung des Wassers, von der Temperatur und von der Art der Aufbereitung (37). (Keinen alten Gips verwenden!!)
Dessen ungeachtet läßt die Tabelle erkennen, daß schon geringe Änderungen im Verhältnis der Zusammensetzung erhebliche Qualitätsunterschiede hervorrufen. *Man sollte deshalb seine Mischung nicht durch Zufall entstehen lassen, indem man nach dem bloßen Ermessen arbeitet.*
Gips und Wasser sind in zwei Eimerchen *getrennt* abzuwiegen. Die Berechnung ist einfach:

1 kg Brei muß aus 450 g Wasser und 550 g Gips bestehen. Das ergibt aber *keinen* vollen Liter (dm³) Brei, sondern erfahrungsgemäß *nur etwa 0,7 Liter!*

Wenn beispielsweise 4 l Brei gebraucht werden, muß also die „Gleichung"

450 g Wasser + 550 g Gips = 0,7 l Brei

mit 6 erweitert werden. Sie heißt dann:

6 · 450 g Wasser + 6 · 550 g Gips = 6 · 0,7 l Brei

ausgerechnet

2700 g Wasser + 3300 g Gips = 4,200 l Brei.

Wenn man öfter oder mehrere Matrizen nacheinander gießen will, wie in der Schule, erspart man sich das Rechnen und Abwiegen und benutzt eine einfache „Mischungswaage".
Sie arbeitet nach dem Prinzip des zweiarmigen Hebels. Der Waagebalken für Wasser (45 Teile) ist 55 cm, der für Gips (55 Teile) ist 45 cm lang. Nach dem Hebelgesetzt (Last × Lastarm = Kraft × Kraftarm, oder in Zahlen: 45 · 55 = 55 · 45) ist beim Herstellen des Gleichgewichtes die erwünschte Gips-Wasser-Relation erreicht. Der Waagebalken bewegt sich in einem Sägeschnitt auf einem Blechstreifen.

Zum Betrieb wird die Waage montiert und bei angehängten leeren (!) Eimern zuvor mit einer kleinen Schraubzwinge oder ähnlichem austariert. Sodann wird in den einen Eimer am längeren Arm die gewünschte Menge Wasser gegeben. Durch Einfüllen von Gips in den anderen Eimer (am kurzen Arm) wird die Waage ins Gleichgewicht gebracht. Auf diese Weise kann man für jede beliebige Menge Wasser, deren Gewicht man gar nicht kennt, die entsprechende Menge Gips abwiegen und umgekehrt. Das Verfahren ist deswegen zeitsparend, weil man bei einem Blick in die Umrandung mit dem zu übergießenden Modell sofort *sieht,* ob ein halbes Eimerchen Gipsbrei ausreichen wird. Man benötigt ja ein bestimmtes Volumen an Brei, dessen Gewicht uns jedoch nicht interessiert. Man muß dann allerdings beachten, daß aus 2 Litern Wasser (= 2 kg) und wenig mehr als 2 kg Gips nicht etwa 4 l Brei, sondern nur *ca. 3 l* entstehen, also jeweils etwa die Hälfte der ursprünglichen Wassermenge mehr.

Der zum Gießen herzurichtende Gips soll *in* das Wasser eingestreut werden. *Nicht umgekehrt den Gips mit Wasser überschütten!* Er würde sofort verklumpen! Man hält das Eimerchen mit dem Gips schräg über den Wassereimer und schiebt das Gipspulver mit den Fingerspitzen über den Rand, so daß es locker ins Wasser fällt und untergeht. Dabei entweicht die im Pulver enthaltene Luft. Zum Schluß ragt in der Regel ein kleiner Gipskegel aus dem Wasser, der sich langsam vollsaugt und wegsackt.

Das Einstreuen und das eben beschriebene „Sumpfen" sollen insgesamt nicht länger als 2 Minuten dauern,
weil der Abbindeprozeß bereits bei der ersten Berührung mit dem Wasser beginnt! Das verlangt ein ruhiges, aber zügiges Arbeiten!

Abb. 62
Mischungswaage für Gips.
(Hersteller: Egeling, Bad Hersfeld,
Vertrieb: durch den Fachhandel)

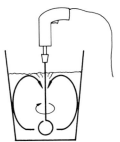

Abb. 63
Quirlen von Gipsbrei
mit Bohrmaschine
und Drahtquirl.

Wenn es nicht so sehr darauf ankommt, oder wenn man sich nicht lange mit dem Berechnen oder Abwiegen aufhalten will, streut man einfach in die notwendige Menge Wasser so lange Gips ein, bis der genannte kleine Gipskegel den Wasserspiegel überragt. Man darf sich aber nicht täuschen lassen: Gipspulver kann schwimmen und auf diese Weise eine Insel bilden! Der bewußte Gipskegel soll die Spitze eines bis zum Eimerboden reichenden „Berges" sein!

Anschließend muß der Brei *klumpenfrei* gerührt werden. Das kann mit der Hand geschehen. Schneller und nachhaltiger läßt sich das jedoch mit einer elektrischen Handbohrmaschine und einem zum Quirl gebogenen kräftigen (6—8 mm ϕ) Drahtstück erledigen. Die Öse des Quirls darf nur einen kleinen Durchmesser besitzen (je nach Umdrehungszahl der Maschine 3—5 cm), weil sonst die im Eimer entstehende Strömung zu groß ist. Es kann dann leicht Spritzer geben. Vor allem besteht die Gefahr, daß allzu viele Luftblasen mit untergezogen werden, die dann nachher in der Matrize als Löcher erscheinen. Aus diesem Grunde den Rührer *tief eintauchen* und den Gipsbrei vom Boden her durchquirlen, bis er homogen ist!

In der Praxis ist immer wieder zu beobachten, daß nur am Boden des Eimers fleißig gerührt wird. Wenn es sich um einer großen Eimer handelt, wird der Brei dann meist nicht homogen. Im oberen Teil steht eine dünne Gipsbrühe, während unten der Brei steif ist. Daß man daraus keine gleichmäßig saugende Gußform herstellen kann, ist klar. Aus diesem Grunde den Quirl zunächst tief eintauchen und dabei schräg halten, damit der unten sitzende Gips nach oben transportiert wird! Das kann man beobachten. Nach einer kleinen Weile beginnt der Gipsbrei im Eimer rechtsherum zu strömen und in der Mitte einen Trichter zu bilden. Wenn man mit dem laufenden Quirl dort hineingerät, wird Luft untergezogen und es spritzt!

Abhilfe: Den Quirl dann nicht mehr in die Mitte des Eimers eintauchen sondern am Rand, und außerdem mit dem laufenden Quirl entgegen der Strömungsrichtung des Breies, also linksherum, rühren! Dann spritzt es nicht. (Ebenso verfährt man beim Aufrühren von keramischer Masse.)

Man kann sich übrigens einen einfachen Handquirl leicht selbst bauen, indem man an einem Rundholz (ϕ 10-20 mm, ca. 40 cm lang) 2 cm über dem einen Ende einige Blechstreifen über Kreuz festschraubt. Der Quirl wird dann, wie in alten Zeiten, zwischen beiden Handflächen geführt.

Alle diese Quirle müssen kurz nach dem Gebrauch abgewaschen werden. Vorsicht, daß der Wasserabfluß nicht verstopft wird! Wasser laufen lassen!

Es ist nicht einfach, einen solchen Gipsbrei blasenfrei zu bekommen. Die Industrie verwendet dazu Vakuumkessel. Für unsere Zwecke reicht es aus, wenn wir den Eimer nach dem Durchrühren einige Male in schneller Folge aufstoßen und am Henkel hin und her drehen. Dann steigen die Luftblasen hoch und können zur Seite gestrichen oder einfach mit dem Mund weggeblasen werden.

Möglicherweise geraten wir beim ersten Versuch in Zeitdruck;
denn die „Gießzeit", als der Zeitraum vom ersten Einstreuen bis zur Beendigung der Gießfähigkeit, beträgt nur ca. 4 bis 7 Minuten!

Dann wird die ursprünglich dünnflüssige Masse beim Gießen schon mehr und mehr rissig und klumpig. Sie läßt sich zunächst (für unsere Zwecke) noch verwenden. Die Matrizen werden aber nicht so glatt und nicht so widerstandsfähig!
Man ist deswegen hier und da versucht, Abbindeverzögerer einzusetzen in Form von Borax, Soda (Natriumkarbonat) usw. Dadurch wird aber die Härte des Gipses stark beeinträchtigt, so daß davon abzuraten ist. Lieber im Notfall etwas weniger Brei anrühren und zweimal gießen!

 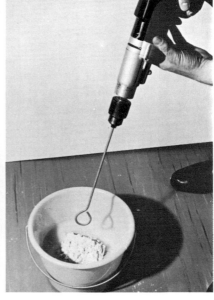

Abb. 64
Einstreuen von Gips.

Abb. 65
Sumpfen. Gleich wird gequirlt und entlüftet.

Einiges zur Organisation und zur Technologie:

a) Es hat sich in vielen Fällen als günstig erwiesen, wenn sich mehrere Arbeitende zusammentun, falls sie ihre Umrandung gleichzeitig fertig haben sollten. Etwas mehr Gipsbrei läßt sich leichter anrühren als wenig.

b) Man sollte immer mehrere gleichgroße Eimer zum Gießen bereithalten. Einer oder zwei bleiben immer trocken zum Abwiegen von Gipspulver, während in den anderen Wasser abgewogen und Brei gequirlt wird. Diese Eimer nie auswaschen, sondern den Gips abbinden lassen und durch Verformen der Kunststoffeimer den Gips herausbröckeln!

c) Wenn man die Mischungswaage („Gipswaage"/Egeling) für den Gebrauch von 5-l-Eimern austariert hatte, darf man nicht gleichzeitig auch 10-l-Eimer anhängen, weil sonst die Gewichtverhältnisse nicht mehr stimmen! Man muß neu austarieren! Wir benutzen deswegen im Gruppenbetrieb, wenn einmal mehr, einmal weniger Brei gebraucht wird, zwei solcher Waagen gleichzeitig. Eine ist für 5-l-Eimer, die andere für 10-l-Eimer austariert.

d) Die verantwortungsvolle Aufgabe des Gips-Anmachens kann auch im Sinne von Arbeitsteilung einem „Gips-Meister" übertragen werden.

e) Wie gesagt, mit dem Einstreuen des Gipses in das Wasser beginnt unweigerlich das Abbinden. Wenn einem Werkenden gerade dann einfällt, daß er das Modell noch nicht isoliert oder die Gußform noch gar nicht abgedichtet hat, gibt es nur noch folgende Lösungen: Entweder den Gipsbrei rasch anderen anbieten, oder in bereitstehenden Schüsseln bzw. Eimern flache Gipsplatten gießen (die man für die Aufbau-Keramik immer einmal gebrauchen kann) oder den Brei im Eimer abbinden lassen! Der Klotz läßt sich später herausstoßen. Es ist aber auch schon vorgekommen, daß ein Student in seiner Panik den Eimer in den Ausguß entleert hat. Wir haben dann eine halbe Stunde lang das Wasser laufen lassen müssen, um das Ärgste zu verhüten. Abhilfe: Bevor man den Gips zum Wasser gibt, vergewissert man sich noch einmal, ob wirklich alles vorbereitet ist. Dann kann man in Seelenruhe quirlen. Die Gießzeit beträgt zwar nur etwa fünf Minuten, aber die hat man!

f) Sehr frischer Gips bindet oft etwas rapider ab. Dann kann man eine Kleinigkeit Wasser mehr zugeben, um ihn flüssiger zu halten.

g) Wenn man Gips über die Gießzeit hinaus lange rührt, wird er nach dem Eingießen in die Umrandung zum Ärger des Werkenden nicht hart. Auch noch nach Stunden ist er weich wie Kartoffelbrei. Folgendes ist geschehen: Der Gips hat zwar abgebunden, indem sich Gipskristalle gebildet haben, durch das anhaltende Rühren ist aber verhindert worden, daß sich diese Kristalle zu größeren Komplexen zusammengefügt und miteinander „verfilzt" haben. Dasselbe geschieht beim Aufbauen des Modells, wenn man den Gips im Gummibecher übermäßig lange rührt, um z. B. auch wirklich das allerletzte Klümpchen zu zerkleinern (was gar nicht nötig ist.) Dann bleibt das Modell butterweich. Wir haben diese peinliche Auswirkung mit dem Arbeitsterminus, der Gips ist „totgerührt", belegt.

h) Wie schon oben erwähnt, bindet der Gips auch an der Luft durch die in ihr enthaltene Feuchtigkeit laufend, und zwar in Pulverform (!), ab. (Siehe auch „totrühren"!) Er wird dann im Laufe von einigen Wochen unbrauchbar. Um das zu verhindern, füllen wir ihn in dicht verschließbare Eimer oder noch besser in eine verschließbare Plastiktonne. So aufbewahrt, ist der Gips noch nach Monaten brauchbar.

i) Es läßt sich trotz aller Vorsicht nicht ganz verhindern, daß kleinere Gipsreste in den Spülbeckenabfluß geraten. Die Spülbecken von Werkräumen sollten deswegen mit einem Schlammfang versehen sein! Das Wasser läuft dann zunächst in ein kleines Becken, in dem sich solche Bröckchen absetzen können.

Und nun kann gegossen werden! Erfahrungsgemäß eine aufregende Sache! *Den Brei nicht in die Umrandung hineinschwappen, sondern ruhig und kontrolliert gießen!* Es hat sich oft als vorteilhaft erwiesen, mit dem Eingießen von der Seite des Modells her zu beginnen und den Gipsbrei höher und höher steigen zu lassen, bis das Modell verschwunden ist. Aufpassen, daß es beim ersten Eingießen nicht nach der Seite rutscht! Man kann es ruhig mit einem Finger niederdrücken, bis es zugegossen ist. Aber nicht die Trennschicht abgreifen!
Notfalls den Gips glattstreichen, damit die Matrize eine ebene Standfläche erhält. Die Form ruhig stehen lassen, damit der Abbindeprozeß nicht gestört wird. Bei starken Erschütterungen kann sich das Modell auch noch nach dem Übergießen verschieben oder heben und von Gips unterflossen werden! Vorsicht bei Modellen aus Holz! Sie verschieben sich leicht und schwimmen im Gips hoch. Abhilfe: Vorher auf der Unterlage ankleben oder

mit einem Draht niederdrücken, bis der Gips abzubinden beginnt. (Den oft übrigbleibenden Gipsbrei nicht wegschütten, sondern in einer Plastikschüssel oder in einem Holzrahmen abbinden lassen! Auf diese Weise kommt man im Laufe der Zeit zu Gipsplatten.)

Zur Technologie:

a) Das eben erwähnte Glattstreichen der zukünftigen Standfläche unserer Gußform ist wichtig! Bisweilen gelangt nämlich der letzte Gipsbrei doch etwas klumpig und zäh aus dem Eimer in die Umrandung und bildet dort ein kleines Gebirge, und das vielfach auch noch an einer Seite. Wenn wir eine solche Gußform später herumdrehen zum Gebrauch, steht sie wackelig und vor allem schief, weil die Bodenfläche und die obere (Einguß-) Ebene nicht parallel zueinander verlaufen. Gießt man dann keramische Masse in die Form, läuft sie an einer Seite über den Rand, und man muß mühsam Holzstückchen und dergl. unterlegen, um die obere Ebene in die Waagerechte zu bekommen. Wir haben uns deswegen angewöhnt, folgendermaßen zu verfahren: Wenn der letzte Gipsbrei in die Umrandung gegossen ist, fassen wir die PVC-Unterlage (auf der die Umrandung steht) links und rechts an je einem Zipfel und drehen das Ganze vorsichtig (!) mehrere Male um einige Zentimeter (!) links- und rechtsherum, so daß ein vorsichtiges „Rütteln" entsteht. Der Gipsbrei bewegt sich dabei etwas, ebnet sich ein und verläuft horizontal.
b) Wer das allerdings zu grob unternimmt oder statt der Unterlage die Umrandung anfaßt und sie dabei verbiegt, kann die Abdichtung beschädigen. Der Gips läuft mehr oder weniger heftig aus, auf den Tisch und sogar auf den Fußboden! In großen Gußformen für Bowlegefäße usw. sind bis zu 15 l Gipsbrei! Wer einmal so etwas hat saubermachen müssen, wird vorsichtig! So weit muß es aber gar nicht kommen, wenn man folgende **Sicherheitsmaßnahme zum verbindlichen und strikten Prinzip für jedermann erhebt:**
Bevor wir, wie oben beschrieben, die Umrandung auf die Unterlage aus Resopal, PVC-Fliese usw. aufsetzen und abdichten, legen wir auf dem Tisch eine (unverletzte!) Plastikfolie unter, je nach Größe der Umrandung 60 x 60 cm bis 100 x 100 cm. Wenn sich dann die Abdichtung beim Einguß aus irgendeinem Grunde als schadhaft erweist, brauchen wir im äußersten Fall nur die vier Zipfel der Folie hochzuheben und einen Nachbarn zu bitten, das Modell herauszuheben und etwas abzuwischen. Im übrigen sind nur einige Minuten zu warten, bis der Gips etwas abgebunden hat und zum Müll geworfen werden kann. Dann geht's von neuem los. Allein die von einem Gruppenleiter beschriebene Aussicht auf einen solchen Unglücksfall wirkt außerordentlich motivierend. (Lernziele im affektiven Bereich!) Aus diesem Grund kommt es zu einem derartig massiven Mißgeschick fast nie.

c) Gelegentlich tritt aber doch an irgendeiner Stelle der Umrandung etwas Gipsbrei aus. Das ist überhaupt kein Grund zur Panik! So etwas läßt sich leicht stoppen: Man sollte es sich allerdings zum Prinzip machen, beim Gießen mit Gipsbrei immer ein Eimerchen mit Gipspulver und einer kleinen Schaufel bereit zu halten. Wenn dann eine Undichtheit auftritt, wirft man rasch eine kleine Menge Gipspulver auf die Stelle und drückt das Pulver etwas fest. Dadurch wird der ausfließende Brei in Sekundenschnelle trocken gesaugt, so daß er steif wird und selbst das Leck abdichtet. Da die Sicherheitsfolie ohnehin unterliegt, gibt es keine Verschmutzung.

Das Zeitintervall vom ersten Einstreuen bis zum völligen Erhärten des Gipsbreies bezeichnet man als „Abbindezeit". Sie beträgt etwa 25 Minuten. Schon einige Minuten früher kann die Umrandung entfernt werden. Nach dem Abbinden hebt man die Matrize hoch, dreht sie um und zieht die Folie ab. Falls man auf einer Glasplatte gegossen hat, muß man die Matrize seitlich wegschieben. Das erfordert mehr Kraft! — Wenn wider Erwarten etwas Gips untergeflossen sein sollte, den Rand des Modells vorsichtig freilegen, damit beim folgenden Herausheben der Patrize der Rand der Gußform nicht ausbricht. Scharfe Außenkanten an der Matrize brechen (Messer, Schaber . . .)!

Das Herausziehen des Modells soll erst erfolgen, wenn der Gips *tatsächlich hart ist.* Etwas Geduld lohnt insofern, als dadurch ausgebrochene Ränder vermieden werden. Lieber also etwas länger warten! Nach dem Einschrauben des Knebels wird zunächst vorsichtig und *genau in der Achsenrichtung* des Modells gezogen.

Beobachten, ob und wo sich das Modell bewegt! Je nach der Größe der Fläche lastet ein erheblicher Luftdruck auf der Patrize! Deswegen der Luft Zeit lassen, daß sie beim Ziehen durch feinste Kanälchen *unter* das Modell gelangen kann, um den Druckunterschied auszugleichen! Es liegt auf der Hand, daß sich steilwandige und hohe Patrizen nicht so leicht ziehen lassen wie solche mit schrägen und niedrigen Wänden. Modelle aus Holz quellen leicht und sitzen dadurch bisweilen fester als Gipsmodelle. Die Praxis zeigt, daß die mit „Formenschmiere" isolierten Modelle einfacher zu entfernen sind als solche, die mit Schmierseife konserviert wurden.

Falls sich das Modell nicht bewegen will, *nicht ungeduldig* werden, sondern die gesamte Gußform *kräftig* durchnässen oder *ganz unter Wasser setzen,* wodurch das Herausgleiten begünstigt wird. *Bis jetzt ist noch kein Modell, auch nicht in Schulen, steckengeblieben,* es sei denn, es wäre „unterschnitten", mit tiefen Rillen versehen oder mangelhaft konserviert gewesen. Aber auch dann bekommt man es heraus, wenn man die Matrize mit einem Fuchsschwanz ringsherum an drei Seiten ca. 1 cm tief einsägt und von einer Seite her mit schlanken Holzkeilen oder dgl. aufsprengt (Sprengform).

Eine solche Sprengform kann sogar gut verwendet werden.

Sprengformen herzustellen, ist auch ein im Handwerk und in der Industrie durchaus übliches und technisch sinnvolles Verfahren, das keinesfalls nur für den Notfall gedacht ist.

Es hat sich auch in unserer Praxis gezeigt, daß es viel sicherer und einfacher ist, eine Gußform in wenigen Minuten zu sprengen, als lange herumzuprobieren, wenn sich das Modell aus irgendeinem Grunde nicht recht bewegen will. Folgendes ist zu beachten:

a) Man zeichnet Linien, an denen eingesägt werden soll, ringsherum an, und zwar soll die Sprengebene durch den größten Durchmesser, also in Richtung Zentrum des Modells verlaufen.

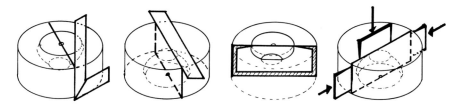

Abb. 65a   Anreißen der Sprengebene, Lage der Sägeschnitte, Einsatz der Keile

Wenn man nicht in dieser Weise zentral und rechtwinklig (!) sprengt, können zwei ungleich große oder schiefe Gußformteile entstehen. Es ist dann vor allem bei Modellen mit kleinem Durchmesser möglich, daß sie nun wieder im größeren Gußformteil festhängen, weil sie vom Gips „umkrallt" werden (z. B. Flaschenhälse, Eierbecher, Henkel . . .). Dieses Teil muß dann noch einmal gesprengt werden.

b) Nach dem Anreißen schneidet man mit dem Fuchsschwanz etwa 10-15 mm tief ringsherum (!) ein. Das Modell wird nicht verletzt! Säge etwas anheben! Die Richtung dieser Schnitte gibt beim Sprengen die Richtung des Reißens an (Sollbruchstelle.) Die Säge also nicht verkanten, sonst reißt die Gußform nicht zentral!

c) Die so vorbereitete Gußform auf die Oberseite legen und in die drei sichtbaren Einschnitte Keile auf die Mitte des Modells zu einschlagen! Keile nicht verkanten! Mindestens aber Keile links und rechts einsetzen! Abwechselnd und nur immer mitten auf die Keile schlagen, sonst schaukeln sie!

Wenn dieses Sprengen ein einmaliger Fall ist, schneidet man sich dazu ein paar Keile aus Hartholz. Wird aber öfter gesprengt, kauft man sich besser für wenig Geld schlanke Aluminium-Keile, die jahrelang halten (Egeling/

Bad Hersfeld.) Man hört schon am Klang, wenn die Gußform gerissen ist, nimmt die Keile heraus, zieht die Teile der Form auseinander und entnimmt vorsichtig das Modell.

d) Die Teile der Gußform passen unverwechselbar und genau wieder zusammen. Man muß nur vorher (!) Bröckchen und Staub, die beim Sägen und Sprengen entstanden sind, mit dem Messer entfernen. Wenn man das unterläßt, setzen sich solche Teilchen auf die Sprengflächen, so daß die Gußform beim Zusammensetzen nicht dicht wird. Im Idealfall ist die Sprengnaht nach dem Zusammensetzen kaum zu sehen. Wenn Teilchen ausgebrochen sind, ist das nicht schlimm. Es entstehen dann später am Formling kleine Gießnähte und „Warzen", die weggeschnitten werden. Größere abgebrochene Stücke können mit einem Tropfen (!) wasserfestem Klebstoff wieder angeheftet werden. Nicht den Klebstoff verschmieren, weil sonst die Saugfähigkeit leidet!

e) Die Gußform muß dann mit einem Gummiring zusammengehalten werden (siehe auch Abb. 117 a!). Diese Gummiringe schneidet man kostenlos, leicht und in verschiedenen Weiten aus Schläuchen von Autoreifen (Tankstellen, Werkstätten . . .). Man kann sie sogar auf der Papierschneidemaschine schneiden.

f) Zum Zeitpunkt des Sprengens: Der Gips soll abgebunden haben. Das dauert ca. 30 Minuten. Von da ab ist Sprengen möglich; es geht natürlich auch nach Tagen oder Wochen, wenn die Gußform schon längst durchgetrocknet ist. Es eilt also nicht! Im Gegenteil: Wenn der Gips noch naß ist, schmiert er beim Sägen, so daß man die Säge öfter säubern muß. Außerdem klemmt sie leicht. Trockene Gußformen dagegen lassen sich mühelos sägen, ebenso gut sprengen. Dazu haben sie den Vorteil, leicht zu sein. Wenn es aber schneller gehen soll, dann eben gleich . . .

g) Zum ersten Durchtrocknen ist es günstig, die Gußform auseinandergenommen aufzustellen, damit die verdunstende Oberfläche möglichst groß ist. Einfache Infrarot-Strahler leisten beim Trocknen hervorragende Dienste!

Erst nach 2 bis 3 Stunden ist die Kristallisation so gut wie abgeschlossen. Dann kann das in den Kapillaren der Matrize physikalisch festgehaltene, überschüssige Wasser ausgetrieben werden. Wenn man Zeit hat, stellt man die Gußform sofort in Sonne und Wind. Wenn es schneller gehen soll, stellt man sie auf die Heizung, auf den Ofen, oder man baut sie in den Brennofen ein. Moderne Brennöfen sind mit Regelanlagen ausgestattet, die eine gewünschte Temperatur konstant halten. Dann schafft man es, je nach Größe der Matrize, über Nacht. *Es ist jedoch darauf zu achten, daß sich die Gußform auf nicht mehr als 45 bis 50 °C erwärmt!* Bei dieser Temperatur beginnt nach dem Verdunsten des kapillar eingelagerten Wassers bereits langsam *der chemische Entwässerungsprozeß* (Kristallwasser)! Bei einer

Abb. 66
Guß der Matrize.

Abb. 67
Umgekehrte frische Matrize mit
Modell.

Abb. 68
Herausheben (-ziehen) des
Modells.

Erhitzung der *trockenen* Matrize auf 120 °C ist der Gips schon wieder „gebrannt", und es ist vorgekommen, daß nachmittags in den Ofen Matrizen eingebaut und am anderen Morgen mit der Schaufel Brocken von „gebranntem Gips" herausgeholt worden sind! Eine Zentralheizung, auch wenn sie auf 70 oder 80 °C läuft, wird das natürlich nicht schaffen.

Die getrockneten Matrizen sieht man nach, entfernt vorsichtig evtl. noch vorhandene Reste der Isolierung und kann auch hier und da notfalls vorsichtig etwas wegschaben. Kleine, durch Luftblasen entstandene Löcher auszubessern, hat sich in der Praxis nicht bewährt. Es ist einfacher, später die am Formling entstehende kleine „Warze" abzuschneiden. (In der Industrie werden solche fehlerhaften Matrizen allerdings weggeworfen.)

Noch einmal das Wesentliche:

a) Sicherheitsfolie unterlegen, Umrandung bauen
b) Das Modell isolieren und einsetzen
c) Gips und Wasser „abwiegen"
d) Gipsbrei quirlen und entlüften
e) Die Gußform gießen und abbinden lassen
f) Das Modell herausziehen, bzw. die Gußform sprengen
g) Die Gußform säubern, vor allem wenn gesprengt wurde
h) Die Gußform trocknen und evtl. nacharbeiten

Benötigte Hilfsmittel und Werkstoffe:

Sicherheitsfolie
Kunststoff-Fliese und dergl.
(Unterlage)
Umrandung (Kanalrohr,
Alu-Blechstreifen, Linoleum,
Brettchen oder dergl.)
ebene Tischfläche
evtl. Wasserwaage
Gips-„Verhältniswaage" (Egeling)
evtl. Küchenwaage
mehrere Kunststoffeimer,
klein bzw. groß
Gips (evtl. keram. Masse)
als Dichtung
Gips und Wasser (Gipsbrei)

Gipsformenschmiere
(notfalls Schmierseife)
(Eimerchen) Gips + Schaufel
(Notfälle)
Gummibecher +
Kunststoffspachtel
Bindfaden bzw. kleine Zwinge
Bohrmaschine + Quirl bzw. Handquirl
Knebel mit Schraube
Schraubenzieher
Messer
Lappen bzw. Papiertücher
(Formenschmiere!)
Lineal, Winkel, Bleistift
Fuchsschwanz, Keile, Hammer

Mehrteilige Gußformen für Gegenstände, deren Modelle sich nicht so einfach, wie hier beschrieben, aus der Matrize herausheben lassen, werden nach genau dem gleichen Prinzip angefertigt. Es müssen lediglich die in der Zusammenfassung genannten Punkte a) bis e) mehrmals nacheinander erledigt werden, weil wir ja mehrere Teile gießen müssen. Das bringt grundsätzlich nichts Neues. Es ist jedoch dienlich, über einige technologische „Kunstgriffe" zu sprechen, die helfen sollen, unnötige Fehlschläge zu vermeiden. Um die Darlegung des Gesamtablaufs nicht zu stören, soll das aber, wie gesagt, später erfolgen.

Auch das oben beschriebene Sprengen kann in diesem Sinne vorteilhaft eingesetzt werden. (Siehe dazu das Kapitel über die Herstellung mehrteiliger Gußformen und das zweite Unterrichtsbeispiel!)

An späterer Stelle soll auch noch ein Wort zum Benutzen von fertig vorliegenden Modellen gesagt werden (siehe Ende des IV. Kap.!)

Die Gußform (Matrize) steht nun zum Gießen bereit.

C 1 Das Herstellen einer „keramischen Gießmasse"

Das Anfertigen des Modells und das Gießen der Matrize bergen keine übermäßigen Schwierigkeiten. Der Zuwachs an Wissen, Fertigkeiten und Kritikfähigkeit, sowie das Erlernen bestimmter Verhaltensweisen erfolgen verhältnismäßig rasch, weil die Problematik leicht einsichtig gemacht werden kann, vielfach im wörtlichen Sinne. Um so undurchschaubarer wird der Sachverhalt, wenn der Lehrer, Jugendleiter oder Freizeitwerker nun eine „keramische Gießmasse" herstellen soll.

An dieser Frage kann das gesamte Vorhaben scheitern. Das wäre unerfreulich, weil dann die konkrete Bestätigung für das mehr oder weniger richtig Geplante nicht zu erhalten wäre. Für den Schüler bliebe „kategoriale Bildung" im Sinne einer „doppelseitigen Erschließung" auf einer Vorstufe stehen, während der Laienwerker nicht zu seinem Geschirr käme! Um das zu vermeiden, ist einiges nachdrücklich zu klären.

Da muß zunächst mit einem grundlegenden Irrtum aufgeräumt werden: *Gemahlener Ton und Wasser ergeben zusammen keineswegs einen Werkstoff, den der Fachmann als „betriebssichere keramische Masse" bezeichnen würde!* Auch ein Zusatz von Schamotte, Quarz oder „magerem" Ton ändert daran nichts. *Man erhält lediglich einen mehr oder weniger plastischen Tonbrei.*

Diese Tonmasse kann man zwar verarbeiten und auch brennen. Ihr Verhalten ist aber nicht voraussehbar und dazu großen Schwankungen unterworfen. Dadurch sind die Ergebnisse, auf die Dauer gesehen, unbefriedigend. Heute „klappt" es, oft aber nicht! Man weiß vor allem nicht, in welchem Wechsel! Im günstigsten Falle resigniert man und gibt sich damit zufrieden, daß z. B. die Vasen ganz nett aussehen, aber eben nie dicht sind, daß der Scherben sandig und brüchig ist, daß durch hohen Schwefelgehalt der Ofen korrodiert usw.

Wie unbefriedigend ist das jedoch für einen Werklehrer, der nicht nur eine nette Werkbeschäftigung für seine Kinder sucht, oder der nicht nur „in Ton macht", weil Ton eben zu den „klassischen" Werkstoffen gehört! Solche Schwankungen können einen Werkerzieher zur Verzweiflung bringen, wenn er ernsthaft in jenen Bereich keramischer Gefäße vordringen will, mit denen sich der common man tatsächlich umgibt, und wenn er einen wirklichen „keramischen Gegenstand" als Konkretion seiner Planung in den Händen halten möchte.

Geradezu katastrophal muß sich so etwas für den Sozialpädagogen oder den Therapeuten auswirken, die ja für ihre Klienten bzw. Patienten Selbstbestätigung und damit Erfolg brauchen, nicht aber das resignierende und demotivierende: „Wieder mal nichts . . . !"

Will der Werkende nicht in einer romantischen Pseudo-Töpferei steckenbleiben, muß er den *richtigen* Werkstoff benutzen:

Das ist nicht „Tonbrei", sondern „betriebssichere keramische Masse"!
Der Fachterminus „keramische Masse" bedeutet dabei gleichzeitig ein Prädikat für eine solche keramische Substanz, die vorausberechenbare, erwünschte Eigenschaften besitzt, die also auch erneut herstellbar ist, und wenn es nach Jahren wäre, für deren konstantes (qualitatives und quantitatives) Verhalten also *sogar eine Gewähr übernommen werden kann,* zum Beispiel

hinsichtlich der Plastizität, Konsistenz, Gießfähigkeit, Wasseraufnahme,
    der Trocken- und Brennschwindung,
    der Bruchfestigkeit des lufttrockenen Scherbens (Trockenbiegefestigkeit),
hinsichtlich des Standvermögens im Brand,
    der Farbe des Scherbens,
hinsichtlich *des Grades der Dichtigkeit* bei verschiedenen Brenntemperaturen bis hin zur völligen Verdichtung,
hinsichtlich der Härte des gebrannten Scherbens,
    der Oberflächenbeschaffenheit,
    der Fähigkeit, eine bestimmte Glasur zu tragen, und
hinsichtlich weiterer Eigenschaften, auf die wir noch eingehen werden.

Wie ist so etwas überhaupt erreichbar!?

Mit dem Rezept: „Man nehme Tonmehl, 30 % Schamotte und etwas Wasser!" jedenfalls nicht! Die drei folgenden Sachkomplexe bereiten uns dabei nämlich erhebliche Schwierigkeiten:

I. Man nehme Ton ... (38)

Wir müssen wissen, daß es „*den* Ton" allgemein nicht gibt, sondern *eine Vielzahl* von verschiedenen Ton*mineralien*. Man kennt nahezu 30 verschiedene Arten mit zum Teil ganz unterschiedlichen Eigenschaften. Alle sind aber Aluminiumsilikate (z. B.: Kaolinit = $Al_2O_3 \cdot SiO_2 \cdot 2 H_2O$). Aus ihnen setzen sich *zu sehr unterschiedlichen Anteilen* die in der Erdkruste zu finden den *hunderterlei* „Tone" und „Kaoline" zusammen. Die Tonmineralien sind außerordentlich feinkörnig. Unter dem Elektronenmikroskop sieht man, daß es sich vielfach um Plättchen handelt von einer „Dicke" um 0,01 μm (ein Mikrometer [μm] = 1 einmillionstel Meter = 1 eintausendstel Millimeter). Die Teilchen bilden gemeinschaftlich ein unendlich feines Kapillarnetz aus und besitzen die Fähigkeit, an ihrer gesamten Oberfläche physikalisch Wassermoleküle anzulagern, sich also förmlich in Wasser einzuhüllen. Ein Teil des Wassers dringt sogar in die Tonteilchen ein und läßt sie quellen. Außerdem füllen sich natürlich auch die kapillaren Zwischenräume zwischen den Teilchen. In diesem Gesamtzustand lassen sich die Minerale je nach Wasserzugabe mehr oder weniger leicht gegeneinander verschieben, um in der neuen Lage zu verharren: *Die Substanz wird „plastisch", verformbar, was ja die Tone so schätzenswert macht.*
Nehmen wir einmal versuchshalber an, dieser Brei bestünde aus reinen Tonmineralien (die in diesem Reinzustand in der Natur übrigens nicht vorkommen). Er kann dann leicht zum Gegenstand geformt werden, gibt bei der anschließenden Trocknung das Wasser zum großen Teil wieder ab und „schwindet" (schrumpft) entsprechend. Dann hat sich zwar ein Gegenstand formen lassen, er zerfällt jedoch bei einem leichten Stoß oder bei erneuter Wasserzugabe. Erst wenn man bei sehr hohen Temperaturen (über 1650 °C) durch Erweichen und Schmelzen der Tonteilchen ein Zusammenfließen (Sintern) erreicht, wird die so angenehm leicht verformte Substanz nach dem Abkühlen verfestigt sein. Und zwar werden bei der Erhitzung die Teilchen nicht nur letzten Endes schmelzen, sie bilden sich auch vorher chemisch um. So geben sie bei Temperaturen ab 430 °C bis ca. 700/900 °C ihr Kristallwasser ab und zerfallen schließlich nacheinander zu verschiedenen Formen von „Tonerde". Aus dem oben genannten Kaolinit wird zum Beispiel zunächst

Metakaolin ($Al_2O_3 \cdot 2\ SiO_2 + 2\ H_2O\nearrow$), dann unter anderem α-Tonerde ($Al_2O_3 \cdot SiO_2 + SiO_2$) und schließlich zwischen 900 bis 1050 °C durch Vereinigung mit dem Quarz Mullit ($3\ Al_2O_3 \cdot 2\ SiO_2 + 2\ SiO_2$) in nadel-förmigen Kristallen.

Der Gesamtablauf bis zu einem Zusammenschmelzen von reinen Tonmineralien ist also kompliziert. Das Schmelzen unserer Tonsubstanz wäre aber außerordentlich unerwünscht, weil dann der geformte Gegenstand in sich zusammensänke!

Außerdem: Aus welchem Material soll denn ein Ofen gebaut werden, der solche enormen Temperaturen aushält?

Es muß deswegen *die schätzenswerte Plastizität* von Tonsubstanz gepaart werden mit der Möglichkeit, den Scherben *bei niedrigeren, leichter und billiger erreichbaren Temperaturen* zu verfestigen. Das ist u. a. möglich durch die Einführung von *Feldspat,* der in drei Hauptarten vorkommt:

Kalifeldspat ($K_2O \cdot Al_2O_3 \cdot 6\ SiO_2$) (Orthoklas),
Natronfeldspat ($Na_2O \cdot Al_2O_3 \cdot 6\ SiO_2$) (Albit) und
Kalkfeldspat ($CaO \cdot Al_2O_3 \cdot 2\ SiO_2$) (Anorthit).

In der Natur finden wir Feldspäte jedoch in der Regel vor als unterschied-lich anteilige *Mischungen* von Kali- und Natronfeldspat oder von Natron- und Kalkfeldspat. Diese Feldspäte besitzen keinen eng begrenzten Schmelz-„punkt", sondern ein Schmelzintervall, das beim Kalifeldspat mit der Erwei-chung bei 1100 °C beginnt und mit der Verflüssigung bei 1540 °C endet. Natronfeldspat ist bereits bei 1125 °C weitgehend geschmolzen. Mischt man solche Feldspäte in gemahlener Form unter, so verlaufen sie bei den für sie charakteristischen Temperaturen als Feldspatglas zwischen den un-geschmolzenen und als Stützgerüst wirkenden Tonpartikeln und rufen die erwünschte Versinterung hervor.
Eine weitere Schwierigkeit ist zu nennen: *Die so geschätzte Plastizität von Tonsubstanz hat eine bereits erwähnte unangenehme Erscheinung im Ge-folge. Das ist die „Schwindung".* Sie äußert sich in einem Kleinerwerden des geformten Gegenstandes beim Trocknen (und später auch beim Bren-nen). Und zwar schwindet der Formling um so stärker, je höher der Anteil an Tonmineralien und damit an eingelagertem „Anmach-Wasser" war. *Dadurch kann sich der Formling leichter verziehen, krumm werden und Risse bekommen,* als bei einem geringeren Wassergehalt. Man führt des-wegen sogenannte Magerungsmittel ein in Form von Quarzmehl oder Sand ($= SiO_2$) oder als Schamotte ($=$ gebrannter und anschließend gemahlener Ton). Diese Substanzen liegen als unregelmäßige, winzige Körnchen vor,

sie lagern kaum Wasser an, quellen nicht, haften kaum zusammen, sind also unplastisch und helfen, den Wassergehalt zu vermindern. Man muß wohl oder übel einen Verlust an Plastizität hinnehmen, wenn man die unangenehmen Folgen der Schwindung vermeiden will.

Als Summe:

Wir schätzen die *Plastizität* der Tonmineralien, benötigen aber Feldspat (und ähnliches) als *Flußmittel* und brauchen Quarz (und ähnliches) als *Magerungsmittel.*

Beim keramischen Brand kommt es dank der Temperaturerhöhung nicht nur zu einer Erweichung und Versinterung von Masseteilchen, sondern zu chemischen Umsetzungen. Über die chemische Veränderung von Tonmineralien (speziell Kaolinit) ist schon etwas gesagt worden. Aber auch der in der Rohmasse magernd wirkende Quarz (Q) erfährt Umwandlungen seiner kristallinen Struktur und wird schließlich vom geschmolzenen Feldspat (Fl = Flußmittel) angegriffen und zusammen mit den Tonmineralien (T) mehr oder weniger vollständig in die Schmelze einbezogen.
Dadurch insgesamt tritt die Verdichtung und Verfestigung des Scherbens ein.

Ein *Steingutscherben* ist mehr oder weniger porös. Ein *Steinzeugscherben* ist dicht, es können zwar noch Poren vorhanden sein, sie sind aber bläschenartig in sich geschlossen. *Porzellane* sind im Prinzip das gleiche, sie zeichnen sich jedoch dank der hochwertigen Rohstoffe durch die Transparenz ihres weißen Scherbens aus.

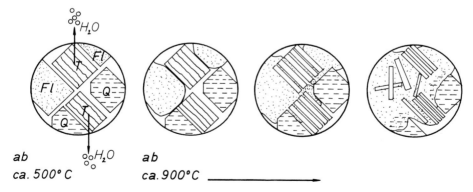

ab
ca. 500° C

ab
ca. 900°C

Abb. 69 Schema der Scherbenbildung.

Wenn man den Brand nicht sehr hoch führen kann oder will, muß man in die Masse zusätzlich andere Flußmittel einführen. Das sind zum Beispiel Kalkspat, Marmor oder Kreide ($CaCO_3$) und Dolomit ($CaCO_3 \cdot MgCO_3$). Will man einen wasserdichten Scherben bei Temperaturen unter ca. 1100 °C erhalten, kann man gemahlenes, niedrig schmelzendes Glas einführen („Sintermehl"), das in den Poren verläuft, oder man muß außerdem Eisenoxid (Fe_2O_3) oder Mangandioxid (MnO_2) in die Masse einbringen, um den Schmelzvorgang der Teilchen vorzuverlegen. Dadurch wird der Scherben natürlich rot (Fe_2O_3) oder braun bis schwarz (MnO_2). Bei solchen „niedrigen" Temperaturen von 1000 °C einen dichten *weißen* Scherben herzustellen, ist *außerordentlich* schwierig.
Wir sehen, die Angelegenheit ist doch nicht ganz so einfach!

Tone, wie sie aus der Grube gefördert, getrocknet, gemahlen, abgesackt und dann zum Kauf angeboten werden, besitzen zwar ihren mehr oder weniger großen Anteil an Tonmineralien und Quarzsand und meist auch einen geringen Teil an Flußmitteln. Diese Prozentsätze sind aber bestimmt durch den Zufall der Entstehungsumstände, die Jahrmillionen zurückliegen. Und diese Umstände waren unterschiedlich von Lagerstätte zu Lagerstätte. Das bedeutet: *Ton ist nicht gleich Ton! Und — alle Tone müssen im obigen Sinne korrigiert und mit Fluß- und Magerungsmitteln versetzt werden,* wenn man eine Masse mit *bestimmten* Eigenschaften erhalten will. *„Ton" ist nichts weiter als einer der notwendigen Rohstoffe! Er ist für sich allein kein brauchbarer keramischer Werkstoff!*
Zur Herstellung einer „keramischen Masse" benötigt man deswegen logischerweise die chemische Analyse des gelieferten Tonmehls, *aber auch die Analysen der Magerungs- und der Flußmittel,* denn wir hatten ja gesehen, daß die Substanzen in *reiner* Form nicht vorkommen. Diese chemischen Analysen kann man vom Rohstofflieferanten anfordern. Bisweilen liegen sie vor, oft aber auch nicht, und ob sie stimmen, ist eine andere Frage! Der Bagger in der Grube braucht nur einmal tiefer oder höher gegriffen zu haben, oder die Lagerstättenverhältnisse ändern sich unversehens oder langsam im Verlauf des Abbaues, und schon befindet sich im Sack ein anders zusammengesetzter Rohstoff als der durch die Analyse charakterisierte. Aus diesen Gründen und der Sicherheit halber stellen die Werke der keramischen Industrie in eigenen Labors, unter erheblichem Kostenaufwand und *bei jeder neuen Rohstofflieferung,* ihre *eigenen* Analysen her!
Wenn wir nun einmal annehmen, wir besäßen solche sicheren chemischen Untersuchungsergebnisse, so müssen wir doch eingestehen, daß wir als Laien gar nichts damit anfangen können! Es ist nicht zu übersehen, daß das Berechnen von Masse-Versätzen Berufsarbeit von Ingenieuren der Fachrichtung Keramik ist. Wer sich trotzdem mit „keramischem Rechnen"

beschäftigen will, mag sich Fachliteratur vornehmen (38). Es fragt sich dann immer noch, ob er von einem Rohstoffhersteller, der in Lkw-Ladungen disponiert, 5 kg Feldspat einer bestimmten Sorte geschickt bekommt. Aus diesem Grunde soll die folgende theoretisch informierende Angabe eines „Richtversatzes" für eine hellgrau und mäßig dicht brennende Steingutmasse (1140 °C = SK 3a) lediglich eine Abrundung des Gesagten sein.

Grundlage:
„Tonsubstanz"	ca.	50 %
Quarz	ca.	35 %
Dolomit	ca.	15 %
Glasmehl	ca.	5—8 %

Tonsubstanz ist nicht etwa „Tonmehl", sondern chemisch Al_2O_3! Diese Verbindung ist sowohl im Tonmehl als auch im Kaolin und im Feldspat vorhanden. Quarz, als SiO_2, ebenso im Tonmehl, im Kaolin, im Feldspat, im Sand und auch im Glasmehl ... Also: Die vorhandenen Rohstoffe nach Mol-Gewichten einrechnen! Das ergibt (nach den Berechnungen eines Diplom-Ingenieurs):

Fett-Ton	10 %
Magerton	30 %
Kaolin	15 %
Schamotte	20 %
Quarzmehl	9 %
(als Flußmittel):	
Dolomit	8 %
Glasmehl	8 %

Es wäre ein hoffnungsloses Unternehmen, wenn der Leser nach dieser Versatzangabe eine Masse herstellen wollte, weil man aus den oben genannten Gründen eben nicht irgendeinen Ton, irgendein Kaolin, irgendeinen Quarz usw. einführen kann, denn diese, wie jede andere Versatzangabe gilt nur für *ganz bestimmte* Rohstoffe *bestimmter* Erzeuger.

(Zur Begriffserklärung: Tone und Kaoline sind durch mechanische und chemische Verwitterung aus Feldspäten und aus feldspathaltigen Gesteinen entstanden. Beide bestehen zu unterschiedlichen Anteilen aus Tonmineralien. *Tone* sind durch Wasser von der ursprünglichen Stätte der Entstehung abgeschwemmt, mehr oder weniger mit anderen Substanzen „verunreinigt" und an anderer Stelle abgelagert worden. Dagegen sind *Kaoline* an der Stelle ihrer Entstehung liegengeblieben. Sie werden auch dort abgebaut. Tone sind also mit einem gewissen Anteil ursprünglich einmal Kaoline gewesen. *Löß* ist durch den Wind verfrachtete tonhaltige Erde unterschiedlicher Zusammensetzung.)

Die oben beschriebene Masse hat sich übrigens im Versuch nicht nur, wie vorausgesagt, als „mäßig dicht" erwiesen, vielmehr waren fast alle Teeschalen undicht! Sie sogen sich trotz der Glasur voll Flüssigkeit. Das war aber nicht die Schuld des berechnenden Diplom-Ingenieurs, das lag an weiteren Schwierigkeiten, über die jetzt zu sprechen ist.

II. Das Problem der Korngröße . . .

Wir wissen inzwischen, daß die Verfestigung des Scherbens durch das Zerfließen von Feldspat und anderen Flußmitteln zustandekommt. Eine Erweichung oder Verflüssigung *aller* Masseteilchen käme wie gesagt einer Katastrophe gleich, weil dann der Scherben seines inneren Stützgerüstes beraubt würde, was das Zusammensinken des Gegenstandes zur Folge hätte. Es sind also schmelzbare *und* unschmelzbare Substanzen vonnöten. Gleichzeitig leuchtet aber ein, daß eine Verfestigung und vor allem ein Dichtwerden um so unwahrscheinlicher werden, je weiter die Abstände zwischen den Masseteilchen und je größer und unregelmäßiger dadurch die Lücken zwischen ihnen sind. Nehmen wir einmal an, die Masseteilchen wären alle gleich groß, und wir sähen sie in der Größe und Form von Tennisbällen. Auch wenn sie ganz eng beieinanderlägen, verblieben doch erhebliche Zwischenräume zwischen ihnen.

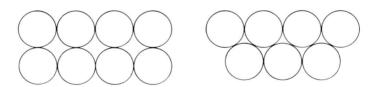

Abb. 70 Zwischenräume bei Teilchen der gleichen Größe.

Wenn in diesem Zustand ein Flußmittelteilchen schmilzt, läuft das Glas in die sehr weiten Zwischenräume, ohne sie zu verschließen.

Es ist deswegen notwendig, die Substanzen in unterschiedlichen Korngrößen (Fraktionen) einzuführen, damit die Zwischenräume kleiner werden.

(Nebenbei: Dadurch wird nicht nur das Brennverhalten beeinflußt, sondern auch der Grad der Plastizität, das Gießverhalten und das Trockenverhalten.)

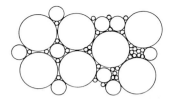

Abb. 71
Zwischenräume bei Teilchen dreier verschiedener Größen (Fraktionen).

Man beurteilt heute die Brauchbarkeit einer keramischen Masse nach der Anteiligkeit von *drei* verschiedenen Korngrößengruppen.

Z. B.: 1. Korngrößengruppe: ϕ des Korns = kleiner als 2 μm
(das sind vor allem die Tonmineralien)
2. Korngrößengruppe: ϕ zwischen 2 und 20 μm
3. Korngrößengruppe: ϕ größer als 20 μm   (39).

Es existieren auch andere Korngrößeneinteilungen, die aber im Prinzip das gleiche besagen.

Wir sehen, daß eine „keramische Masse" nicht nur *chemisch richtig* zusammengesetzt sein muß, die notwendigen Rohstoffe müssen auch *in bestimmten Korngrößen* eingeführt werden. Deswegen müssen neben den chemischen Analysen auch die *Korngrößenanalysen* der Tone vorliegen, und die anderen Rohstoffe müssen u. a. in unterschiedlichen und garantierten *Mahlungsgrößen* lieferbar sein. Zur Illustration nachstehend das Winklersche „Korngrößendreiecksdiagramm" mit dem Mischungsfeld für „dünnwandige Hohlware" (49), für die eine Masse aus ca. 35 % der ersten Fraktion, aus ca. 40 % der zweiten und aus ca. 25 % der dritten Fraktion notwendig ist. Außerdem sind in das Korngrößendiagramm drei zum Kauf angebotene fette (f) bzw. magere (m) Tone nach den mitgelieferten Korngrößenanalysen eingezeichnet. Auch wenn man die drei Tonmehle mischen wollte, bliebe man im ungünstigen Bereich, wie das kleine Mischungsdreieck zeigt. Es fehlen einfach die gröberen Korngrößen, die in Form von Feldspatmehl, Quarzmehl bestimmter Mahlungen usw. eingerechnet werden müßten! (Über die *chemische* Unzulänglichkeit bloßer Tonmehle war ja schon gesprochen worden.)

Welcher Lehrer, welcher Laienwerker will oder kann eine solche Arbeit leisten!?

Trotzdem! Nehmen wir an, wir besäßen dank der freundlichen Hilfe eines Fachmannes nicht nur den *chemisch richtigen* Versatz und einige Kilogramm der entsprechenden Rohstoffe, sondern auch die anteilig *richtigen Korngrößen* dieser Substanzen, wie es in unserem oben zitierten Fall mit der Masse für Teeschalen tatsächlich gegeben war!

Wir müßten nun die entsprechenden Mengen der Rohstoffe abwiegen und miteinander mischen.

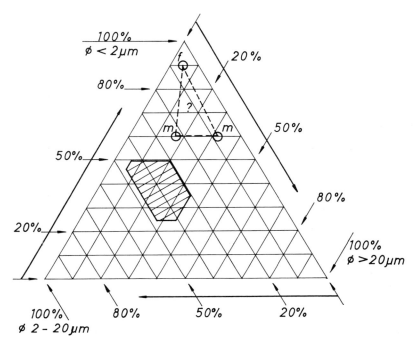

Abb. 72 Mischungsdiagramm für Korngrößen, mit dem Mischungsfeld für „dünnwandige Hohlware" (schraffiert) und der Markierung von zum Kauf angebotenen Tonmehlen (f und m).

III. Man mische . . .

Aus dem Gesagten geht hervor, daß dieses Mischen nicht nur erfolgen
muß, um die kleineren Partikel gleichmäßig und überall in die Lücken zwischen die größeren zu bringen. Durch das Vermengen muß vor allem auch
erreicht werden, daß die Flußmittel tatsächlich homogen verteilt sind und
wirklich neben dem Körnchen Quarz und Tonmineral usw. liegen, damit der
erwünschte Prozeß ablaufen kann. *Von dieser gleichmäßigen Verteilung
der Rohstoffe, von ihrer innigen Mischung hängt letzten Endes alles ab!*
Auch wenn der Versatz „stimmt", bekommen wir keine befriedigende Qualität des Scherbens, wenn sich, mikroskopisch gesehen, hier Flußmittel
zusammenballen, dort Magerungsmittel und „weit" davon entfernt Tonmineralien. Dann wird der Scherben an einzelnen Stellen sehr fest und dicht, an
anderen dafür mürbe und sehr undicht. Das war bei unseren Teeschalen
der Fall, obwohl die Gießmasse mit der Hand intensiv (bis zum Dünnwerden

der Fingernägel) gerührt worden war. Auch der Einsatz einer Handbohrmaschine mit Rührquirl brachte kein besseres Ergebnis.

Die so notwendige homogene Mischung ist mit schulischen oder häuslichen Mitteln einfach nicht zu erreichen. Bei Gießmassen nicht und bei den viel festeren Aufbau- und Drehmassen erst recht nicht!

Die Industrie erreicht dieses Ziel durch aufwendige maschinelle Misch- und Mahlanlagen in Prozessen, die bis zu 24 Stunden dauern.

Nachstehend zum Vergleich zwei Scherben, die beide bei 1150 °C (Segerkegel 3a/4a) gebrannt sind. Die eine Masse ist die erwähnte, selbst hergestellte. Man sieht die Stellen, an denen Flußmittelpartikel zusammengeballt waren. Die andere Masse ist fachmännisch aufbereitet und homogen (porzellanartige Feinsteinzeug-Gießmasse / Vitreous-China-Masse 1150 °C der Firma Egeling).

Als Summe:

Eine „betriebssichere keramische Masse" muß chemisch richtig berechnet, aus Masseteilchen bestimmter Korngrößen zusammengesetzt und innig gemischt sein. Damit besitzt sie ein ganz bestimmtes und erwünschtes keramisches Verhalten. Ein solches „Halbfertigfabrikat" kann der Laie nicht herstellen.

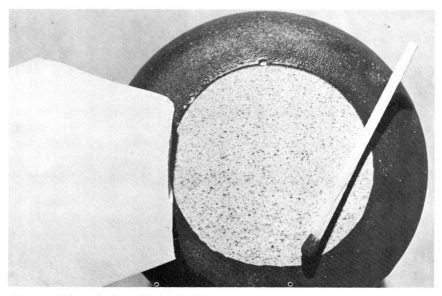

Abb. 73 Makroaufnahme: *Undichter Scherben aus einer von Hand gemischten, inhomogenen Masse mit Flußmittelzusammenballungen. Dichter Scherben aus maschinell gemischter, homogener Masse.*

Was tut's auch!?

Kein Werkerzieher kommt auf den Gedanken, Sperrholz und Spanplatten, Bleche, Papiere, Klebstoffe und dergleichen selbst herzustellen. Das sind nur Mittel zum Werken, notwendige Medien, über die man Bescheid wissen muß. Sie sind aber nicht die eigentliche inhaltliche Substanz der Werkerziehung. Solche Werkstoffe werden fertig gekauft, und man orientiert sich während einer Exkursion, durch einen Versuch, aus der Literatur oder mit Hilfe von Lichtbild und Film über ihre Entstehung.

Anscheinend nicht so im *herkömmlichen* „keramischen Werken"! Da werden Tonmehle und Schamotte gekauft, es wird geschlämmt und auf Gipsplatten getrocknet. Man verfeindet sich mit dem Hausmeister und den Raumpflegerinnen. Man vergeudet viele Stunden an Vorbereitungszeit und kommt unter Mühen (und nach „mittelalterlichen" Verfahrensweisen) doch nur zu einem Ergebnis, das als unsicher und unbefriedigend oder gar als mangelhaft und unbrauchbar bezeichnet werden muß.

Aus allen diesen Gründen sollte man „keramische Massen", gleichgültig ob Gießmassen oder Aufbau- und Freidrehmassen,

unter Forderung nach Gewähr (!)

fertig vom Fachmann kaufen. Damit entfällt auch der ganze, so unerfreuliche äußere Aufwand und Umstand. Im übrigen sind diese fertigen Massen erstaunlich billig.

Es muß jedoch gewarnt werden vor dem Irrglauben, es gäbe eine *„Zauber"-masse,* die gleichzeitig und *gleich gut geeignet* ist zum Aufbauen, zum Freidrehen auf der Töpferscheibe, zum Über- und Eindrehen sowie zum Gießen und zum Modellieren! Freidrehmassen brauchen einen hohen Anteil an Tonsubstanz, sind also „fett" und daher plastisch. Aufbaumassen sollten „magerer", also weniger plastisch sein. Für das Modellieren kommen sowohl fette als auch magere Massen in Betracht (bis hin zum Ziegeleilehm), während gute Gieß-, Eindreh- und Überdrehmassen aus Gründen der besseren Verarbeitbarkeit (Gießfähigkeit, Schwindung ...) ausgesprochen mager sein müssen. Eine Masse, die diese Eigenschaften gleichzeitig in sich vereinigt, kann es begreiflicherweise nicht geben! (52) Wenn man eine solche Masse herstellen könnte, wäre die Industrie großer Sorgen enthoben!

Das Gesamtergebnis der Untersuchung hat wahrscheinlich ernüchternd gewirkt, es sollte aber keineswegs Ursache zur Depression sein! Im Gegenteil! Wir wissen jetzt wenigstens, im Sinne einer Materialkunde, die auch an Schüler weitergegeben werden kann, Wesentliches über „keramische Massen". Und damit haben wir schon viel gewonnen.

Wir müssen nun unsere keramische Gießmasse, die in getrockneter und gekörnter Form vor uns liegt, verflüssigen.

Abb. 74
Trockene, fachmännisch hergestellte
Gießmasse.

C 2   Die Verflüssigung von keramischen Gießmassen

Man sollte meinen, es wäre am einfachsten, unserer Trockenmasse so viel Wasser zuzugeben, bis ein gießfähiger „Schlicker" entstünde. Erfahrungsgemäß müßte man dann einem Kilogramm Trockenmasse mindestens einen Liter Wasser (= 1 kg) zugeben, der Gießschlicker bestünde also zu 50 % aus Wasser. Damit stellten sich aber einige entscheidende Nachteile ein:
1. Die Schichtbildung (a) an der Matrizenwandung (b) dauerte dann zu lange. Ein sehr wasserreicher Schlicker (c) besitzt pro Kubikzentimeter einen geringeren Anteil an keramischer Masse als ein wasserarmer (C1). Da die Saugkraft der Gipsmatrize begrenzt ist, wird bei gleicher „Standzeit" durch den wasserarmen Schlicker eine dickere Schicht angelagert, als durch den wasserreichen. Will man hier trotzdem zu einer stärkeren Schicht kommen, muß man die Standzeit verlängern.

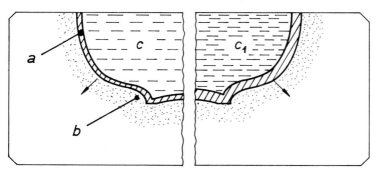

Abb. 75   Schema der Schichtbildung durch wasserreichen (c)
und wasserarmen Schlicker (c_1).

2. Das hat zur Folge, daß bei Verwendung wasserreichen Schlickers die Matrize viel feuchter wird und nicht so häufig nacheinander benutzt werden kann, weil sie öfter getrocknet werden muß. Der Ablauf verlangsamt sich also.
3. Eine viel verheerendere Folge einer so hohen Wasserzugabe wäre aber eine „Entmischung": Die Gießfähigkeit einer Masse ist ja nichts weiter als eine ins Extrem gesteigerte Plastizität. Die Masseteilchen werden durch Wassermoleküle mehr und mehr voneinander getrennt, so daß sie sich immer leichter gegeneinander verschieben lassen. Schließlich werden die Abstände so groß, daß die schwereren Masseteilchen, wie etwa Quarz oder Schamotte, durch die Lücken hindurchrutschen und sich nach kurzer Zeit (manchmal schon nach wenigen Minuten) in einer Schicht unten im Gefäß absetzen. Es tritt eine Sedimentation ein, und das ist der „Tod" der keramischen Masse. Dann haben wir etwa oben im Eimer eine Schicht Wasser stehen, danach eine dünne und immer dicker werdende Schlempe von Tonmineralien und Feldspat und schließlich unten Quarz und Glasmehl, also wieder einzelne Rohstoffe.

Diese Entmischung tritt natürlich auch dann ein, wenn wir eine solche wasserreiche Masse in die Matrize gießen und 20 Minuten stehenlassen. Dann besteht der untere Teil des Formlings aus einer ganz anderen Mischung als der obere! Die Folge ist Bruch.

Wir sehen, so geht es nicht!

Ein guter Gießschlicker muß *wasserarm* sein, damit die Schichtbildung schnell erfolgt, die Gußform nicht zu naß wird und keine Entmischung eintritt.

Ein gut brauchbarer Gießschlicker hat (je nach Art der Rohstoffe) einen Wassergehalt von nicht viel mehr als 30 %. Das entspricht einer Wasserzugabe von etwa 43 Litern auf 100 kg Trockenmasse.

Dann läßt sich die Masse aber nicht mehr gießen!

Wie soll das also möglich sein?

Im Grunde ist nur ein ganz kleiner Kunstgriff nötig. Zum Verständnis folgendes:

Wir wissen dank der heute möglichen physikalisch-chemischen Untersuchungsverfahren, daß die Tonmineralien (in ihrer Blättchenform) an ihrer gesamten Oberfläche *negative elektrische* Ladungen tragen. Das hängt mit dem Aufbau ihres Kristallgitters zusammen. Auch die meisten anderen Rohstoffteilchen sind in dieser Weise geladen. Zwischen den Masseteilchen befinden sich aber *positiv geladene* Metall-Ionen (Kationen, Atome von Metallen, denen also Elektronen fehlen). Diese Kationen haben sich wahrscheinlich bei Verwitterungsvorgängen gebildet oder sind vom Wasser bei der Tonablagerung hinterlassen worden. Sie liegen nun in unterschiedlicher Zahl zwischen den Masseteilchen und sorgen dank ihrer positiven Ladung für einen Zusammenhalt der Masse, denn die Teilchen selbst stoßen sich

ja wegen ihrer gleichen negativen Ladung gegenseitig ab, und es ist ein-
leuchtend, daß der Zusammenhalt in einer trockenen Masse um so stärker
ist, je mehr Kationen (⊕) vorhanden sind, je intensiver also diese elektro-
chemische Bindung bewerkstelligt werden kann.

Gibt man dieser trockenen Masse Wasser zu, so ordnen sich die Wassermoleküle (H_2O) mit ihrer Dipol-Struktur in das System ein.

Sie lagern sich rings um die Minerale und die Kationen an (wie Igelsta-
cheln) und bringen die Partikel auf Abstand.

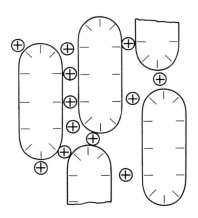

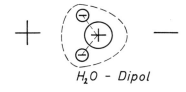

H_2O – Dipol

Abb. 76 (links)
Schema der elektro-chemischen Bindung
in einer trockenen keramischen Masse.
+ = Metallionen

Abb. 77 (oben)
Strukturschema eines Wassermoleküls.

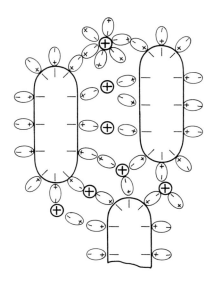

Abb. 78
Schema einer keramischen Masse bei geringer Wasserzugabe.

Die Masse beginnt plastisch zu werden, weil sich die Teilchen jetzt leichter gegeneinander verschieben lassen.

Wenn man nun eine keramische Masse vollkommen „verflüssigen" will, muß man noch mehr Wasser zugeben. Dann rücken die Partikel noch weiter auseinander, und die Wasserdipole (hier überall vereinfacht dargestellt) ordnen sich in Form von Ketten und Schwärmen räumlich zwischen den Teilchen an (Hydratation). Damit wird das System viel beweglicher.

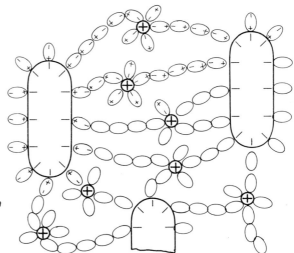

Abb. 79
Schema einer keramischen Masse bei erhöhter Wasserzugabe.

Es treten aber gleichzeitig die oben besprochenen Nachteile ein (Gefahr der Entmischung usw.), und man muß es sich aus diesen Gründen einfach versagen, eine solche Menge Wasser zuzugeben! Statt dessen gibt man dem Anmachwasser geringe Mengen von Soda (Na_2CO_3), Natriumwasserglas (Na_2SiO_3), Pottasche (K_2CO_3) usw. oder organische Substanzen, wie bestimmte Humussäuren oder Rindenextrakt vom Quebracho-Baum, zu.

Dank der Aggressivität von Natrium und Kalium bilden die genannten Stoffe in unserem Schlicker in komplizierten (und deswegen hier nicht erklärten) Vorgängen überschüssige OH-Ionen, die sich an die Oberfläche der Massepartikel anlagern (Adsorption). *Dadurch wird deren negative Ladung verstärkt,* und die abstoßenden Kräfte zwischen den Teilchen werden größer (so, als ob man zwei Stabmagnete mit den gleichen Polen aneinander vorbeiführt, nur, daß die Teilchen *ringsherum* negativ geladen sind). Das bewirkt eine leichtere Beweglichkeit innerhalb unseres Systems, die es uns gestattet, die Menge des Anmachwassers zu reduzieren und die Gießmasse doch flüssig zu erhalten, obwohl die Teilchen nun näher aneinanderliegen. Damit ist das Problem gelöst.

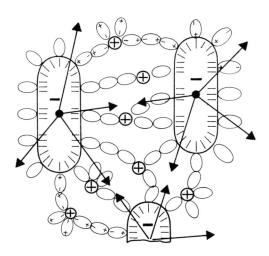

Abb. 80
Schema einer keramischen
Gießmasse nach dem
Zusatz von Verflüssigungs-
mittel (Elektrolyt).

Die zugesetzten Substanzen nennt man „Verflüssigungsmittel" oder kurz „Elektrolyte". Sie werden in sehr geringen Mengen zugesetzt: *2 bis 4 Promille bezogen auf die Trockensubstanz.* Die genaue Menge und die Art des Elektrolyts hängen ab von den *verschieden* reagierenden Bestandteilen der Gießmasse. Deswegen müssen in der Regel *mehrere* Verflüssigungsmittel kombiniert angewendet werden. Das wird vom Hersteller im Versuch festgestellt und in einer Verflüssigungsanleitung mitgeteilt. *Damit wird das Verfahren, vor allem auch für die Schule und den Laienwerker, in erfreulichem Maße vereinfacht und gesichert.*

Zur Verdeutlichung nachstehend die Verflüssigungsanleitung der Firma Egeling, Bad Hersfeld, für eine ihrer Gießmassen:

(Nachdruck mit freundlicher Genehmigung der Firma Egeling, Bad Hersfeld)

119

Verflüssigungswerte: Gießmasse: Steingut 1050°/braun / Schrühbrand ca. 900 °C / dicht bei SK 03a/02a = 1050 °C				
Trockenmasse:	100 kg	25 kg	10 kg	5 kg
dazu Wasser: (= l)	42 kg	10,5 kg	4,2 kg	2,1 kg
+ Verflüssigungsmittel „SP" (2 ‰ bezogen auf das Gewicht der Trockenmasse)	200 g	50 g	20 g	10 g
+ Wasserglas (1 ‰ bezogen auf das Gewicht der Trockenmasse)	100 g	25 g	10 g	5 g
Litergewicht: ca. 1,800 kg / Gesamtschwindung ca. 9 %				

Allgemeine Hinweise für die Verflüssigung unserer keramischen Gießmassen

Verfahren Sie folgendermaßen und beachten Sie bitte das Nachstehende:

1.
Alle Substanzen, bezogen auf das Gewicht der zur Verfügung stehenden Trockenmasse, *getrennt* abwiegen (Küchenwaage usw.). Für die Verflüssigungsmittel „SP" und Wasserglas Feinwaage benutzen! Briefwaagen sind meist zu ungenau!

2.
„SP" und Wasserglas in der angegebenen Menge Wasser *vollständig* lösen!

3.
Die Trockenmasse damit übergießen. Das Wasser sickert dann nach unten. Deswegen die Masse *leicht* (!) niederdrücken, bis der Wasserspiegel knapp erreicht ist. Dann den Eimer *dicht* (!) verschließen, wenn er über Nacht stehenbleiben soll (Schnappdeckel, Kunststoff-Folie usw.)! Verdunstung!

4.
Die Masse weichen lassen. Am besten über Nacht. Sie kann aber auch *schon nach 20 Minuten* durchgerührt werden. Günstig ist es, in die elektri-

sche Handbohrmaschine einen Rührquirl aus ca. 6 mm starkem Draht einzuspannen (siehe folgende Abb.) und damit die Masse gut durchzurühren.

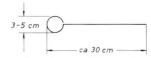

Den Quirl tief eintauchen, weil es sonst Spritzer geben kann! Wenn die Schleuderwirkung zu groß ist, die Öse weiter zusammenbiegen! Neu „auswuchten"!

5.

Nach wenigen Minuten ist die Masse leichtflüssig, ohne Klumpen und Blasen. Die Oberfläche ist dann lackartig glänzend. Wenn Sie einen Finger eintauchen, muß anschließend die Masse wieder ablaufen, ohne daß der Faden abreißt oder an der Oberfläche der Masse Blasen bildet.

6.

Falls die Masse noch zu zäh sein sollte oder eine Haut bildet, etwas Wasser zugeben, bis etwa

1—2 l auf 100 kg Trockenmasse oder

0,1—0,2 kg auf 10 kg Trockenmasse

Die Masse darf auch während des Stehens in der Gießform aus Gips (Matrize) nicht steif werden! Eventuell auch etwas Elektrolyt ($0,5\,^0/_{00}$ = $^1/_2\,^0/_{00}$ „SP" oder Wasserglas) nachträglich zugeben.

Gründe für diese Abweichungen von den Angaben:

a) Im verwendeten Leitungswasser sind, *von Ort zu Ort verschieden,* geringe Mengen von Sulfaten und Chloriden vorhanden, vor allem als Kalzium- und Magnesiumverbindungen, die der Verflüssigung entgegenwirken. Dadurch werden geringe Abweichungen in der Wasser- oder Elektrolytzugabe erzwungen.

b) Die Verflüssigungsmittel (SP und Wasserglas) sind *hygroskopisch,* nehmen also *auch aus der Luft Wasser auf,* wenn die Aufbewahrungsgefäße nicht dicht verschlossen sind! Sie verlieren dadurch zwar ihre Wirksamkeit nicht, ändern aber ihr spezifisches Gewicht. Dadurch können die oben angegebenen Promille-Sätze nicht mehr ausreichend sein, was eine kleine Korrektur notwendig machen kann.

Diese örtlich bedingten Werte merkt man sich. Im übrigen ist die Masse relativ unempfindlich gegenüber Schwankungen in der Elektrolytmenge!

7.

a) Bei zu hoher Wasserzugabe „*entmischt*" sich die Masse durch Absetzen! Beim ersten Versuch vorsichtshalber mit etwas weniger Wasser beginnen! Dann notfalls nachgießen!

b) Eine übermäßig hohe Gabe an Verflüssigungsmitteln kann *verdickend* wirken!

c) Die Verflüssigungsmittel sind ein *Gemisch* speziell abgestimmter Substanzen. Bei Verwendung anderer Mittel kann deswegen keine Gewähr übernommen werden!

8.

Es ist günstig, In einem Gefäß nicht mehr als 10—15 kg Trockenmasse auf einmal zu verflüssigen. In einem 5-Liter-Eimer lassen sich 5 kg Trockenmasse anmachen, in einem 10-Liter-Eimer entsprechend 10 kg Trockenmasse.

Wenn die Masse nicht gebraucht wird, den Eimer dicht verschließen, damit kein Wasser verdunstet! Notfalls wieder etwas Wasser zugeben. Haltbarkeit: unbegrenzt! Aber: Längere Zeit stehengebliebene Schlicker neigen dazu, die Schicht langsamer zu bilden. Nur so viel Masse anmachen, wie benötigt wird! Frisch durchgerührte Masse kann viele kleine Bläschen enthalten! Etwas stehen lassen!

9.

Für andere, als die angegebenen Trockenmengen, die entsprechenden Wassermengen usw. ausrechnen.

10.

Es braucht kaum gesagt zu werden, daß die Gießkonsistenz der Masse auch abhängig ist von der Temperatur:
In kalten Räumen ist die gleiche Masse weniger gut flüssig.

11.

Porzellan-Gießmassen neigen normalerweise dazu, nach längerem unabgedecktem Stehen eine Haut zu bilden. Evtl. etwas mehr Wasser zugeben! Rühren!

12.

Am Eimerrand hart gewordene Masse, zerbrochene lufttrockene Formlinge usw. wirft man nicht weg! Nach dem völligen (!) Durchtrocknen zerkleinert man diese Überreste und kann sie mit der entsprechenden Menge Wasser wieder verflüssigen. Elektrolyt braucht in der Regel nicht nachgegeben zu werden. Es ist nur darauf zu achten, daß solche Reste sauber (evtl. in verschließbaren Eimern) aufbewahrt werden und *daß sie vor allem nicht mit Gipspulver oder Gipsbröckchen verunreinigt werden (Gefahr von Absprengungen nach dem Brennen).*

Zusätzliche Hinweise:

Beim Quirlen von keramischer Masse bildet sich wie auch beim Quirlen von Gipsbrei nach kurzer Zeit durch die entstehende Strömung ein Trichter in der Mitte des Eimers. Dann nicht mehr dort quirlen, sondern mehr am Rand! Den Rührer evtl. schräg halten, damit die Masse von unten hoch kommt, und gleichzeitig entgegen der Strömungsrichtung langsam rühren! Dann spritzt es nicht, und es wird nicht so viel Luft untergezogen.
Frisch gequirlte Masse kann winzig kleine Bläschen in sich bergen. Man sollte sie erst hochsteigen lassen und den Schaum etwas zur Seite streichen, ehe man die Masse benutzt! Sie bilden sonst in der Oberfläche der Formlinge ganz kleine Krater, über die die Glasur nicht hinwegfließt (sogen. „Nadel- stiche").
Wenn das Masse-Anmachen einmal sehr schnell gehen muß, oder wenn alte Masse wieder verwendet werden soll, läuft man Gefahr, noch Klümpchen in der Masse zu haben. Die bilden dann an der Innenseite des Formlings häß- liche Buckel!
Abhilfe: Die Masse einfach durch ein normales Küchen-Haarsieb bzw. Pas- siersieb gießen!
Für das Herstellen des Quirls hat sich ein etwas stärkeres Rundeisen be- währt. (Durchmesser 8 mm / Baustahl für Betonierarbeiten.)

Das Verfahren ist also denkbar einfach, vor allem kommen wir mit wenigen Hilfsmitteln in kurzer Vorbereitungszeit zu unserem Werkstoff.

Benötigte Hilfsmittel und Werkstoffe:

2 kl. Eimer zum Abwiegen von Wasser und Trockenmasse
Küchenwaage
Feinwaage oder Hornschalenwaage mit Gewichtssatz (für Elektrolyt)
evtl. Handbohrmaschine mit Rühreinsatz
Eimer mit Deckel für die Gießmasse
trockene Gießmasse (die z. B. als Steingut/1050°, als Feinsteinzeug/1150°
    und als Porzellan/1250° bis 1320° jeweils in verschiedenen Qualitäten
    zur Verfügung steht)
Verflüssigungsmittel
Wasser

Anmerkung: In Drogerien und Apotheken stehen vielfach vom Eichamt ver- worfene Feinwaagen und Gewichtssätze herum, die für unsere Zwecke noch brauchbar sind!

Abb. 81
Abwiegen von Trocken-
masse, Verflüssigungs-
mittel usw.

Abb. 82
Rühren mit dem Quirl (bzw.
mit der Hand).

Abb. 83
„Fingerprobe" auf Flüssigkeit.

Zum Schluß dieses Kapitels:

Falls jemand seine Gießmasse doch selbst herstellen will, sei es zu Studienzwecken, aus vermeintlichen Gründen der Ersparnis oder aus Prinzip, mag er sich der in der Literatur sporadisch angegebenen Rezepte bedienen (17). Wir können sie jedoch nicht guten Gewissens empfehlen.

Es bedarf keiner besonderen Erläuterung mehr, daß solche Versätze nur für die Rohstoffe ganz bestimmter Lieferanten gelten können, und daß aus den bekannten Gründen das Entstehen von fehlerhaften Massen nicht ausgeschlossen ist.

In diesem Zusammenhang und abschließend soll doch noch ein kurzes Wort zu einer der Hauptstörungen gesagt werden, die vor allem beim *Selbstherstellen* von Gießmassen auftritt: das ist die *Thixotropie.*

Sie äußert sich als langsam beginnendes und sich immer mehr verstärkendes puddingartiges Steifwerden des Schlickers beim ruhigen Stehen. Schüttelt oder rührt man, so wird der Schlicker wieder flüssig, um schon nach wenigen Minuten wieder anzudicken. Man kann das erkennen, wenn man den gefüllten Eimer am Henkel faßt und ihn in dieser Lage hin und her dreht. Dann federt ein solcher thixotroper Schlicker wie eine Uhrwerksfeder in sich selbst zurück.

Die Ursache liegt darin, daß die Wasserhüllen, mit denen sich die Tonmineralien umgeben haben, bei thixotropen Massen nach und nach zusammenfließen, wodurch eine immer wirksamere Verkettung und Verklumpung der Teilchen hervorgerufen wird. Beim Erschüttern oder Rühren trennen sie sich, hängen sich aber kurz darauf wieder aneinander und so weiter ...

Die Folgen sind höchst unerfreulich: Wenn eine solche Masse in die Matrize gegossen wird, sind die Masseteilchen schon nach wenigen Minuten mehr oder weniger bewegungsunfähig und lassen sich nur noch zum geringen Teil von der Gipswandung ansaugen. Zum anderen wird die Innenseite des nun sehr dünnwandigen Formlings nach dem Ausgießen des „Puddings" höckerig und furchig.

Thixotropie kann mancherlei Ursachen haben. Sie kann hervorgerufen werden durch die Struktur mancher Tonminerale, besonders des Montmorillonits, der sich überhaupt nicht verflüssigen läßt, oder durch sehr starke und übermäßige Elektrolyt-Zugabe, oder durch falsche Elektrolyte, oder durch die Gegenwart von Kalzium- oder Magnesiumsulfat in der Masse. *Darin liegen Schwierigkeiten, an denen der Laie verzweifeln kann!* Auch von hier aus betrachtet, ist es nicht möglich, irgendeinen Ton mit Hilfe irgendeines angebotenen Elektrolyts zu verflüssigen. Daraus kann letzten Endes nur ein entmutigendes Probieren werden, und das sollte nicht verschwiegen sein.

Unsere hier beschriebenen Werkvorhaben verlangen, daß der Schlicker zwischen 5 und 35 Minuten zur Schichtbildung ruhig in der Matrize steht.

In der industriellen Fertigung beträgt diese „Standzeit" manchmal mehrere Stunden. Thixotropie wäre also verhängnisvoll! Da unsere Gießmasse vom *Fachmann* hergestellt und von uns richtig verflüssigt worden ist, haben wir diese Widrigkeiten nicht zu befürchten. Der Schlicker ist fertig, wir können gießen!

C 3   Wir gießen mit verflüssigter keramischer Masse (Gießschlicker)

Auf dem Werktisch steht der Eimer mit unserem Gießschlicker, den wir vorher noch einmal gut aufgerührt haben (denn alle Gießschlicker dicken im Laufe von Stunden etwas ab). Daneben steht unsere Matrize. Der Sicherheit halber haben wir vorher ein paar kleine Holzkeile geschnitten oder haben einige Furnierstreifen zur Hand, die wir von der Seite her unterschieben können, falls die Gußform nicht waagerecht stehen sollte. Nun schöpfen wir mit Hilfe einer einfachen Suppenkelle ein Henkelgefäß (Litermaß, Milchtopf usw.) voll Gießschlicker. Die Kelle bleibt im Eimer, das Henkelgefäß ist dann außen immer sauber und verschmutzt den Werktisch nicht.

Das Eingießen erfolgt *in die Mitte* der Gußform, so daß der Schlicker an der Matrizenwandung hochsteigt. Dabei müssen wir dem Schlicker Zeit lassen, damit er in die Feinheiten einer Form, z. B. in den Stehring einer Schale, einfließen kann, ohne Luftblasen einzuschließen. Wir müssen also verfolgen, in welcher Weise sich die Matrize füllt. *Der Guß muß zügig, nicht zu schnell, vor allem kontrolliert, erfolgen.*
Außerdem ist es günstig, *den Guß in einem Zuge zu vollziehen,* weil sich sonst Absätze in der Wand des Formlings bilden, die von außen als optisch störende kleine Rillen zu sehen sind, die sich später schlecht beseitigen lassen. Die gleichen unschönen Erscheinungen in Form von Flecken und Kringeln treten auf, wenn wir beim Eingießen die Seitenwand der Matrize treffen.
Der Schlicker muß den oberen Rand der Gußform erreichen und überall gut anliegen. Evtl. mit dem Finger den Rand umfahren, damit der Luftspalt zwischen Masse und Wandung zuläuft. Durch seine Oberflächenspannung bildet der Schlicker dann in der Regel einen kleinen Buckel, der die Matrize noch um Millimeter überragt.
Mit dem ersten Eingießen beginnt die Schichtbildung. Die Gipswandung saugt dank ihrer Kapillaren die Masse an, das Wasser dringt zum großen Teil in die Matrize ein, die Masseteilchen aber lagern sich als Schicht

Abb. 84
Einguß von Gieß-
schlicker in die Guß-
form (Matrize).

außen an. Je länger wir die Masse in der Matrize stehen lassen, desto dicker wird die Schicht. Wir können somit die gewünschte Schichtdicke unseres Formlings durch die entsprechende „Standzeit" variieren. Genaue Angaben lassen sich darüber nicht machen, denn es spielen verständlicherweise

a) die Dichte des Gipses (Gips-Wasser-Mischung),
b) der Trockenzustand der Matrize (evtl. auch nach mehreren Eingüssen),
c) das Alter der Matrize (die sich im Laufe der Zeit mit feinsten Massepartikelchen zusetzt),
d) die Raumtemperatur und damit der Trockenzustand der Gußformen und die Viskosität des Schlickers

und weitere Faktoren eine Rolle.

Die Werte sind deswegen von Fall zu Fall zu ermitteln. Das ist sehr einfach: Man schaut nach, wie dick die Schicht ist und mißt sie mit einem darübergehaltenen Metermaß oder einer Schieblehre. Dazu hebt man einfach die Matrize an einer Seite um einige Millimeter an, die Masse verschiebt sich etwas, und man kann die Schicht genau sehen.

Wenn man mit dem Mund die Masse etwas zur Seite bläst, kann man die Schicht auch erkennen.

Durch Isolierstoffreste hervorgerufen, erfolgt die Schichtbildung beim ersten Einguß in ganz frische Matrizen manchmal ungleichmäßig oder zögernd. Sie behindern auch das Entnehmen des Formlings: er „klebt" etwas an der Matrizenwandung. Diese Reste lösen sich aber meist schon mit dem ersten, oft unbrauchbaren Gießling aus der Matrize.

Hier einige Werte, die als Anhalt dienen sollen:

Masse: Egeling-Steingut-Gießmasse braun/1050°

Matrize: *neu,* sauber, trocken, Gips : Wasser = 55 : 45

Zeit:		5 min	10 min	15 min
Schicht in der Matrize:	ca.	1,5 mm	3 mm	4,5 mm

oder:

Matrize: *alt,* sauber, trocken (bereits ca. 120 Eingüsse!)

Zeit:		5 min	10 min	15 min
Schicht in der Matrize:	ca.	1,5 mm	2,5 mm	3,5 mm

Abb. 85 *Kontrolle der Schichtbildung.*

Masse: Egeling-porzellanartiges Feinsteinzeug/Vitreous-China-Gießmasse
weiß/1150°

Matrize: *neu*, sauber, trocken, Gips : Wasser = 55 : 45

Zeit:	5 min	10 min	
Schicht in der Matrize:	ca. 2 mm	3,5 mm	

oder:

Matrize: *alt*, sauber, trocken (bereits ca. 120 Eingüsse!)

Zeit:	5 min	10 min	15 min
Schicht in der Matrize:	ca. 1,5 mm	2,5 mm	3,5 mm

oder:

Masse: Egeling-Porzellan-Gießmasse-hochtransparent/1250°

Es wurde bereits nach einer Zeit von 10 min eine Schicht von etwa 4 mm Dicke angelegt.

Je magerer eine Gießmasse, d. h., je geringer der Anteil an Ton ist, desto schneller erfolgt die Schichtbildung. Das ist beim Steinzeug und vor allem beim Porzellan (gegenüber dem Stein*gut*) der Fall.
Es sei hier daran erinnert, daß länger stehengebliebene (Wochen alte) Gießschlicker dazu neigen, die Schicht langsamer zu bilden. Man sollte deswegen nur immer so viel Schlicker ansetzen, wie benötigt wird.
Für eine Vase von 15 cm Höhe mag eine Schicht von 3 mm Stärke genügen. Letzten Endes muß aber jeder Werkende selbst entscheiden, ob die Schichtdicke ausreicht, sowohl im Hinblick auf den Habitus des Gegenstandes und seine zukünftige Situation, als auch hinsichtlich der Tatsache, daß der Formling im Brand weich wird und die Absicht hat, der Schwerkraft der Erde zu folgen, d. h., sich zu verformen. (Siehe das Kapitel über das Herstellen des Modells!) Falls der Werkende wenig Erfahrung hat, sollte er die Schicht gerade bei flachen Schalen und dgl. etwas dicker halten, um dem Verformungsprozeß entgegenzuwirken.

Da der Masse während der Standzeit Wasser entzogen wird, ist es bisweilen nötig, etwas Schlicker nachzugießen.
Wenn die Schicht stark genug ist, wird der übrig bleibende Schlicker zurückgegossen. Bei großen Schüsseln usw. schöpft man zunächst einige Kellen voll Masse zurück, um ein Verschütten beim Hochheben der Matrize zu verhüten. Das Ausgießen selbst ist ohne jede Hast vorzunehmen, weil sich vor allem bei flachen Tellern und Schalen der Formling lösen und mit in den Eimer fallen kann. *Während des Kippens keinen Gips (als Staub oder Bröckchen) in die Masse fallen lassen!*

Sodann stellt man die Form umgekehrt oder schräg auf Leisten, evtl. über den Eimer, damit die restliche Masse abtropfen kann. Aber nicht waagerecht aufstellen, sonst bleiben am Boden des Gefäßes dicke Tropfen hängen. Die Matrize saugt während des Stehens weiter Wasser aus der angelagerten Schicht, so daß schon nach wenigen Minuten die Innenseite des Formlings nicht mehr feucht glänzt, sondern stumpf aussieht. Daher der Name „Abstumpfzeit" für diese Phase.

Dann kann man die Matrize wieder umdrehen und den Rand *verschneiden*. Das Messer flach halten, von innen nach außen schneiden, und dabei nicht den Matrizenrand beschädigen! Keine Gipsbröckchen in den Formling eindrücken. Das kann später Löcher bzw. Glasurabsprengungen geben.

Wenn man die Matrize während der Abstumpfzeit zu früh umwendet, können einzelne Tropfen Masse in den Formling zurücklaufen und häßliche Bahnen hinterlassen, die sich später nur unvollkommen wegschaben lassen. Man kann aber auch anders verfahren, nämlich nach dem Zurückgießen der Masse die Matrize wieder aufrichten und einen geringen (!) Rest in die noch flüssigglänzende Innenseite des Formlings zurücklaufen lassen. Dann fließen bei Tellern usw. auch die Vertiefungen besser zu, die von evtl. Standringen an der Unterseite verursacht werden. Das Verfahren darf aber nicht übertrieben werden, weil der Boden sonst zu dick wird und reißt! (Die Industrie stellt Teller und dgl. durch „Überformen" her und vermeidet dadurch diese Rillen.)

Das Verschneiden des Randes sollte bald erfolgen, weil die Matrize ja ständig weitersaugt, wodurch der Formling *schwindet* und von der Matrizenwand abrücken will. Dort, wo die Masse über den Matrizenrand zurückgegossen worden ist, kann er das nicht und würde sich verziehen, wenn man ihn nicht verschnitte.

Wenn sich der Formling überall von der Wand gelöst hat, ausreichend abgetrocknet und dadurch einigermaßen fest geworden ist, kann er ausgenommen werden. Dazu legt man ein vollständig ebenes Brettchen, eine Wandfliese (mit der Rückseite, die weitersaugt!) oder dgl. auf die Öffnung der Matrize, dreht sie um, stellt sie auf den Tisch, hebt dann vorsichtig die Matrize an und läßt den Formling auf der Unterlage stehen. Kacheln bekommt man aus Restbeständen bei jedem Fliesenleger (bisweilen sogar geschenkt).

Bisweilen erleichtert ein seitliches *Klopfen mit dem Handballen vor dem Umwenden* das Lösen des Formlings. (Wie gesagt: die ersten Formlinge kleben etwas. Notfalls muß man deswegen die Matrize länger stehen lassen, ca. ein bis zwei Stunden, bis sich der Gießling durch die Schwindung ganz gelöst hat.)

Je nach Größe und Trockenzustand läßt man den Formling in umgekehrter Stellung weiter abtrocknen, um ihn erst dann umzudrehen. Evtl. deckt man

Abb. 86
Zurückgießen der überschüssigen
Masse.

Abb. 87
„Abstumpfen" in Kippstellung.

Abb. 88
Verschneiden des Randes.

wieder eine Kachel oder dgl. auf, hebt die untere Kachel an und dreht vorsichtig, aber mit einem kleinen Schwung, um. Becher und dgl. kann man mit der Hand umfassen und wenden. Auch wenn jetzt beschwörend gesagt wird: *Vorsichtig anfassen! Ein eben ausgenommener Formling ist weich!* — so wird das der Werkende erst dann glauben, wenn er seinen ersten Formling zerdrückt hat. Und das ist normal. Man muß diese Erkenntnis ja in der Schule nicht *jeden* Schüler an einem *neuen* Formling gewinnen lassen! Man sollte vielmehr aus rationellen Gründen ein einmaliges gemeinschaftliches Erlebnis daraus machen!

Auch für die zuletzt genannten Phasen lassen sich keine bindenden Zeitangaben machen, weil die Raumtemperatur, die Feuchtigkeit, die Schichtdicke, die Art der Masse usw. eine Rolle spielen. Folgendes deswegen nur als Anhalt:

Masse: Egeling-Vitreous-China/1150°
Matrize: *alt,* für einen Becher, Höhe 10 cm, ϕ 6 cm, Schicht 4 mm
Standzeit: 20 Minuten, dann ausgegossen,
Abstumpfzeit: 20 Minuten, dann entformt und neu eingegossen,
neue Standzeit: 20 Minuten usw.

Abb. 89 Ausnehmen des Formlings (Gießlings).

Erst beim siebenten aufeinanderfolgenden Einguß verlängerte sich die Abstumpfzeit auf 25 Minuten, und die Schicht wurde bei 20 Minuten Standzeit etwas dünner. Beim zehnten Einguß wurde der Versuch abgebrochen. Bei zwei vorhandenen Matrizen war alle 20—25 Minuten ein Becher entformt. Der Formling war dann schon so fest, daß er umgedreht werden konnte. Bei größeren Gegenständen, wie Schüsseln, Tellern usw., braucht man naturgemäß etwas mehr Zeit. Auch die Art der Gießmasse hat Einfluß auf die Geschwindigkeit des Ablaufes: Steinzeug- und Porzellan-Massen lassen sich schneller entformen, weil sie unplastischer sind als Steingut. Als Beispiel:

Masse:	Egeling-Porzellan-Gießmasse/1250°
Matrize:	wie voriger Versuch
Schicht:	wie voriger Versuch
Standzeit:	10 Minuten, dann ausgegossen
Abstumpfzeit:	4 Minuten in Kippstellung, anschließend verschnitten,
entformt:	nach weiteren 3 Minuten,
neue Standzeit:	10 Minuten usw.

Beispiel für einen größeren Formling:

Matrize:	neu, für eine große Schüssel, ϕ 25 cm, Höhe 9 cm, Schicht 6,5 mm
Standzeit:	30 Minuten
Abstumpfzeit:	5 Minuten in Kippstellung, dann verschnitten,
entformt:	nach weiteren 10 Minuten

An dieser Stelle sei auf eine mögliche Fehlerquelle hingewiesen:
Die trocknende Masse schwindet in der Matrize von allen Seiten nach dem Mittelpunkt zu. Bei Standringen unter Tellern und dgl. kann das dazu führen, daß der Boden reißt, wenn der Standring innen zu steilwandig ist und das Schwinden behindert (a). Auch *vor* dem Reißen klemmt sich ein solcher Formling regelrecht fest.

Abhilfe: Die Innenseite des Ringes abschrägen (b)!

Abb. 90
Blockierung des Schwindens
durch Stehringe und dergl.

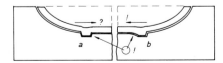

Benötigte Hilfsmittel und Werkstoffe:
Gußform
Gießmasse im Eimer mit Deckel
kleine Holzkeile, Späne oder Furnierstückchen
Suppenkelle aus Kunststoff oder dgl.
Henkelgefäß zum Gießen
Uhr bzw. Kurzzeitmesser
Leisten zum Aufstellen der Matrize
Messer
Brettchen, Kacheln, Gipsplatten usw.
Bretter zum Abstellen
Lappen, Schwamm
PVC-Folie zum Abdecken des Tisches.

D Die Nachbehandlung von Formlingen (Gießlingen): das Trocknen, Verputzen und Schwämmen (Schwammen)

Zum Trocknen stellt man die Formlinge auf eine ebene Unterlage, weil sie sich sonst verziehen. Einfache Bretter nehmen aus dem Formling Wasser auf, quellen, wölben sich, *und wenn der Formling groß ist, wird er genauso krumm!* Günstig sind Kacheln. Die Formlinge aber nicht auf die glasierte Kachelseite stellen, weil dadurch das Trocknen des Bodens verhindert wird. Brauchbar sind auch Stücke von Spanplatten sowie Gipsplatten, vor allem für Teller und Schüsseln. Gefäße mit kleiner Standfläche (Becher usw.) kann man auch ohne Gefahr gleich auf einem normalen Brett trocknen. Aus Gründen der Raumersparnis stellt man dann auch die größeren Formlinge mitsamt ihren Kacheln auf die bis 1 m langen Bretter und schiebt sie in ein Trockengestell.
Ein solches regalartiges Trockengestell kann aus vier Pfosten.bestehen, die bis zur Decke reichen. Die beiden vorderen und die hinteren versieht man wie Leitern mit Sprossen und kann nun durch die Lücken hindurch die Trockenbretter einschieben. Auch zwei freistehende Regale, Rücken an Rücken gestellt, nehmen die Bretter auf.
Was geschieht nun während des Trocknens?

Abb. 90 a   Trockengestell

Aus dem Kapitel über die Verflüssigung von keramischen Massen wissen wir, daß sich das zugegebene Anmachwasser auf dreierlei Weise in der Masse verteilt:

1. Ein Teil umgibt die Tonminerale an ihrer Oberfläche mit einer dünnen, elektro-chemisch gebundenen Hülle (Lyosphäre). Danach bezeichnet man dieses Wasser entsprechend als *Oberflächen- oder Hüllenwasser*.

2. Ein Teil des Anmachwassers dringt bekanntermaßen *in* die Tonminerale ein und läßt sie quellen. Dieses absorbierte Wasser ist naturgemäß verhältnismäßig fest gebunden. Man nennt es *Absorptions- oder Quellungswasser*.

3. Der größte Teil des Wassers hält sich in den Kapillaren auf. (Das sind die vielen winzigen Zwischenräume und Poren im Gefüge der Massepartikel.) Man bezeichnet diesen Teil des Anmachwassers als *Porenwasser*.

Das Anmachwasser mit den drei eben beschriebenen „Aufenthaltsorten", ist nicht zu verwechseln mit dem *außerdem vorhandenen Kristallwasser* der Tonminerale, das fest im Kristallgitter der Moleküle eingebaut ist; z. B.: Kaolinit = $Al_2O_3 \cdot SiO_2 \cdot 2\,H_2O$.

Beim Trocknen kommt es nicht zu chemischen Veränderungen, sondern nur zu einem Verlust an Substanz. Von der vorbeistreichenden Luft wird an der Oberfläche des Formlings zunächst nur Porenwasser aufgenommen. Das Verdunsten von Wasser ist ein Ausbrechen von Wassermolekülen aus dem verhältnismäßig engen Verband liquiden (flüssigen) Wassers. Solche ausgebrochenen Moleküle befinden sich dann mit „weiten" Abständen voneinander, im sogenannten Gaszustand, in der Luft. Zu dem beschriebenen Verdunsten ist Wärmeenergie erforderlich, und es leuchtet ein, daß die Trocknung unserer Formlinge schneller voranschreitet, wenn die Trocknungsluft warm, selbst nicht feucht und zum Abtransport des aufgenommenen Wassers in Bewegung ist.

Durch den Wasserverlust in den Poren rücken die Massepartikel mehr und mehr zusammen. Aus dem Inneren der Wand unseres Formlings dringt laufend Wasser nach, und er verliert an Volumen, wird *in allen Dimensionen* der Höhe und Breite kleiner, er beginnt zu *„schwinden"*. Da das Porenwasser den größten Anteil des Anmachwassers darstellt, verursacht es in diesen ersten Abschnitten naturgemäß auch den größten Teil der „Trockenschwindung". Wenn diese erste Phase der Wasserabgabe zu rapide verläuft, verengen sich die Kapillaren an der Außenseite der Wand zu schnell, und das Wasser von innen kann nicht mehr so ungehindert und schnell folgen. Durch diese *Feuchtigkeitsunterschiede entstehen in der Wand Spannungen, die möglicherweise zu Rissen und Verformungen führen*.

Nach einer Reihe von Stunden (3—20 Stunden), in Abhängigkeit von der Wandstärke, dem Wärmeangebot, der umgebenden Luftfeuchte und der

Luftzirkulation, beginnt mit dem Porenwasser zusammen auch das Hüllen-wasser zu entweichen. Dann gelangt der Formling in fließendem Übergang zunehmend in den *breiten* Zustandsbereich der *"Lederhärte".* Es zeigen sich noch keine Trockenflecken, der Formling läßt sich gefahrlos anfassen, seine Wandung läßt sich kaum noch biegen, sie ist aber auch noch nicht ganz starr. In diesem Zustandsbereich läßt sich die trocknende Masse mehr oder weniger gut mit dem Messer schneiden, ritzen, kratzen oder engobie-ren (47). In diesem Stadium müssen auch z. B. Henkel an Tassen und Kan-nen angebracht ("garniert") werden.

In der dritten Phase, mit den Resten des Poren- und Hüllenwassers ent-weicht auch der größte Teil des Quellungswassers. Die Trockenflecken dehnen sich über den ganzen Formling aus, und die Masse wird starr und spröde.

Der Trocknungsvorgang läuft, je nach den Umständen (Wandungsstärke, Wetter, Räumlichkeiten usw.) in günstigen Fällen in ca. drei Tagen ab. Die Industrie kann sich jedoch von den Zufällen des Wetters nicht abhängig machen und trocknet ihre Formlinge unter fachmännischer Überwachung schneller in aufwendigen Trocknungsanlagen der verschiedensten Art.

Um grobe Fehler zu vermeiden, ist für unsere Situation folgendes zu merken:

1. Die Formlinge auf ebene und poröse Unterlagen stellen und noch ein-mal die Form kontrollieren. So schief und krumm bzw. so exakt, wie man sie aufstellt, trocknen sie auch. Nach dem Trocknen sind Fehler an der Form nicht mehr zu beseitigen.
2. Die Formlinge dort trocknen, wo ein Luftaustausch möglich ist. Auch in abgeschlossenen Räumen werden sie schließlich trocken, es dauert eben nur länger. In feuchten Räumen werden sie bestenfalls so "trocken" wie ihre Umgebung. Das kann in der ersten Phase des Brennprozesses Schwierigkeiten durch Rißbildung, Platzen usw. ergeben (siehe dort).
3. Die Formlinge nicht längere Zeit (mehrere Stunden) einem *einseitigen* Zug (am Fenster, im Wind ...) aussetzen. Sie trocknen einseitig und evtl. zu schnell, werden krumm oder reißen.
4. Die Formlinge nicht längere Zeit einseitig von der Sonne bescheinen lassen. Sie trocknen sonst einseitig und evtl. zu schnell, verwerfen sich oder reißen.
5. Die Formlinge evtl. nach einigen Stunden wenden, damit auch der Boden mit dem Trocknen nachkommt. Danach wiederum wenden.

Man muß also seine trocknenden Formlinge unter Kontrolle halten, darf sie nicht einfach sich selbst überlassen und braucht dann auch nicht allzu ängstlich zu sein. Am einfachsten ist es, sich und den Formlingen Zeit zu lassen. Wenn es jedoch einmal schnell gehen soll, kann man sie bei einiger Umsicht auch in den Brennofen einbauen, den unteren und den oberen

Schieber öffnen und den Ofen etwa 10 Stunden (über Nacht) auf ca. 30 bis 35 °C pendeln lassen. Anschließend kann bei 50 °C fertig getrocknet werden. Aber: Die Bodenplatte nicht besetzen! Und die Formlinge nicht nahe an die Heizwendeln stellen! Im Winter kann man kleine Formlinge auch mitsamt dem Trockenbrett auf den mäßig warmen Zentralheizungskörper stellen, muß dann aber entsprechend auf der Hut sein und öfter wenden. Sehr gute Ergebnisse werden mit Infrarot-Strahlern erzielt, weil zur Übertragung der Wärme keine Luft erforderlich ist. Der Formling erwärmt sich dabei in Maßen durch und durch, wobei nicht nur die Wassermoleküle an der Außenseite Energie aufnehmen und entweichen, sondern auch die im Inneren der Wandung. Die Folge: kaum Risse und Verzug.

Aber, wie gesagt, es ist für den Laien sicherer, das Trocknen langsam vorzunehmen. Im übrigen hat auch die Industrie durch Schwierigkeiten bei der Trocknung ihre Sorgen, z. B. mit dem Verziehen von Schüssel- und Tassenrändern oder mit der Rißbildung durch unterschiedliche Scherbendicken im gleichen Formling.

Die Stärke der Trockenschwindung hängt ab vom Wassergehalt einer Masse, und der ist letzten Endes bestimmt durch den Gehalt an Ton. „Fette" Massen schwinden deswegen stärker als „magere". Da Gießmassen im allgemeinen wegen der besseren Gießeigenschaften mager gehalten werden, ist deren Schwindung verhältnismäßig gering. Z. B. haben die Egeling-Steingut-Gießmasse — weiß/1050° nur 2%, die Egeling-Steingut-Gießmasse — rot/1050° 6%, die Vitreous-China-Gießmasse — 1150° 5% Trockenschwindung.

Nach dem Trocknen müssen die Formlinge „verputzt" werden, denn der obere Rand ist noch uneben, außen findet sich die eine oder andere Fehlstelle, vielleicht innen ein „Rückläufer", unter Umständen auch Gipsteilchen, die entfernt werden müssen. An Formlingen, die in einer mehrteiligen Matrize gegossen worden sind, sind außerdem noch die „Gießnähte" vorhanden. Das sind nahtartige Erhebungen, die dort am Formling entlanglaufen, wo die Matrizenteile zusammengefügt waren.

Zum Beseitigen der Unebenheiten nehmen wir den Formling in die Hand und schaben mit einem Messer, einem scharfkantigen Blechstreifen oder mit einem „Schwanenhals" (kurvige Ziehklinge) die Erhebungen weg. Falls der Formling dabei aber noch nicht trocken sein sollte, drücken wir ungewollt Masse in die Wandung ein, die beim nachfolgenden „Schwämmen" wieder hervorquillt. Wenn diese Beulen wiederum weggeschabt werden, ergibt das später unschöne Vertiefungen. *Deswegen sollte der Formling beim Verputzen trocken sein.* Den oberen Rand bekommen wir leicht eben, wenn wir ein Stück feines Schleifpapier auf eine ebene Fläche legen und den Rand vorsichtig darauf reiben. Wenn man unvorsichtig ist, reißt er dabei ein! Dieser Riß *vergrößert* sich beim Brennen.

Abb. 91
Ebnen des Randes und
dergleichen.

Abb. 92
Schwämmen nach dem
Verputzen.

Risse am trockenen Formling auszubessern ist kaum möglich! Auch aus-
gebrochene Ecken lassen sich nicht wieder mit Schlicker befestigen. Ebenso
kann man Vertiefungen am trockenen Formling nicht mehr mit Schlicker
ausfüllen. Durch die Schwindung des trocknenden Schlickers gibt es nach
wenigen Minuten erneut Risse.
Auch hier heißt es wieder: Vorsichtig!
Trotz der Warnung wird es aber Bruch geben. Man sollte deswegen die
Schüler einen gerissenen Formling Stück für Stück zerbrechen lassen, um
ihnen ein Gefühl zu vermitteln, wie fest man einen lufttrockenen Scherben
anfassen darf. Formlinge aus der unplastischen Porzellanmasse sind in
dieser Hinsicht empfindlicher als solche aus Steinzeug oder Steingut.
Durch das Schaben werden die Unebenheiten noch nicht vollends beseitigt.
Vor allem ist der Rand noch scharfkantig. Deswegen muß mit einem
Schwamm nachgearbeitet werden.
Wir benutzen einen kleinen, weichen Schaumstoffschwamm, der nicht etwa
so naß sein darf, daß auf dem Formling liquides Wasser steht. Die Masse
würde sonst wieder aufweichen und der Formling reißen. Beim „Schwämmen" (oder Schwammen) ist darauf zu achten, daß der Formling nicht verschmiert wird, und daß man für verschiedene Massen (z. B. rot oder braun),
auch verschiedene Schwämme und verschiedene Stücke Schleifpapier verwendet. Den Rand bekommt man rund, indem man den Schwamm oben
auflegt und rundherum fährt. Die Schwämme von Zeit zu Zeit auswaschen!
Die Wandungen innen und außen schwammt man ab, indem man den Formling großflächig in die eine (immer trockene) Hand legt und mit der anderen
locker ziehend schwammt. Lufttrockene Formlinge nie mit „spitzen Fingern",
d. h. punktförmig anfassen, sondern immer großflächig! Sonst gibt es Bruch.
Die geringen Mengen Wasser, die der Formling aufnimmt, sind bald wieder
verdunstet.
Falls man genötigt sein sollte, lufttrockene Formlinge mit dem Kraftfahrzeug
oder dgl. zu transportieren, schlägt man sie in Zeitungspapier ein und legt
sie in einen festen Pappkarton. Die Lücken stopft man mit zusammen-
geknäueltem Papier aus, damit die Formlinge nicht aneinanderschlagen. So
überstehen sie sogar lange Fahrten.
Benötigte Hilfsmittel:
Kacheln
Stücke von Spanplatten
Gipsplatten
Trockenbretter und Trockengestell
Messer oder Blechschaber
Schleifpapier
Schwamm
Napf oder Eimer mit Wasser.

E 1   Das Einsetzen und Brennen lufttrockener Formlinge (Schrühbrand)

Der erste Brand wird als Rohbrand, Glühbrand oder Schrühbrand bezeichnet. Er hat die Aufgabe, die Wandungen unserer Formlinge zu verfestigen. Man kann sie dann nach Wunsch später noch glasieren. Zum Schrühen setzen wir die lufttrockenen Formlinge in den Keramik-Brennofen ein. Es werden verschiedene Fabrikate in unterschiedlichen Größen angeboten. Die kleinen, ab etwa 20 l Brennkammerinhalt (ca. 27 cm · 27 cm · 27 cm) sind für den Hobby-Betrieb geeignet. Für den Betrieb in kleinen Schulen sind aber erst Öfen von der Mindest-Innengröße ca. 40 cm · 50 cm · 45 cm (= ca. 90 dm^3) an zu empfehlen. Wirtschaftlicher sind in der Regel die noch größeren Öfen. Bevorzugt wird elektrische Beheizung. Dazu ist für die größeren Öfen Kraftstromanschluß nötig. (14) Um den Raum voll ausnutzen zu können, sortieren wir die Formlinge zuerst einmal nach ihrer Höhe und beginnen dann, sie zusammen in die jeweiligen Etagen einzusetzen. Zunächst stellen wir ganz hinten in die Mitte sowie ganz vorn links und rechts je eine Einbaustütze von der notwendigen Höhe auf den Boden des Ofens, damit wir später die erste Einbauplatte auflegen können. Durch Verwendung von *nur drei Stützen* vermeiden wir ein übermäßiges Wackeln. Die Formlinge können nun nahe aneinander, aufeinander oder ineinander eingesetzt werden. Da der Brand nicht bis zur völligen Versinterung geführt wird, werden sie nicht aneinander kleben bleiben. Es ist aber zu bedenken, daß auch beim Schrühbrand die Formlinge etwas erweichen, daß sie sich also durch ein schiefes Ineinanderstellen oder durch das Gewicht beim zu hohen Stapeln *verziehen* können. Es lassen sich jedoch gefahrlos drei bis vier Untertassen aufeinanderstellen. Schüsseln, Tassen und dgl. kann man vorteilhaft immer zu zweit und Rand auf Rand gestülpt einsetzen. Dann können sie nicht schief werden.
Das Stapeln in dieser Weise darf aber dem verdunstenden Wasser nicht die Möglichkeit nehmen, zu entweichen. Bei unseren relativ dünnwandigen Gefäßen genügen dazu kleine Ritzen, z. B. zwischen zwei aufeinandergestülpten Schüsseln. Handaufgebaute Gefäße mit sehr dickem Boden kann man vorsichtshalber auf drei kleine Scherbenstückchen stellen.
Nach dem Auflegen der ersten Einbauplatte verfahren wir genauso weiter: Die nächsten drei Stützen genau über den unteren aufstellen, und die Formlinge vorsichtig einsetzen. Alle Platten sind vorher sorgsam darauf zu untersuchen, ob sie tatsächlich eben und glatt sind! Die Formlinge neigen beim Erweichen naturgemäß dazu, sich der Form der Unterlage anzupassen. Sie werden schief, und zwar um so mehr, je höher der Brand geführt wird und je größer der Formling ist, vor allem dann beim Sinterungs- oder beim Glasurbrand! Keine gewölbten, verzogenen Platten verwenden! Die Isolierschicht auf den Platten (über die noch zu sprechen ist) evtl. glätten! Als

Einbauplatten benutzt man vorzugsweise Silizium-Carbid-Platten (SiC-Platten), die wohl etwas teurer, dafür aber temperaturwechselbeständiger, langlebiger und vor allem verzugsfreier sind als normale Schamotte-Platten. Die Formlinge sollen nicht wesentlich über den Rand der Platten hinausragen, weil sie dann den Heizwendeln zu nahe kommen. Die Heizelemente sind nämlich beim Brand um mindestens 50 °C heißer als das Gut im Ofenraum. Solche Formlinge würden einseitig stärker erhitzt, könnten sich also verziehen oder reißen, besonders natürlich unsere dünnwandig gegossenen. Mit einem Verziehen müssen wir übrigens auch bei allen Gefäßen rechnen, die eine ungleichmäßige Scherbendicke, besonders am Rand, aufweisen!

Wir bauen also im Inneren des Ofens ein dreibeiniges, völlig freistehendes Gerüst aus Stützen und Einbauplatten auf. Je höher die Stützen sind, desto leichter wackeln sie. Um das Gerüst möglichst standfest zu machen, sollte man deswegen die niedrigen Gefäße unten einbauen und die größeren oben, nicht umgekehrt! Bevor man eine Platte aufsetzt, visiert man über die Stützen hin, ob sie auch tatsächlich hoch genug sind. Sonst gibt es Bruch!

Auch durch eine andere Unvorsichtigkeit kann es Bruch geben: Die Platten sind nicht ganz leicht, und der Ofen ist eng. Man muß also schon kräftig zupacken, sich mit den Knien am Ofen abstützen und die Platte einführen, sie aber wegen der Enge nach links oder rechts schräg halten. Dabei greifen die Fingerspitzen um den Plattenrand nach unten. Wenn man dann die Platte aufsetzt, können sich gerade dort, wo die Fingerspitzen unter der Platte sind, hohe Gefäße befinden, die zerdrückt werden. Man sollte also vor dem Einsetzen abschätzen, wo man die Platte am sinnvollsten anfaßt.

Der Ofenraum kann vollständig, bis oben hin, ausgenutzt werden. Ein letzter prüfender Blick, dann kann die Tür zugeschraubt werden.

Hoffentlich hat der Einsetzende saubere Finger gehabt, vor allem, wenn Gefäße aus verschieden gefärbten Massen eingesetzt wurden! Fingerspuren, die z. B. von brauner Masse herrühren, brennen auf einem weißen Formling fest und umgekehrt.

Noch einmal die Prinzipien beim Einbau zum Schrühbrand:

a) Die Gefäße nach „hoch" und „niedrig" sortieren, bzw. sich einen Überblick verschaffen!

b) Niedriges nach unten, hohe Gefäße nach oben einplanen!

c) Zuerst die drei Stützen stellen!

d) Die eingebauten Gefäße können in- und aufeinander stehen. Sie können sich seitlich berühren. Raum ausnutzen!

e) Wenigstens 4 cm von den Heizwendeln wegbleiben. Gefährdete Gefäße mehr in die Mitte!

f) Ebene Platten verwenden!

g) Gebrochene Heizwendeln kann man selber auswechseln.

Abb. 93 Einbau zum Schrühbrand; Setzen der Einbauplatten. Beachte den Segerkegel (s. das Kapitel über Temperaturmessung).

Zum Brand selbst (38):
Die bei der Erhitzung ablaufenden physikalischen und chemischen Prozesse dürften nach den Darlegungen in den Kapiteln, die über den Aufbau und das Trocknen von Massen handeln, verständlich sein.
In der Situation der Schule oder des Hauses und auch in der Industrie ist es nicht möglich, dem Formling beim Trocknen auf dem Brett das Anmachwasser *vollständig* zu entziehen. Beim Einsetzen in den Ofen sind noch immer wenigstens 5 % dieser Menge im Formling enthalten. Dieses „Restanmachwasser" entweicht mit steigender Temperatur und sehr heftig natürlich ab 100 °C. Bei ca. 200 °C ist sogar das Quellungswasser nahezu ausgetrieben. Spuren davon sind aber noch bis 600 °C nachweisbar.
Es erfolgt also bei Temperaturen bis ca. 200 °C lediglich eine weitere Trocknung mit allen beschriebenen Gefahren des Reißens, Platzens und Verziehens. Die Gefahren sind um so größer, je nasser die Formlinge beim Einsetzen waren, je dickwandiger sie sind und je schneller und ungleichmäßiger das Anheizen erfolgt. Deswegen die Temperaturerhöhung bis auf ca. 200 °C langsam und auf niedriger Schaltstufe vornehmen! Zwei Stunden Zeit dürften normalerweise ausreichen. Vielfach reicht auch ein kürzerer Zeitraum, aber — Vorsicht! Man kann auch über Nacht auf der geringsten Stufe anheizen und dann weiterbrennen. In den Betriebsanleitungen zu den Öfen sind die Aufheizgeschwindigkeiten angegeben.
Damit das verdunstende Wasser aus dem Ofen entweichen kann, muß zumindest der Schieber am oberen Dampfabzugsloch (a) geöffnet werden. Größere Öfen besitzen auch im Boden eine Öffnung (b), deren Schieber zusätzlich geöffnet werden sollte, damit die oft erheblichen Mengen Wasserdampf leichter abziehen können.
Verbliebe das Wasser bei geschlossenem Schieber im Ofen, würde es in die Ausmauerung eindringen und sowohl diese als auch das Metallgehäuse im Laufe der Zeit durch Korrosion zerstören.
Also: Bis ca. 200 °C langsam aufheizen und Schieber auf!
Man bekommt auch hochwertige Öfen zu kaufen, die mit einem ständig geöffneten Dampfabzugsloch versehen sind. Das genügt vollauf.

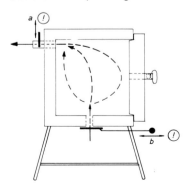

Abb. 94
Schema: Dampfabzug an einem elektrisch beheizten Keramik-Brennofen.

Es ist nun kein Anmachwasser mehr vorhanden, der Ofen wird ohne Unterbrechung weiter aufgeheizt. Dazu war es möglicherweise nötig, schon vorher eine höhere Aufnahmestufe einzuschalten. Die Schieber können geschlossen werden.

Erst bei ca. 430 °C beginnt ganz langsam das chemisch gebundene Wasser (Kristallwasser) zu entweichen. Die Hauptmenge dieses Wassers bricht zwischen 500 und 600 °C aus den Molekülverbänden aus. Meist genügt es, den oberen Schieber zu öffnen. Der Wasserentzug ebbt dann rapide ab und ist spätestens zwischen 900 und 1000 °C abgeschlossen. Die Tonminerale sind dann quasi „totgebrannt", und die Masse läßt sich nicht mehr mit Wasser plastifizieren.

Gleichzeitig mit der Umwandlung der Tonminerale beginnen die Flußmittel ein leichtes Versintern des Scherbens hervorzurufen. Die verschiedenen Formen von SiO_2 (Quarz, Tridymit, Cristobalit) haben während des Brennvorganges mehrfach und sprunghaft Umwandlungen ihres Kristallsystems vorgenommen und haben dabei auch ihre Volumina geändert („Quarzsprünge").

Bei Temperaturen über 900 °C setzt in verstärktem Maße eine Entgasung des Scherbens ein. Das Kohlendioxid des Kalks ($CaCO_3$) entweicht und die letzten organischen Verunreinigungen verbrennen.

Der Gesamtvorgang der Scherbenbildung hängt nicht nur von der Temperatur**höhe** ab, sondern auch von der **Zeit** der Einwirkung dieser Temperatur. Man kann also den gleichen Effekt bei niedrigerer Endtemperatur erreichen, wenn man sie etwas länger hält.

Durch das Schrühen des Formlings tritt eine *nochmalige* Schwindung ein. Falls der Formling nicht weiter bearbeitet werden soll, stellt sie die sogenannte „*Brennschwindung*" dar. Sie wird in Prozenten ausgedrückt und ist bezogen auf die Größe des eingesetzten, *lufttrockenen* Formlings.

Nach Erreichen der gewünschten Endtemperatur wird der Ofen abgeschaltet. Das geschieht nach insgesamt ca. 6—9 Stunden.

Das Wesentliche in Kürze:
Bis ca. 200 °C langsam aufheizen (ca. 2 Std.),
Schieber auf, evtl. höhere Heizstufen einschalten.
Bei 200 °C Schieber zu!
Stufenlos weiterheizen, bei ca. 250—300 °C evtl. schon mit voller Leistung.
Bei ca. 450 °C den oberen Schieber auf!
Bei ca. 650 °C Schieber zu!
(Man kann den Schieber auch von Anfang an bis ca. 650 °C öffnen, verliert dann aber an Heizleistung.)
Je nach Art der Masse bei einer Schrühtemperatur zwischen 900 und 1050 °C abschalten.

Ein geschrühter Scherben ist nach dem Abkühlen wasserfest (nicht wasserdicht), er klingt hell beim Anklopfen mit dem Knöchel, und er ist noch so porös und saugfähig, daß er sich glasieren läßt.
Die günstigste Endtemperatur beim Schrühen hängt begreiflicherweise von der Zusammensetzung der Masse ab und differiert von Fall zu Fall. Es ist deswegen die Anweisung des Herstellers der jeweiligen Masse zu beachten.

(Z. B.: Egeling-Steingut-Massen
Egeling-Vitreous-China
Egeling-Porzellane
bei ca. 900 °C = SK 010a)

Für eine große Anzahl von Massen, vor allem auch von Aufbaumassen genügt eine Schrühtemperatur von 800 bis 850° C. Sie werden bei 900° C bereits so dicht, daß sie die Glasur nur noch schlecht annehmen. Ausprobieren! Evtl. auch das Temperaturanzeigegerät überprüfen, ob es richtig anzeigt (Segerkegel!).

Der Ofen ist also abgeschaltet. Wir müssen ihn nun unbeeinflußt (!!!) langsam abkühlen lassen. Das dauert in der Regel bis zu 24 Stunden und länger. Während des Temperaturverlustes bauen die verschiedenen Formen von SiO_2 (Quarz usw.) wiederum mehrmals *sprunghaft* und unter Volumenänderung ihre Kristallstrukturen zur ursprünglichen Form um. Die letzten Quarzsprünge erfolgen im Temperaturbereich zwischen ca. 250 bis 110 °C. Wenn dieses Temperaturintervall durch frühzeitiges Öffnen der Tür oder der Schieber zu schnell durchschritten wird, entstehen Gefügestörungen im *ursprünglich vollkommen einwandfrei gebrannten Scherben, er wird mürbe und klanglos, oder man verwandelt die Gefäße gar zu guter Letzt noch in Bruch.*
Man sollte deshalb seine Ungeduld bezähmen und die Tür erst bei Temperaturen unter 110 °C einen Spalt öffnen, um die weitere Abkühlung zu beschleunigen. Dann kann der Ofen ausgeräumt werden. Wenn die Gefäße in einem zweiten Brand glasiert werden sollen, faßt man sie am besten nicht so oft an, weil wir mit den Händen Spuren von Fett hinterlassen, die das Glasieren erschweren. Auch Staub, der sich auf den Gefäßen absetzt, führt zu Glasurfehlern. Deswegen ist es besser, die Gefäße nicht längere Zeit herumstehen zu lassen, sondern sie bald zu glasieren oder abzudecken oder in anderer Weise zu schützen.
Bisweilen will man Gefäße zwar dicht haben, sie aber nicht glasieren, weil man es nicht kann, weil der Scherben auch ohne Glasur attraktiv aussieht usw. Dann müssen sie so hoch gebrannt werden, daß der Scherben versintert. Das kann auf zweierlei Weise geschehen:

Im ersten Fall setzt man den Ofen mit Gefäßen aus der gleichen keramischen Masse voll und brennt in einem Zuge nicht nur bis zur Schrühtemperatur, sondern gleich weiter bis zur Verdichtung. Ein Beispiel: Die Egeling-Steingut-Gießmassen nehmen bei 900 °C Schrühtemperatur noch Glasur an, weil sie dann in noch geringem Maße porös sind. Bei 1050 °C sind sie schon verdichtet (durch Sinterung). Wir brennen also einfach in einem Ablauf durch bis zu dieser Temperatur. (Wir erinnern dabei aber an die Gefahr der Verformung, die aus dem Erweichen des Scherbens resultiert! Wenn flache Teller hoch gebrannt werden sollen, drohen naturgemäß die Ränder abzusinken. Das kann man verhindern, indem man diese Teller auf steilwandige Schälchen aus einer höher brennenden Masse aufsetzt, die dann die Ränder unterstützen. Die Industrie verfährt ähnlich.)

Der zweite Fall: Wir haben nur *einige* Gefäße dieser Art im Ofen. Alle anderen müssen geschrüht werden, weil sie z. B. weiß sind und glasiert werden sollen. Wir beenden also den Brand bei 900 °C und heben anschließend unsere braunen oder roten, die nun nicht dicht sind, auf. Sie sind jetzt auf alle Fälle erst einmal gesichert gegen Stoß, Auflösung durch Wasser usw. Wenn wir dann in einigen Tagen oder Wochen mehr Gefäße dieser Art beieinander haben, können sie zusammen in einem zweiten Brand gesintert werden, im oben angegebenen konkreten Fall also bei 1050 °C. Dieser Brand braucht dann in der ersten Phase nicht mehr so vorsichtig geführt zu werden, und die Schieber können geschlossen bleiben, weil ja der keramische Prozeß bereits abgelaufen ist. Das Abkühlen muß aber nach wie vor langsam erfolgen (Quarzsprünge).

Zum allgemeinen Begriff der „Schwindung" ist nun noch das Folgende rückblickend zu sagen:
Wir kennen bereits den Begriff der *„Trockenschwindung"*. Er bezeichnet die Differenz zwischen der maximalen ursprünglichen Größe des feuchten Formlings in der Matrize und seiner Größe im lufttrockenen Zustand.
Die *„Brennschwindung"* ist, wie gesagt, der Größenunterschied zwischen diesem lufttrockenen Formling und der Größe nach dem endgültigen Brand.
Den Unterschied zwischen der Größe des feuchten Formlings in der Matrize und der Größe nach dem endgültigen Brand bezeichnet man als *„Gesamtschwindung"*.

Einige Beispiele für die Gesamtschwindung:

Egeling-Steingut-Massen 1050°	ca. 9 %
Egeling-Vitreous-China-Masse 1150°	ca. 9 %
Egeling-Porzellan 1250°	ca. 14 %

Porzellane haben dank der hohen Verglasung natürlich eine höhere Gesamtschwindung.

Falls diese Angaben nicht durch den Lieferanten mitgeteilt werden, kann man sie nach dem ersten Brennversuch leicht durch ein Nachmessen und Umrechnen in Prozentwerte ermitteln. Vor allem die Größe der Gesamtschwindung muß vorliegen, wenn man einen Gegenstand *von bestimmter Größe* plant. Der Entwurf, die Schablone, das Modell und die Matrize müssen dann im entsprechenden Maße in allen Dimensionen größer gehalten werden. Wenn wir z. B. eine Gesamtschwindung von 10% annehmen, müßte eine Flasche von der gewünschten Höhe 20 cm, einem Halsdurchmesser von 3 cm, einem Bauchdurchmesser von 10 cm und einer Fußbreite von 7 cm, in der Planung folgende Abmaße erhalten:

Höhe	ca. 22 cm
Halsdurchmesser	ca. 3,3 cm
Bauchdurchmesser	ca. 11 cm
Fußdurchmesser	ca. 7,7 cm

Ein letzter Hinweis: Wer keinen Keramik-Brennofen besitzt, kann seine Formlinge auch in einem Ziegeleiofen mitbrennen lassen. Ziegeleien brennen zwischen 1000 und 1100 °C, so daß die bereits erwähnten Steingutmassen in Frage kämen. Man kann sich einen einfachen Ofen auch selbst aufmauern (51).

E 2   Die „Temperatur"-Messung

Wir wissen, daß der Prozeß der Scherbenbildung, der Versinterung und auch der Glasurbildung in hervorragendem Maße von der genauen Einhaltung bestimmter Temperaturen abhängt, außerdem von der Zeit. *Deswegen steht und fällt jeglicher Brennprozeß mit der Möglichkeit zur Temperaturkontrolle.*

Moderne Keramik-Brennöfen sind lieferbar mit einfachen Fernthermometern, die auf einem Ablesegerät permanent die Kammertemperatur anzeigen. Die Schaltung des Ofens erfolgt von Hand. Man bekommt auf Wunsch aber auch Öfen mit eingebauter Schaltautomatik, die bei entsprechender Einstellung den Ofen auf einer bestimmten Temperatur halten oder ihn nach Erreichen dieser Temperatur ganz abschalten. Der Brand kann dann auch über Nacht erfolgen, und glücklich der Lehrer oder Laienwerker, der einen solchen Ofen besitzt!

Obwohl die Meß- und Regelgeräte normalerweise erfreulich genau und zuverlässig arbeiten, muß man sie wegen unvermeidlicher Abnutzungserscheinungen, weil sie unsanft behandelt worden sind usw., doch dann und wann überprüfen. Zudem wissen wir, daß der keramische Prozeß nicht nur von der Temperaturhöhe, sondern auch von der Einwirkungszeit abhängt. *Thermometer geben aber nur die Temperaturhöhe an.* Deswegen können wir einen keramischen Prozeß nur exakt überwachen durch ein unbestechliches Meßgerät, das sowohl Temperatur als auch Zeit berücksichtigt. Das ist der *„Segerkegel"* (40). In ihm verfügen wir gleichzeitig auch über ein einwandfreies und billiges Meßgerät für solche Öfen, die nur ein (meist nicht genau anzeigendes) Fernthermometer oder gar keine Meßanlage besitzen. Der Segerkegel (Abkürzung: SK) ist benannt nach Prof. Dr. Seger, der dieses Hilfsmittel um 1890 entwickelt und in die keramische Industrie eingeführt hat.

Die Kegel bestehen aus unterschiedlichen keramischen Massen, die genau berechnet sind, die einer laufenden Prüfung unterliegen und die in bestimmten Temperaturbereichen erweichen. Die Kegel sind numeriert und jede Nummer ist für eine bestimmte „Temperatur" geeicht. Vorsichtig behandeln! Die Kegel für die uns interessierenden Bereiche sind nur getrocknet. Sie zerbrechen leicht.

Zum Gebrauch wird der entsprechende Kegel aufrecht auf ein Stückchen Schamotte-Platte gestellt und mit einer dünnen Wurst aus etwas höher brennender keramischer Masse am Fuß umgeben. Nicht höher als 3—4 mm! Wenn man dann die Masse etwas andrückt, bleibt der Kegel stehen. Er steht dann aber keineswegs senkrecht, und das ist richtig!

Er soll leicht geneigt sein. Dabei soll die geneigte Kante mit der Waagerechten einen Winkel von 80—85° (bzw. 82 ± 1°) bilden.

Wenn der Kegel in dieser Stellung im Ofen erhitzt wird, läuft auch in ihm der uns inzwischen bekannte keramische Prozeß ab, bis die Masse schließlich weich wird. Der Kegel beginnt von der Spitze her sich über die schräge Kante zu neigen, bis er mit der Spitze die Unterlage berührt. In dieser Stellung zeigt er seine „Nenntemperatur" an. Man sagt, der Kegel ist gefallen oder umgegangen. *Es ist klar, daß die Anzeige unrichtig ist, wenn der bewußte Winkel von 80—85° (82 ± 1°) beim Aufstellen nicht eingehalten wird.* Man schneidet sich am einfachsten einen Winkel aus Pappe zurecht und legt ihn an. Steht der Kegel zu steil, geht er erst bei höheren Temperaturen um, steht er zu schräg, fällt er schon früher und die Temperatur, die er dann durch sein Fallen anzeigt, ist in Wirklichkeit noch gar nicht erreicht, während sie im ersten Fall bereits überschritten ist! Im Bild drei Kegel der gleichen Nummer, die bei der gleichen Temperatur gebrannt wurden. Der eine (A) war vorschriftsmäßig aufgestellt. Er berührt mit der Spitze die Unterlage und zeigt richtig an. Die beiden anderen waren entweder zu steil (B) oder zu schräg (C) aufgestellt mit der Folge der oben beschriebenen fehlerhaften Anzeige.

Wenn oben gesagt wurde, die Kegel seien für eine bestimmte Temperatur geeicht, so stimmt das nicht ganz! Wir erinnern daran, daß der keramische Prozeß in einer Masse nicht nur von der Temperatur*höhe*, sondern auch von der Einwirkungs*zeit* abhängig ist. Nehmen wir nun einmal an, wir bauen je einen Kegel für die Temperatur von 1000 °C (SK 05a) in zwei nebeneinanderstehende Öfen ein, die dank unterschiedlicher Stromaufnahme verschieden schnell aufheizen. Der eine hat eine Erhitzungsgeschwindigkeit von 150 °C/h, der andere eine solche von nur 20° C/h. Dadurch kommt in dem „müden" Öfchen eine viel längere Einwirkungszeit zustande, die den Kegel 05a bereits bei 990 °C umgehen läßt, während er im anderen Ofen tatsächlich bei 1000 °C fällt.

Aus diesem Grunde gelten die Nenntemperatur-Werte in der Segerkegeltabelle nur als Näherungswerte hinsichtlich der absoluten Temperatur in der Brennkammer. Für geringe Aufheizgeschwindigkeiten sind die Angaben zu hoch, für große Aufheizgeschwindigkeiten naturgemäß zu niedrig. In diesem Zusammenhang ist zu bemerken, daß Brennöfen keine konstante Leistung aufweisen, sondern daß ihre Aufheizgeschwindigkeit in der Nähe ihrer Leistungsgrenze stark absinkt. So heizte ein normaler Schulofen im Bereich um 1000 °C mit 150 °C/h auf, im Bereich um 1200 °C aber nur noch mit 40 °C/h! Wie wir sehen werden, spielt das aber für die Praxis der Messung mit Segerkegeln keine Rolle.

Nachstehend die Segerkegeltabelle mit der Nenntemperatur und den tatsächlich im Ofen herrschenden Temperaturen bei den Erhitzungsgeschwindigkeiten von 20 °C/h bzw. 150 °C/h (40):

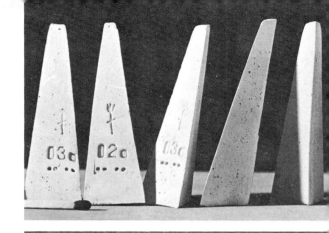

Abb. 95
Segerkegel für verschiedene Temperaturbereiche, von verschiedenen Seiten.

Abb. 96
Zum Einsetzen in den Ofen aufgestellter Segerkegel.

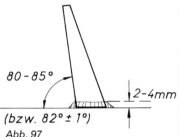

$80-85°$ $2-4mm$

(bzw. $82° ± 1°$)

Abb. 97
Segerkegel, im richtigen Winkel aufgestellt.

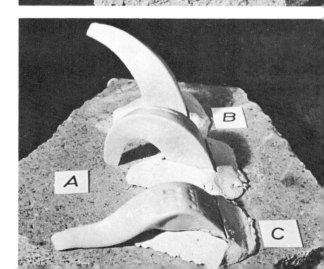

Abb. 98
Segerkegel gleicher Nummern nach dem Brand.
A war richtig aufgestellt,
B zu steil, C zu flach.

Segerkegel Nr.	Nenntemperatur °C	Der Kegel fällt bei einer Erhitzungsgeschwindigkeit von	
		20 °C/h	150 °C/h
		tatsächlich bei	
011a	880	881	899
010a	900	900	918
09a	920	921	936
08a	940	931	953
07a	960	950	969
06a	980	968	989
05a	1000	991	999
04a	1020	1015	1024
03a	1040	1040	1054
02a	1060	1072	1083
01a	1080	1085	1106
1a	1100	1107	1127
2a	1120	1123	1150
3a	1140	1140	1169
4a	1160	1158	1195
5a	1180	1176	1215
6a	1200	1193	1240
7	1230	1213	1262
8	1250	1238	1281
9	1280	1257	1302
10	1300	1279	1320
11	1320	1300	1340

Beim keramischen Brand spielen diese Unterschiede, wie gesagt, keine Rolle, weil der Prozeß der Scherbenbildung ebenfalls eine Temperatur-Zeit-Funktion ist: Wenn in einem langsam aufheizenden Ofen der Segerkegel 06a (980°) schon bei 968° umgeht, dann haben ja die zu schrühenden Gefäße die gleiche Zeit gehabt, sich bei dieser etwas niedrigeren Temperatur physikalisch-chemisch umzubauen. Im schnell brennenden Ofen dagegen fällt der Kegel erst bei 989 °C, und die Gefäße brauchen ebenso diese höhere Temperatur, um die zu kurze Zeitspanne wettzumachen. Segerkegel sind also hier sogar angebrachter, weil sie nicht eine absolute Temperatur, sondern *keramisches Verhalten* messen. Dazu sind sie immer gleichbleibend in der Qualität, unterliegen keiner Abnutzung wie die thermo-elektrischen Meßanlagen und sind deswegen sogar geeignet, diese zu korrigieren und zu ergänzen. Es ist zwar umständlicher und unbequemer, man kann aber grundsätzlich mit Segerkegeln allein auch auskommen.

Zusammenfassung:
Ein Segerkegel zeigt den keramischen Zustand des Brenngutes an, und zwar in Relation zu Temperaturhöhe und Zeitdauer. Deshalb unterscheiden sich seine Aussagen von denen eines thermoelektrischen Anzeigegerätes in geringem Maße von Ofentyp zu Ofentyp bei unterschiedlichen Temperaturhöhen, vielfach sogar von Brand zu Brand.
Segerkegel zeigen nur dann richtig an, wenn sie im richtigen Winkel aufrecht stehen (80—85° bzw. 82±1°), wenn sie nicht zu tief eingebettet und nicht zu nahe an den Heizwendeln aufgestellt sind.
Für den Schrühbrand genügt die Anzeige eines thermo-elektrischen Fernanzeigegerätes. Einen Sinterungs- oder Glasurbrand sollte man aber der Vorsicht halber durch Segerkegel kontrollieren.

Zum Aufstellen des Kegels im Ofen (siehe auch Abb. 93):
Schon beim Einsetzen der Gefäße denken wir daran, daß das Schauloch nicht durch eine Einbauplatte versperrt werden darf. Wir stellen dann den Kegel in den Ofen hinter das Schauloch, nicht zu nahe an den Rand der Einbauplatte, sondern etwas nach der Mitte zu. Daneben stellen wir eine brennende Kerze, schließen die Ofentür und blicken durch das Schauloch, ob der Kegel gut zu sehen ist. Man muß dazu die rote Filterscheibe aus dem Schauloch entfernen.
Wenn der Kegel zurechtgerückt ist, nehmen wir die Kerze heraus, verschließen die Tür und setzen die Filterscheibe wieder ein. Wenn sie im Laufe der Zeit matt geworden sein sollte, kann man aber nicht mehr durch sie hindurchschauen und später den Kegel beobachten. Deswegen ist es nötig, entweder eine neue Scheibe einzusetzen oder auf das Rohr des Schaulochs einen Kloß aus keramischer Masse aufzudrücken, den wir leicht wieder abziehen können. Dann können wir später durch das offene Schauloch (Vorsicht!) den Kegel ungehindert beobachten. Günstig ist es, dazu eine Rotscheibe zu benutzen.
Der Brand beginnt, und nach einigen Stunden zeigt das Fernthermometer an, daß die Endtemperatur bald erreicht sein muß. Falls wir genötigt waren, einen Keramikstöpsel in das Schauloch einzupressen, müssen wir ihn nun herausziehen (Vorsicht! Topflappen benutzen, Abstand wahren!) Vorher aber den oberen Schieber öffnen: leichter Durchzug! Dann sehen wir nach dem Kegel. Falls er in der Glut schlecht zu sehen ist, eine Rotscheibe benutzen. Durch das Schauloch strömt ein wenig kalte Luft in den Ofen, der Kegel kühlt sich dabei etwas ab, wird dunkler und ist nach einiger Übung meist gut zu sehen. Wenn er umgegangen ist, den Ofen ausschalten, evtl. schon etwas früher, weil ja auch nach dem Abschalten die Temperatur noch nachwirkt.
Wenn an einem Ofen kein Fernthermometer vorhanden sein sollte, setzt

man zusätzlich dicht neben den ersten einen zweiten Kegel ein, der früher fällt, und der so als „Vorwarnung" dient.

Sollen Zwischenwerte eingehalten werden, darf man den höher brennenden Kegel nicht ganz umgehen lassen. Wenn z. B. ein Brand bei SK 3a/4a erfolgen soll ($=$ ca. 1150 °C), baut man den Kegel 4a ein und läßt ihn halb umgehen.

Abb. 99

F Das Glasieren der geschrühten Gefäße (Glasuren usw.)

Wenn wir unsere Gefäße glasieren wollen, sollten wir wissen, was eine Glasur eigentlich ist, und welche Anforderungen man an sie stellt. Dann können wir auch über ihr Verhalten urteilen und brauchen uns über gewisse Eigenarten nicht zu wundern.

(41) Eine Glasur ist *eine dünne Glasschicht,* die den keramischen Gegenstand innen, außen oder nahezu allseitig überzieht. Sie wird bei einer bestimmten Temperatur aufgeschmolzen. Dieser Überzug ist aber nicht als eine isoliert für sich existierende und lediglich auf dem Scherben haftende Haut zu verstehen. Glasur und Scherben verbinden sich vielmehr in einer „Grenzschicht" (Zwischenschicht) sowohl *physikalisch-mechanisch* durch ein Hineinfließen in Poren und ein nachfolgendes Verzahnt-sein *als auch chemisch* durch die Reaktion von Substanzen aus der Glasur mit denen aus dem Scherben. So bildet eine brauchbare und betriebssichere Glasur mit dem Scherben eine Einheit und verhilft ihm zur Dichte, wenn er nicht schon von sich aus dicht ist, sie bringt ihm eine zusätzliche Härte ein und in abgestufter Form Glätte und farbliche Tönung. Dadurch wird der Gebrauchswert des Gegenstandes erhöht, es sollte aber auch sein ästhetischer Wert wachsen.

Es sei jedoch betont, daß die erwähnte „Dichte" des Scherbens nur relativ zu sehen ist. Wirklich „wasserdicht" sind in der Regel nur Gefäße aus Steinzeug oder Porzellan, bei denen der Scherben also dicht gesintert ist. Trotz aller Bemühungen entstehen nämlich im Laufe der Zeit mehr oder weniger rasch Haarrisse in der Glasur, die Flüssigkeiten einsaugen (Kapillaren). Wenn dann der Scherben noch porös ist, wie beim Steingut, saugt auch der sich schnell voll. Die Folgen sind dann Wasserspuren auf Möbeln (Ringe), wo z. B. solche Vasen gestanden hatten oder vollgesaugte Teekannen usw.

Um Enttäuschungen zu vermeiden, verwendet der Verfasser z. B. in seiner Praxis nur Halbporzellane und Steinzeugmassen für ca. 1160° C = SK 4a. (Z. B. Vitreous-China-Masse 1150° C und Feinsteinzeug GF 1150-1200° C, Egeling/Bad Hersfeld.) Wir mischen dazu 40 Teile der VC-Masse mit 60 Teilen der Feinsteinzeugmasse und erhalten einen fast weißen, standfesten und wasserdichten Scherben. Die Temperatur von 1160° C (SK 4a) schafft jeder normale Ofen. Wir haben aber außer dem dichten Scherben noch das Vergnügen, viel schönere Glasuren zu erzielen als mit Steingut bei nur 1050° C! Weiteres siehe unten!

Der Ablauf des Glasierens und der Glasurbildung ist *in groben Zügen* der folgende: Die glasbildenden Substanzen (z. B. Bleisilikat, Feldspat, Quarz usw.) werden nach vorheriger chemischer Berechnung (Segerformel!) zusammengewogen und innig gemischt. Wenn eine solche Glasur transparent, farblos und glänzend aussieht, scheint *der Scherben durch*. Bringt man gleichzeitig färbende Substanzen ein (z. B. Kobaltoxid, Kupferoxid, Eisenoxid usw.), so wird sie *farbig*-transparent-glänzend. *Scherben- und Glasurfarbe addieren sich*, denn der Scherben scheint durch. Das kann sich bei dunkel brennender Masse unangenehm auswirken! Z. B.: Eine blau-transparente Glasur wirkt nur auf einem weißen Scherben! Auf einem braunen sieht sie dunkel-braun-bläulich aus. Bei Zugabe von eintrübenden Mitteln (z. B. Zinnoxid) wird diese Glasur farbig-undurchsichtig (deckend-glänzend). *Der Scherben scheint kaum noch oder gar nicht mehr durch*. Schließlich kann man die Glasur auch noch mattieren durch Einführen von Kaolin, Kalk, Titandioxid usw.

Das Ganze liegt gut gemischt, trocken, in Pulverform vor, wird mit Wasser aufgeschlämmt und durch ein Sieb gegeben.

In diesen dünnflüssigen Glasurbrei wird dann der geschrühte Gegenstand (z. B.) getaucht. Da der Scherben porös ist, saugt er die Aufschlämmung an, das Wasser dringt ein und die Partikel der Glasurmasse bilden eine dünne Schicht auf dem Gegenstand. Er muß dann kurz trocknen, seine Standfläche wird gesäubert, er kann im Ofen eingebaut und zum zweiten Mal gebrannt werden.

Die Glasur kann auch durch Übergießen, durch Ausschwenken und außerdem durch Aufspritzen und Aufsprühen aufgebracht werden.

Beim Glasurbrand erfolgt mit steigender Temperatur zunächst ein langsames Erweichen der unverbunden nebeneinanderliegenden Masseteilchen. Die eine Substanz erweicht früher, die andere später, eine weitere evtl. gar nicht. Das Gemisch der Körnchen beginnt schließlich zusammenzusintern, so daß bei der Berührung die ersten chemischen Reaktionen erfolgen. Es sind vor allem Silikatbildungen. Sie verstärken sich bei steigender Temperatur, und es entstehen je nach der chemischen Zusammensetzung des Glasurversatzes Gläser *der unterschiedlichsten Art*. Wie schon erwähnt, gehen bei dem chemischen Vorgang der Glasurbildung auch Substanzen *des Scherbens* in die Glasur ein und umgekehrt (Zwischenschicht).

Physikalisch betrachtet haben wir es mit einem Übergang vom festen in den flüssigen Aggregatzustand zu tun. Der Übergang erfolgt nicht in einem „Punkt", sondern in einem Intervall, wobei die ersten Erscheinungen des Erweichens und die „Garbrandtemperatur" bis zu 500 °C und mehr auseinanderliegen können.

Naturgemäß und in Parallele zum Vorgang der Scherbenbildung bei keramischen Massen *ist die Glasurbildung eine Funktion von Temperatur und Zeit!* Deswegen sollte man die Kontrolle nicht nur durch thermoelektrische Meßinstrumente vornehmen, sondern der Sicherheit halber, wie beschrieben (mindestens dann und wann), durch Segerkegel — und das beim Glasurbrand bisweilen um so dringlicher, weil empfindliche Glasuren im flüssigen Zustand oft schon bei einer geringen Temperaturerhöhung ablaufen.

Als Beispiel (42): Man hat ein *gleiches* Glasurgemisch bei vier verschiedenen Endtemperaturen ausschmelzen lassen.

Es brauchte

bei 1000 °C	30 min,
bei 1100 °C	18 min,
bei 1200 °C	14 min,
bei 1300 °C	8 min.

Beim nachfolgenden Abkühlen wird die Glasurschmelze langsam zäher, sie ist aber noch immer liquide. Hier wird unter anderem deutlich, *wie unangenehm sich eine zu dicke Glasurschicht auswirken kann,* denn ein Herunterlaufen wird ja nicht nur beeinflußt durch den Grad der Flüssigkeit (Viskosität), sondern auch durch die Menge und das Gewicht der ablaufenden Schmelze, sowie durch die zur Verfügung stehende Zeit. — Schließlich wird die Glasur zähplastisch und endlich relativ fest, starr und spröde. Diese letzte Phase der Umwandlung ist temperaturmäßig enger begrenzt. Man nennt sie „Transformationsbereich". Sie liegt einige Hundert Grad Celsius unterhalb der Garbrandtemperatur.

Mit dem Erstarren der Glasur beginnen „keramische Sorgen" besonderer Art. Wir müssen nämlich daran denken, daß die Glasur nun unverrückbar auf dem Scherben sitzt, und daß auch *er* bei der nun folgenden weiteren Abkühlung an Volumen abnimmt. Die Frage ist, ob Glasur und Scherben sich im *gleichen* Maße zusammenziehen, oder ob die Glasur stärker schrumpft als der Scherben bzw. umgekehrt. Ein unterschiedliches Ausdehnungsverhalten würde vor allem bei unseren dünnwandigen Gefäßen unerfreuliche Folgen haben, weil Spannungen auftreten (wie bei einem Bimetallstreifen). Entweder verzieht sich der Scherben konvex oder konkav, oder aber die Glasur reißt. *Auch hier ist eine dickere Glasurlage gleichbedeutend mit einer Vergrößerung der Gefahr (bis zum Zerreißen der Gefäße)!* Man kann also nicht ungestraft und nach Belieben irgendeine Glasur auf irgendeinen Scherben aufbringen. *Die Glasur muß das gleiche Ausdehnungsverhalten aufweisen wie der Scherben!*

Eine weitere Bedingung ist gestellt: Der Schrühbrand hatte beim Scherben nur eine erste Verfestigung bezwecken sollen. Er ist dann noch wasserdurchlässig und auch mechanisch nicht ausreichend belastbar. Deswegen müssen Steingut-, Steinzeug- und Porzellan-Scherben, über die Schrühtemperatur hinausgehend, bei ihrer spezifischen Garbrandtemperatur verfestigt werden. (Die Egeling-V-C-Masse beispielsweise bei 1150°/SK 3a/4a.)

Aus diesem Grund müssen die Garbrandtemperaturen von Scherben und Glasur die gleichen sein.

Alles in allem: „Die Zusammensetzung der Glasuren hängt, ganz allgemein gesagt, von der Beschaffenheit der Massen ab, auf denen sie Verwendung finden sollen. Ebenso muß sich ihre Zusammensetzung nach der Garbrandtemperatur der betreffenden Masse richten. Damit ist die chemische Zusammensetzung der Glasur auch in gewisse Grenzen gesetzt." (43)

Konsequenzen:

Wenn wir von dieser Position des Wissens unsere Lage als Werkerzieher oder Laienwerker überdenken, müssen wir eingestehen, daß wir solche Glasuren nicht zu berechnen vermögen, weil wir weder mit der Segerformel umgehen können, noch die Analysen der Rohstoffe besitzen.

Wie steht es aber mit den Rezepten für Glasurversätze, die man aus Werkbüchern oder aus der Fachliteratur abschreiben kann? Man liest da z. B.:

Schwach weißdeckende Glasur für SK 3a (1140°)
73,2 Teile Kali-Feldspat
 9,8 Teile Kalkspat   6,4 Teile Bariumkarbonat
10,6 Teile Zinkoxid   12,0 Teile Quarz.

Wenn sich zehn Werkende unabhängig voneinander die entsprechenden Rohstoffe beschaffen, die Glasuren ansetzen und brennen, werden zehn verschiedene Ergebnisse zu erwarten sein. Dem einen wird die Glasur so dünnflüssig, daß sie vom Scherben läuft, beim letzten sieht sie aus wie Sandpapier. Vielleicht ist auch eine brauchbare darunter. In unserem eigenen Versuch wurde sie kalkig-weiß, undurchsichtig, leicht blasig. Außerdem zerriß sie beim Abkühlen jeden Scherben!

Das kann nicht verwundern, wenn wir an die Schwierigkeiten im Zusammenhang mit der Herstellung keramischer Gießmassen denken: Jeder der zehn Werker hatte einen anderen Feldspat, denn reinen Kali-Feldspat gibt es nicht, anderen Kalkspat, ein anderes Konzentrat an Zinkoxid und Bariumkarbonat. Und auch der eine, dem die Glasur zufällig geglückt ist, weiß nicht, ob er bei der nächsten Bestellung wieder die gleichen Rohstoffe bekommt.

Solche Rezeptangaben sind für den Laien völlig unbrauchbar!

Sie sind nur Richtversätze für den Könner, den Fachmann, der sie entsprechend modifizieren und seinen Bedürfnissen anpassen kann.

Aber auch Fachleute haben ihre Schwierigkeiten mit der Glasurherstellung, und es bleibt ihnen nicht erspart, umfangreiche und zeitraubende Brennversuche anzustellen, um eine Glasur tatsächlich betriebssicher zu machen.

Aus diesem Grunde ist es nicht verwunderlich, daß die Rezepturen für solche wirklich sicheren Glasuren *geheimgehalten* werden, vor allem natürlich dann, wenn sie attraktiv sind. Glasuren werden übrigens fachmännisch in Arbeitsgängen bis zu 40 Stunden Dauer gemahlen und gemischt.
Wer als Laie eigene Glasuren entwickeln will, sollte

    durch Literatur-Studium (41) ein gewisses chemisch-technisches Verständnis erwerben,

    dazu sollte er die Fähigkeit besitzen, Rückschläge zu ertragen,

    er sollte unerschütterlich arbeitsfreudig sein,

    sowie sehr viel Zeit (und etwas Geld) haben.

Dann wird er auch seine Freude finden.
Der Werklehrer muß im Sinne einer Materialkunde zwar wissen, wie Glasuren im Prinzip zusammengesetzt sind und was beim Glasurbrand geschieht, es sollte ihm aber nicht zugemutet werden, seine Glasuren für die Schule nach vagen Rezepten selbst entwickeln zu müssen. Das führt zu einem dilettantischen Probieren, zu Mißerfolg und Resignation. *Glasuren sollte man, wie alle Werkstoffe und Halbfabrikate, fertig kaufen!* Es werden heute billige Glasuren von garantiert konstantem Verhalten vom Fachmann geliefert. Vor allem sind diese Glasuren auf die entsprechenden Gießmassen abgestimmt. Die hier gemeinten Glasuren lassen dem Werkenden sehr viel Freiheit, weil es sich um *„Grundglasuren"* handelt, die nach Wunsch mit *„Farbkörpern"* eingefärbt werden können.

Dazu folgendes:
Wenn man in eine farblos-transparente oder in eine weiß-deckende Grundglasur (für eine bestimmte Temperatur) Metalloxide wie Kobaltoxid, Eisenoxid, Kupferoxid, Chromoxid usw. einführt, bilden diese Substanzen mit den in der Grundglasur vorhandenen Ton-, Feldspat- und Kieselsäure-Mineralien im Glasurbrand neue Verbindungen. *Diese neuen Verbindungen, als Metallsilikate, -aluminate, -alumosilikate usw. sind farbig.* Daher die „keramischen Farben", von denen wir so begeistert sind.
Genauer: Die bunten Gläser absorbieren dank ihres andersartigen Kristallgitters große Teile aus dem Spektrum des weißen Lichtes und strahlen nur einen Teil wieder zurück, bzw. lassen ihn passieren. Deswegen erscheinen uns z. B. die mit Kobaltverbindungen eingefärbten Gläser blau. Den Grün-, Gelb- oder Rotanteil des Lichtes „verschlucken" sie.

Das Einfärben mit Metalloxiden hat für uns aber *zwei entscheidende und schwerwiegende Nachteile:*
1. *Die gleichen Oxide* ergeben je nach Zusammensetzung der Grundglasur und je nach Brenntemperatur *ganz unterschiedliche Farben.* Sie differieren beispielsweise bei Eisenoxid zwischen gelblich, braunrot, weinrot,

braun, graublau, dunkelgrau, schwarz usw., bei Kupferoxid zwischen blau, türkis, rot, grün, schwarz usw., bei Chromoxid zwischen grün, graugrün, braun, gelb, rot usw. Für den Laien kann das ganz reizvoll sein, aber man ist eben dem Zufall ausgeliefert. Man bekommt vor allem kaum ein zweites Mal die gleiche Glasur.

2. Bei der Bildung der oben genannten farbigen Metallsilikate usw. *ändert sich das ursprüngliche und bekannte Schmelzverhalten einer Grundglasur.* Kobalt- und Chromoxid lassen z. B. eine Glasur schwerer schmelzen, so daß sie rauh bleibt und eine höhere Brenntemperatur verlangt. Dann wird aber der Scherben zu weich! Eisenoxid macht die Glasur leichter flüssig, so daß sie herunterläuft. Wenn man die Garbrandtemperatur nicht ändern will oder kann, müssen die Glasuren in zeitraubenden Versuchen neu „eingestellt" werden, d. h., es muß der Flußmittelanteil erhöht oder reduziert werden.

Um diesen beiden Mißlichkeiten zu entgehen, mischt man die in Frage kommenden Metalloxide mit geringen Mengen an Tonsubstanz, Feldspat usw. und „verglüht" sie in besonderen Öfen bei bestimmten hohen Temperaturen. Dann vollzieht sich isoliert und außerhalb einer Glasur die Umwandlung zu den farbigen Metallsilikaten usw. Nach der Abkühlung wird der „Kuchen" außerordentlich fein gemahlen. Wenn man diese *„Farbkörper"* in die zugehörige Grundglasur des entsprechenden Temperaturbereichs einführt, erhält man sichere und immer wieder erreichbare Färbungen. Bereits bei einer Zugabe von 3 bis 4 % (hier: Farbkörper/Egeling bezogen auf die Grundglasuren/Egeling) erhält man kräftige Töne je nach der Art des Farbkörpers *(siehe Farbbild I*).* Durch Verringerung oder Erhöhung des Anteils (z. T. bis 10 % möglich) läßt sich die Intensität abstufen vom schwachen bis zum dunklen Ton *(siehe Farbbild II*).* Die Farbkörper lassen sich auch untereinander gemischt einführen und erzeugen dann die entsprechenden Mischfarben (1 % laubgrün + 2 % blau ergeben z. B. ein kräftiges Türkis).

Weißdeckende Grundglasuren bilden natürlich weiche Pastelltöne aus, während transparente Glasuren klare Farben ergeben.

Das Schmelzverhalten der Glasur ändert sich dabei nahezu nicht! (Wichtig zu wissen ist noch, daß Farbkörper vielfach nur bis zu bestimmten Temperaturen in ihrer Farbe stabil sind und beim weiteren Erhitzen „zerfallen". Angaben des Lieferanten beachten! Hochtemperaturbeständige Farbkörper sind natürlich die teureren. Farbkörper eignen sich auch für die Auf- und Unterglasurmalerei.)

Wer diese Grundglasuren strukturieren und evtl. stärker mattieren will, kann das vorteilhaft und billig z. B. mit Brikettasche, Pflanzen-Aschen oder Basaltmehl erreichen: Man siebt mit dem trockenen (!) Glasursieb (s. unten)

* Umschlag-Rückseite links oben und links unten. Text Seite 4.

z. B. normale Braunkohlenbrikettasche (wie sie aus jedem Ofen anfällt) durch und gibt den Staub zur Trockenmasse der Glasur. 7 bis 12 % Zugabe, auf die Trockenmasse bezogen, ergeben matte, gelb-braun-gesprenkelte Glasuren. (Man kann die Asche auch erzeugen, indem man im Garten oder anderenorts einige Briketts verglimmen läßt. Notfalls kann man diese Zusätze auch beim Fachhandel beziehen.)

Eine ähnliche Mattierung und Einfärbung erreicht man durch die Zugabe von 20 bis 35 % Basaltmehl, bezogen auf die Trockenmasse der Grundglasur. *Siehe dazu Farbbild III*! (Basaltmehl aus Basaltsplit beim Straßenbau absieben. Evtl. Egeling, Bad Hersfeld.)

Asche, Basaltmehl und Farbkörper kann man auch miteinander kombiniert einführen.

Wenn man sich auf *einen* Brennbereich festgelegt hat, braucht man im einfachsten Fall nur noch *eine* Grundglasur, die man auf die beschriebene Weise vielfältig modifizieren kann. Damit ist für die Schule eine relativ billige, sichere und praktikable Möglichkeit des Glasierens gegeben, die dem Lehrer Geld, Vorbereitungzeit und Ärger einspart, die ihm und seinen Schülern vor allem auch große Freiheit zur eigenen Entscheidung beläßt. Das gleiche gilt natürlich auch für den gesamten Bereich der Sozialpädagogik, der Therapie und des Laienwerkens.

Etwas zum Preis und zur Technologie:

Glasuren für Temperaturen um 1000° C und darunter sind im allgemeinen teurer als solche für 1150° C und höher. Das hat folgende Gründe: Wir wissen mittlerweile, daß es „die" Glasur nicht gibt, sondern Tausende von verschiedenen Gläsern, die alle aus unterschiedlichen „Versätzen" von Rohstoffen hergestellt werden. Diese Versätze liegen ursprünglich als pulverförmige Mischung dieser Rohstoffe vor. Das ist noch kein Glas! Ein Glas entsteht erst, wenn man diese Mischung erhitzt. Es ist aber ein Irrtum, zu glauben, nur durch eine Verflüssigung in hohen Temperaturbereichen, also durch Schmelzen, entstünde Glas. Die Änderung des Aggregatzustandes von fest nach flüssig allein macht es nicht. Vielmehr gehen die verschiedenen Substanzen dabei untereinander neue chemische Verbindungen komplexer Art ein und werden dadurch erst ein Glas. Dazu ist Wärmeenergie nötig. Wenn auf diese Weise z. B. bei 1250° C aus Rohstoffen ein nun flüssiges Glas entstanden ist, kann man es nach dem Abkühlen bei einem erneuten Aufheizen schon bei einer wesentlich niedrigeren Temperatur flüssig bekommen (vielleicht bei 1000° C). Der Anteil Wärmeenergie zur chemischen Umsetzung von Rohstoffen in Glas wird ja nicht mehr gebraucht. Es war nur noch Glas zu schmelzen, nicht aber Glas herzustellen.

Preiswertes und widerstandsfähiges Glas herzustellen, gelingt jedoch erst ab etwa 1150° C. Das ist unser Problem.

---

* Umschlag-Rückseite rechts oben. Text Seite 4.

Wenn man also so hoch oder noch höher brennt, kann man sogenannte "Rohglasuren" auf den Scherben aufbringen, die lediglich (oder vornehmlich) aus gut vermischten Rohstoffen bestehen. Dann geschieht während des Glasurbrandes dreierlei: Es entsteht Glas, es wird flüssig und es reagiert gleichzeitig mit dem Scherben, nimmt Substanzen aus ihm auf, gibt welche ab (Grenzschicht) und verbindet sich so mit ihm. Erreicht man die genannten Temperaturbereiche nicht, so bleibt die gewünschte Reaktion aus oder sie läuft nur mangelhaft ab. Nach dem Abkühlen sehen solche Gefäße unansehnlich aus, wie mit Sandpapier überzogen.

Wenn man nicht so hoch brennen kann (Ofenleistung?) oder will (manche Steingutarten zerfließen schon bei 1100° C!), dann muß man niedriger brennende Glasuren verwenden, sogenannte „Fritteglasuren". Dazu werden in einer Glashütte bei entsprechend hohen Temperaturen aus Rohstoffen die gewünschten Gläser erschmolzen. Die Schmelze wird in ein Wasserbecken abgelassen und abgeschreckt. Dabei zerspringt der Glasfluß zu Splitterchen, die dann weiter sehr fein gemahlen werden. Diese Fritten (von lat. frigere = rösten) bilden die Grundsubstanz für nun naturgemäß niedriger brennende Glasuren. Fritte-Glasuren sind aber teurer, weil ja die Glasherstellung, im Gegensatz zu Rohglasuren, getrennt vorgenommen werden mußte.

Fritteglasuren haben neben der niedrigen Brenntemperatur einen weiteren Vorteil: Einige der üblichen Glasurrohstoffe sind gesundheitsschädigend, so z. B. das Bleioxid (Bleimennige), aus dem man attraktives Bleiglas bzw. Bleiglasuren herstellen kann. In der Glashütte gibt man nun unter Beachtung der Sicherheitsbestimmungen Bleioxid, Quarz (SiO_2) und anderes, nach Mol-Gewichten ausgewogen, zusammen und erschmilzt daraus u. a. Bleisilikat als Fritte. Durch die eingegangene Verbindung verliert das Bleioxid seine Giftigkeit. Anderen schädlichen Substanzen ergeht es ebenso.

Bei der Gelegenheit etwas zu Bleiglasuren: Wenn man Bleiglasuren oder Bleikristall-Gefäße mit Säuren (z. B. mit Essigsäure) in Verbindung bringt, kann sich etwas Blei aus der Oberfläche wieder lösen und als gesundheitsschädigende Verbindung in den Körper gelangen. Zumindest in Deutschland werden deswegen Bleigläser streng auf „Bleilässigkeit" geprüft. Man sollte jedoch vorsichtshalber auf den Kauf von Bleiglasuren verzichten (Angabe des Herstellers beachten!), zumal ja solche Glasuren auch beim Arbeiten als Staub eingeatmet werden oder über die Hände in den Körper gelangen können.

Halten wir abschließend fest:
Glasuren bestehen
1. *vornehmlich aus glasbildenden Substanzen,* z. B. aus verschiedenen Feldspatarten, Bleisilikaten, Lithiumverbindungen, Kalk, Bariumkarbonat, Siliziumdioxid und möglicherweise vielen anderen Rohstoffen in unter-

schiedlichen Kombinationen, die beim Erhitzen vor allem Silikate bilden und dabei zu mehr oder weniger durchsichtigen „Gläsern" zusammenschmelzen.

2. Möglich ist das Einführen von *färbenden Substanzen*, z. B. Kobaltoxid, Nickeloxid, Eisenoxid und vielen anderen mehr (mit den oben beschriebenen Schwierigkeiten) — oder aber von „Farbkörpern".

3. Möglich ist der Zusatz von *weiß oder weißlich trübenden Mitteln*, die dann ungeschmolzen, in feinen Partikeln in der Glasschmelze verteilt sind, z. B. in Form von Zinndioxid, Zirkondioxid, Titandioxid. Dadurch wird die Glasur undurchsichtig (opak).

4. *Eine Mattierung der Glasur* ist schwieriger zu erreichen. Dazu muß die chemische Struktur der Glasur verändert werden. Entweder ist der Säureanteil zu erhöhen, z. B. durch Quarz (SiO_2) oder Asche, oder der basische Anteil muß vergrößert werden, z. B. durch Kalk (CaO) oder Bariumoxid (BaO in Form von $BaCO_3$). Die Mattierung erfolgt durch Bildung zahlloser kleiner Kristalle.

Wer studienhalber oder aus anderen Gründen Glasuren selbst herstellen will, muß sich schon an die Rezeptangaben aus der einschlägigen Literatur halten, muß dann aber auch die daraus resultierenden Schwierigkeiten in Kauf nehmen (41 und 44).

In der Praxis hat es sich bewährt, nur drei Grundglasurarten für den gleichen Temperaturbereich bereitzuhalten:

    eine glänzend-transparente,
    eine weiß-glänzend-deckende,
    eine matt-undurchsichtige.

Daraus kann man preisgünstig mit Hilfe von Farbkörpern, Steinkohlenasche (und dergl.) und Basaltmehl eine unendliche Zahl verschiedener und sicherer Glasuren herstellen.

Man muß natürlich diese Grundglasuren passend zur „Garbrand"-Temperatur der Masse wählen. Außerdem muß der Ausdehnungskoeffizient von Glasur und Masse aufeinander abgestimmt sein. (Siehe oben!) Das gelingt in der Regel nur, wenn man Glasur und Masse vom gleichen Händler bzw. Hersteller bezieht und die entsprechende Versicherung erhält.

Zum Anmachen der Glasur:

Es ist sehr einfach. Die (Grund-) Glasuren liegen pulverförmig bzw. in Klümpchen vor. Sie besitzen von der Fabrikation her ein wenig Restfeuchte, damit sie beim folgenden Aufschlämmen leichter zerfallen. (Es gibt auch schlecht aufbereitete, knochentrockene zu kaufen, die den Werkenden beim Einweichen zur Verzweiflung bringen können!)

Wir geben je nach Bedarf in einen 5-l-Eimer 3 kg Trockenglasur, bzw. in einen 10-l-Eimer 6 kg, dazu das gleiche Gewicht Anmachwasser, also 3 l bzw. 6 l. Die Klümpchen zerfallen. Über Nacht erledigt sich das fast von allein. Wenn es schneller gehen soll, quirlt man. Vielfach sitzt auf dem Grund des Eimers doch noch ein Satz von Klümpchen. Man gießt deswegen alles durch ein normales Küchen-Haarsieb (Passiersieb). In der Regel genügt das. Wer eine sehr gleichmäßige Konsistenz haben will, muß die Glasur durch ein Kastensieb von 576 Maschen/cm² reiben (Egeling/Bad Hersfeld). (Abb. 100!) Siebgewebe kauft man als Meterware oder in Stücken. Das Kästchen nagelt man sich aus Brettchen zusammen (Außenmaß 25 x 33 x 10 cm). Das Siebgewebe wird mit Leisten festgenagelt. Das Sieb setzt man auf Leisten über eine Plastikwanne oder dergl., gießt die Glasur hinein und reibt die Rückstände mit einem Brettchen durch. Kein hartes Material zum Reiben verwenden! Es würde das Sieb durchreiben und die Glasur mit Metallstaub verunreinigen. Beim zweitenmal fließt die Glasur fast von allein durch.

Wir haben nun einen Glasurschlicker vor uns, der etwas dünnflüssiger ist als süße Sahne bzw. Kondensmilch. Die Zusammensetzung ist 1 kg Trockenglasur + 1 l Wasser. Oder anders: In einem Kilogramm dieses Schlickers ist nur ½ kg Trockenglasur enthalten.

Abb. 100 Aufgeschlämmte Glasur wird durch das Glasursieb gerieben.

Die oben beschriebene Konsistenz bleibt jedoch nur wenige Minuten erhalten. Dann sinken die Glasurpartikel langsam zu Boden, so daß nach mehr oder weniger kurzer Zeit die obere Schicht im Eimer aus Wasser besteht. Fritteglasuren sinken etwas schneller ab als Rohglasuren. Mangelhaft aufbereitete bilden sogar einen steinharten Bodensatz! Es ist deswegen notwendig, einen Glasurschlicker ständig vom Eimerboden her in Bewegung zu halten, solange man mit ihm arbeitet (Schöpfkelle, Quirl). Man läuft sonst Gefahr, mit Wasser zu glasieren, oder zum Einfärben einer neuen Glasur (in einem anderen Eimer) Wasser hinüberzuschöpfen statt Glasur. Wenn man feststellt, daß eine Glasur sehr stark absinkt, reduziert man den Wasseranteil ein wenig, muß sich das aber merken!

Die Gründe für alle diese Maßnahmen sind folgende: Die wie beschrieben angemachten Grundglasuren sind in reiner Form ohne weiteres verwendbar. Wenn man sie aber einfärben will, beziehen sich alle Prozentwerte über die Zugabe von Farbkörpern, Asche usw. auf das Gewicht der Trockenglasur und nicht auf das Gewicht des Schlickers.

Man gewöhnt sich deshalb in der Praxis am besten an, ständig einige Eimer der verwendeten Grundglasuren, angemacht im Verhältnis 1:1, auf Lager zu halten. Wenn dann im Gruppenbetrieb eine Farbglasur zur Neige geht oder eine neue entwickelt werden soll, brauchen wir uns mit dem Einweichen und dem Zerkleinern nicht lange aufzuhalten. Die Zeit hat ja das ihre getan! Wir rühren einfach den (Reserve-) Schlicker gut auf und gießen davon z. B. 6 kg in einen Eimer, der auf der austarierten (!) Waage steht. Wir wissen dann, daß wir im Eimer nur 3 kg Trockenglasur haben. (Etwas mehr allerdings, wenn wir das Anmachwasser reduziert hatten!) Dazu geben wir unsere Farbkörper usw.

Zwei Beispiele für unseren Fall (alle Substanzen von Egeling):
    3 kg Grundglasur Gl 338 (transp.-glänzend)
+ 3 % Farbkörper Braunrot = 90 g
+ 4 % Steinkohlenasche = 120 g
(+ 3 kg ohnehin enthaltenes Anmachwasser)
ergeben eine kräftig deckende, braunrot glänzende Glasur bei SK 4a (= ca. 1160° C.)

Oder:
    3 kg Grundglasur Gl 337 (matt deckend)
+ 20 % Steinkohlenasche = 600 g
+ ¼ % Farbkörper Kaffeebraun = 7,5 g
(+ 3 kg ohnehin enthaltenes Wasser)
ergeben eine deckend beige-matte, gesprenkelte Glasur bei SK 4a (= ca. 1160° C).

Die zur Grundglasur gegebenen Zuschläge quirlen wir gut unter. Zur besseren Vermischung gießen wir alles durch das Küchen-Haarsieb bzw. durch das Glasursieb (576 Maschen/cm²). Unterläßt man das intensive Quirlen und Sieben, wird die Glasur zunächst gesprenkelt, bis im Laufe der Zeit die Farbkörperklümpchen von selbst zerfallen. Die Sprenkelung verschwindet, die Färbung wird intensiver.

Anmerkung:
Für Glasuren, die mit hohen Anteilen Asche versetzt wurden, genügt der oben genannte Wasseranteil 1:1 nicht. Sie werden breiig-steif. So auch die zuletzt beschriebene. Es ist deshalb nötig, nachträglich so viel Anmachwasser zuzugeben, daß wir die gewünschte Konsistenz (dünner als Kondensmilch) erreichen. In unserem Fall waren es ca. 250 g je 1 kg Trockenglasur = 750 g.
Natürlich ist es auch möglich, einen Versatz wie oben insgesamt trocken zusammenzuwiegen und dann erst mit Wasser aufzuschlämmen, falls eine angemachte Grundglasur (1:1) nicht zur Hand sein sollte.
Das Prinzip, Anmachwasser und Grundglasur immer im Verhältnis (von etwa) 1:1 zusammenzugeben, hat vor allem auch den Vorteil, daß man eine schon eingefärbte Glasur gezielt verändern kann, wenn sie nicht gefallen sollte: Durch Nachwiegen wird zunächst das Gewicht der Trockenglasur festgestellt. Man weiß, wieviel Prozent an Färbemitteln man zugegeben hatte, man kann also diese Prozentsätze gezielt erhöhen. Man kann sie auch durch Zugabe von uneingefärbtem Glasurschlicker verringern. Voraussetzung ist natürlich, daß man seine Glasuren numeriert und die Versätze in einem Glasurheft notiert hatte! Für die Gruppenarbeit hat es sich als nützlich erwiesen, die zum Gebrauch bestimmten Glasuren mit Standard-Namen zu versehen (Beigematt, Mittelbraun-matt, Hellblau-glänzend usw.). Diese Bezeichnungen mit Markierstift auf den Eimer schreiben (!) und nicht nur auf den Deckel! Der kann vertauscht werden.

Wir brauchen:

Grundglasuren	Küchen-Haarsieb/Passiersieb
Farbkörper usw.	(Glasursieb + Reibebrett)
Wasser	Bohrmaschine + Quirl
Eimer, evtl. Schüsseln	Schöpfkelle
Haushaltswaage	Markierstift
Feinwaage (Diabetikerwaage . . .)	Glasur-Notizheft

Das Anmachen eines Eimers Glasur nach der beschriebenen Weise dauert nur einige Minuten.

Zur Organisation des Arbeitsplatzes beim Glasieren

Wir benötigen:
Die gewünschten, aufgerührten Glasuren im Eimer mit Deckel,
Für jeden Eimer eine Kunststoff-Suppenkelle (Metallkellen korrodieren, sind teuer und verfärben die Glasur),
Für jeden Eimer ein Kunststoff-Henkelgefäß (oder mehrere) zum Begießen und zum Tauchen kleiner Formlinge,
evtl. Trichter (für die Innenglasur von Flaschen usw.),
Rührgerät, Messer, Flach-Pinsel, Schwamm und Wasser in Eimern, Abstellbretter und Abstellfläche, evtl. große Schüssel und Leisten (zum Begießen).

Wenn wir allein arbeiten, ist das Anordnen dieser wenigen Dinge kein Problem. Sowie aber eine Gruppe arbeitet, werden auch die Wünsche vielfältiger, und die Irrtümer summieren sich: Welche Kelle gehört in welche Glasur? Wo gehört der Deckel hin? Was ist denn das für Glasur in dem Henkelgefäß dort? Da hat doch tatsächlich jemand einen Rest Beige in den Eimer mit Braun gekippt! Ich wollte doch Grün darauf haben und nicht Blau! Wer hat mir denn schon wieder den Eimer mit Grün weggenommen?! . . .

Die Folge: Geringe Effizienz beim Lernen in den Bereichen „Organisation von Arbeitsabläufen", „sparsamer Mitteleinsatz", „soziales Ein-, Unter- und Überordnen" und in den allgemeinen Bereichen „Kognitives" und „Psychomotorisches" - bis hin zum Erlernen falscher Strukturen.
Dazu: verdorbene Glasuren, verdorbene Gefäße, Enttäuschung!

Aus diesen Gründen ist es vorteilhaft, „Stationen" räumlich voneinander getrennt einzurichten:
Hier, an diesem Tisch, nur Innenglasur!
Dort nur Hellbraun!
Dort nur . . .
Böden abschwammen, nur an den Tischen dort! Usw.
Jede Station wird mit nur einer Glasurart (bzw. mit Wasser und Schwämmen) ausgerüstet. Dazu gehört der Deckel, der neben dem Eimer liegt. Die Kelle dient zum Aufrühren und Schöpfen. Sonst liegt sie auf dem Deckel. Es können mehrere 1,5-l-Henkelgefäße analog der Gruppenstärke dazugegeben werden. Es wird nicht mit diesen Henkelgefäßen geschöpft! Dazu ist die Kelle da! Dann braucht man noch etwas Platz für die auf Brettern stehenden, geschrühten Gefäße, die nun glasiert, wieder auf den Brettern abgestellt und evtl. wieder ins Trockengestell eingeschoben werden sollen. An einem 10-l-Eimer mit vier kleinen Henkelgefäßen können vier Personen gleichzeitig glasieren. Trichter, Schüsseln, Rührer usw. hält man zentral im Regal bereit.

Eine solche Ordnung muß bindend abgesprochen werden, weil es sonst drunter und drüber geht. Jeder hat ja in der Regel seine eigenen Vorstellungen und Wünsche, so daß Leben herrscht. Die Motivation, sich einzufügen, z. B. dann auch sauberzumachen, ist normalerweise außerordentlich hoch, vor allem, wenn die Folgen von Fehlverhalten prophylaktisch verdeutlicht werden.

Prinzipien beim Ablauf des Glasierens:
Nehmen wir als Beispiel an, es sollen Becher aus weißem Steinzeug glasiert werden, und zwar innen farblos-transparent-glänzend, außen jedoch farbig. Dann ist der Ablauf der folgende:
1. Wir entfernen aus dem Gefäßinneren den Staub durch Ausblasen mit dem Mund (Augen zu!!) oder mit dem Kleinkompressor (s. unten!). Evtl. den Pinsel zu Hilfe nehmen! Staub wirkt wie eine Gleitschicht! Er kann ganze Glasurfetzen dazu bringen, abzurutschen oder sich kugelförmig zusammenzuziehen; denn die Haftung am Scherben ist unterbunden.
2. Wir rühren die farblose Innenglasur mit dem Rührgerät gut auf und füllen aus dem Eimer einige Kellen voll in das Henkelgefäß. Sodann gibt es zwei Möglichkeiten. Entweder wir füllen mit Hilfe des Henkelgefäßes den Becher randvoll mit Innenglasur und gießen sie sofort (!) mit einem kleinen Schwung wieder in das Henkelgefäß zurück, möglichst ohne die Außenseite zu beklecksen. Oder wir füllen den Becher nur etwa zur Hälfte, halten ihn schräg und drehen ihn fortwährend in beiden Händen so, daß bei noch schrägerem Halten die Glasur schließlich über den Rand in den Eimer oder das Henkelgefäß zurückläuft. Auch hierbei versuchen, die Außenseite nicht zu verschmieren! (Was selten ganz gelingt.) In beiden Fällen saugt der poröse Scherben den Glasurschlicker an. Das Anmachwasser kann in den Scherben eindringen, die Glasurteilchen aber bilden auf dem Scherben eine Schicht, die nach dem Ausgießen des letzten Schlickers in wenigen Sekunden trocken gesaugt ist und angefaßt werden kann. Man erkennt das am stumpfen Aussehen.
3. Da wir außen eine Farbglasur aufbringen wollen, stören die Flecken aus Innenglasur. Sie würden sich mit der Außenglasur vermischen und Ungleichmäßigkeiten verursachen. Deswegen wischen wir sie mit einem möglichst trockenen (!), groben Schwamm weg. Manchmal ist das Messer hilfreich. Wenn der Rand Außenglasur tragen soll, muß auch er freigewischt werden. Dazu mit dem flach gehaltenen Schwamm darüberwischen!
4. Zum Aufbringen der Außenglasur fassen wir nun die Gefäße von innen und tauchen sie bis dicht an den Rand in die mit der Kelle frisch hochgerührte Glasur. Die Tauchdauer soll bei den oben beschriebenen Glasuren vier Sekunden nicht überschreiten, weil sonst die Lage zu dick wird und abblättern kann! Evtl. mit einem Kunststoffbecher das Tauchen bis dicht (!) unter den Rand üben und dabei zählen!

Abb. 101
Aufbringen der Innenglasur.

Abb. 102
Aufbringen der Außen-
glasur durch Tauchen.

Abb. 103
Aufbringen der Außen-
glasur durch Beschütten.

5. Wenn die Außenglasur nach wenigen Sekunden angefaßt werden kann, nehmen wir das Gefäß umgekehrt und tauchen auch den Rand, wie oben beschrieben, in die Glasur und stellen das Gefäß zum Trocknen aufs Brett. Achtung: feuchte Glasurstellen greifen sich ab! Das eigentliche Glasieren ist damit beendet.

Anmerkung: Unter „Trocknen" ist hier nicht völlige Wasserfreiheit zu verstehen, sondern nur das Absaugen von Wasser aus der Glasurschicht, bis sie nicht mehr schlammig-feucht-glänzend aussieht und angefaßt werden kann. Der Scherben ist dann natürlich noch feucht. Dieses Wasser wird in der ersten Phase des Glasurbrandes ausgetrieben.

6. Würden wir das Gefäß in dem oben beschriebenen Zustand brennen, so würde es auf der Einbauplatte festglasieren und wäre verloren: Die Standfläche war doch beim Tauchen mitglasiert worden! Außerdem wäre die Platte verdorben und müßte mit Hammer und scharfem Meißel von anhaftender Glasur befreit werden. Bei jedem neuen Brand würden nämlich diese Glasurkleckse wieder weich werden und die darauf stehenden Gefäße ankleben lassen. Eine Kette von Unglücksfällen also!

Es gibt nur zwei Möglichkeiten zur Abhilfe:

a) Man legt die Standfläche des Gefäßes frei, indem man durch flaches Schaben mit dem Messer und anschließend durch flaches Wischen mit dem leicht feuchten Schwamm alle Glasur sauber (!) entfernt. Dabei sollte auch die Glasur am Übergang zur Wand nach oben etwas weggewischt werden, und wenn es nur ein Millimeter ist! Denn Glasur wird ja im Brand flüssig und hat das Bestreben, nach unten zu laufen, und das um so heftiger, je dünnflüssiger sie wird und je dicker sie liegt! Eine „strenge" Glasur, die zudem noch dünn liegt, also zäh ist und wenig Masse hat, bildet keine Gefahr. Da wir aber im Laienschaffen eben keine Fachleute sind, da Einbauplatten teuer sind und weil verdorbene Gefäße zwar Lernmöglichkeiten aber auch unerwünschte Enttäuschungen darstellen, lieber etwas mehr Sicherheit!

Also, den feuchten, sauberen Schwamm flach nehmen, leicht (!) auf den schon sauberen Gefäßboden drücken, einige Male über Kreuz darüberwischen, und schon liegt die Kante ausreichend frei! Man kann das von der Seite sehen. Das ganze Freilegen der Standfläche dauert nur wenige Sekunden. Wenn man anschließend das Gefäß jedoch auf ein mit Glasur verschmiertes Brett stellt, war die Mühe umsonst! Also: Bretter abwischen! Vorsicht übrigens, daß die Außenglasur nicht abgegriffen wird!

b) Das Anbacken im Glasurbrand kann man auch vermeiden, indem man sich das Sauberwischen des Bodens erspart und dafür die Gefäße auf Keramik-Dreifüße setzt. Das Brenngut steht dann auf den drei Spitzen im Brand ohne direkten Kontakt mit der Platte. Solche Dreifüße gibt es in verschiedenen Größen zu kaufen. Statt der Dreifüße können aber auch Kügelchen aus Aufbaumasse oder Scherbenstückchen untergelegt werden.

Abb. 104 Abwischen der Glasur vom Boden.

Die Sicherheit, die man dadurch gegen Anbacken gewinnt, fordert aber ihren Zoll auf andere Weise: Dreifüße werden auf die Dauer teuer. Dreifüße, Masseklümpchen und Scherbenstücke drücken oft den Boden nach oben ein, bzw. sie geben den nicht unterstützten Gefäßteilen die Möglichkeit, nach unten abzusinken. Denn der Scherben wird ja weich! Die Folgen sind Verformungen. Wenn nun auch nicht das Gefäß auf der Platte anklebt, so glasieren sich doch die Dreifüße usw. an der Standfläche fest. Man muß sie abschlagen. Die Dreifüße gehen dabei vielfach zu Bruch und hinterlassen drei kleine Narben, die mit dem Winkelschleifer o. ä. glatt geschliffen werden müssen. Bei der Verwendung von Masseklümpchen oder Scherbenstücken sind die Verletzungen ungleich größer, bis hin zum Bruch des ganzen Gefäßes. Und noch eines: Das Einbauen auf Dreifüßen dauert wesentlich länger! Es fragt sich also, ob man nicht doch lieber einige Sekunden Arbeit aufwenden und die Standfläche sorgfältig abwischen sollte. Wenn man versuchsweise einige noch unsichere Glasuren mitbrennen will, kann man diese Gefäße ja zusätzlich auf Scherbenstückchen stellen. Die kleben dann kaum an. Im übrigen ist es für Glasurbrände dringend notwendig, die Platten mit einer einfachen Schutzschicht zu versehen. Eine Arbeit von wenigen Minuten, die sehr viel Ärger ersparen kann! Siehe dazu den Abschnitt „Glasurbrand"/ Sicherheitsbeschichtung!

171

In Kürze noch einmal der Ablauf:
1. Ausblasen von Staub
2. Innenglasur durch Füllen oder Ausdrehen
3. Abwischen übergelaufener Innenglasur
4. Außenglasur durch Tauchen
5. Evtl. Tauchen des Randes
6. Abwischen der Standfläche (bzw. Bereithalten von Dreifüßen, Masseklümpchen oder Scherbenstücken).

Es ist als gar nicht so schwer. Ein Eingeweihter, der alle sechs Vorgänge hintereinander ablaufen läßt, braucht dazu nur wenig länger als eine Minute. Es ist jedoch schon vorgekommen, daß Lernende zwei volle Tage brauchten! Und nur, weil sie eine ganze Kleinigkeit nicht bedacht hatten, nämlich die begrenzte Saug-Kapazität des Scherbens, oder anders gesagt, die Unfähigkeit des Scherbens, mehr als eine bestimmte Menge Wasser in sich einsaugen zu können. Damit ist folgendes gemeint: Glasieren heißt doch für einen geschrühten Scherben: „Wasser einsaugen und Glasurpartikel draußen als Schicht anlagern"! Das geht so lange gut, wie in den Kapillaren des Scherbens noch Platz für Wasser vorhanden ist. Die Grenze der Saugfähigkeit ist um so schneller erreicht, je dünnwandiger der Formling ist, je dichter er beim Schrühen gesintert ist und je feuchter er bereits war. Alle drei Faktoren bedeuten hier eine Verringerung des Kapillarraumes.

Wenn wir also alle Glasiervorgänge in kurzen Abständen hintereinander vornehmen wollen, dürfen wir den Scherben nicht zu dünn halten, wir dürfen nicht zu hoch schrühen (850-900° C. Auch 800° C genügen schon, dann ist der Scherben aber noch sehr mürbe!). Wir müssen vor allem aber dafür sorgen, daß das Tauchen, Ausdrehen und Begießen nicht zu lange dauert, denn jeder Glasiervorgang mindert die Saugfähigkeit. Auch das Abwischen von übergelaufener Glasur sollte möglichst trocken erfolgen. Man kann an den dunklen Flecken direkt erkennen, wo der Scherben schon nicht mehr so gut saugt.

Beachtet ein Werkender diese einfachen Gesetzmäßigkeiten nicht, dann sieht man plötzlich, wie ein solcher Unglücksrabe verzweifelt versucht, ein schlammig-feucht-glänzendes Gefäß abzusetzen, aber nicht weiß wie, weil er es nicht anfassen kann. Oder er bittet den Gruppenleiter in seiner Not um Rat, wenn er mit seiner Arbeit nicht weiterkommt, weil er das mit Schlicker überzogene Gefäß auch nach 20 Minuten noch nicht anfassen kann. Dann gibt es nur noch eines: Unter der Wasserleitung abwaschen, durchtrocknen lassen und neu glasieren! Darüber vergehen eben manchmal zwei Tage.

Was sollten wir also tun? Einfach dieses:

Die Innenglasur eingießen und sofort ausgießen oder ausdrehen! Ohne Hast, aber eben sofort! Die Außenglasur nur maximal vier Sekunden tauchen! Dabei zählen! Flecken möglichst trocken abschwammen! Evtl. zwischen den

Glasiervorgängen etwas Zeit verstreichen lassen! Wenige Minuten genügen vielfach schon, indem man zuerst alle seine Gefäße innen glasiert und dann erst bei allen mit dem Abschwammen und danach erst mit dem Außenglasieren beginnt. In der Zwischenzeit ist das Wasser schon etwas verdunstet. Möglicherweise auch länger stehenlassen! Und wenn trotzdem das Unglück eintritt? Abwaschen und neu glasieren! So etwas hilft, die Frustrationstoleranz zu erhöhen. Es ist bisher in der Praxis des Verfassers noch nie vorgekommen, daß ein Werkender sein Stück in den Müll geworfen hätte.

Merken wir uns abschließend folgendes:
Die Bildung der Glasurlage, vor allem deren Dicke, ist im wesentlichen abhängig

von der Porosität des Scherbens (Schrühtemperatur!),

von der Dicke des Scherbens,

von der Feuchtigkeit des Scherbens,

von der Konsistenz (Dickflüssigkeit) des Glasurschlickers,

von der Glasierdauer durch Tauchen usw.

Auf alle fünf Faktoren können wir leicht Einfluß nehmen, auch im Sinne von „Lernen".

Einige Fälle, in denen anders glasiert werden kann oder muß:

1. Nur eine Glasur wird verwendet.
Kleinere Gegenstände glasiert man vielfach innen wie außen mit der gleichen Glasur. Dann hält man sie (Näpfe, Schälchen usw.) an einer Stelle des Randes mit zwei Fingern, so knapp wie möglich fest und taucht sie mit einer solchen Bewegung ein, als ob man Glasur aus dem Eimer schöpfen wollte. Nach längstens vier Sekunden müssen sie mit der gegenläufigen Bewegung wieder herausgehoben sein, so daß die Glasur aus dem Gefäß wieder auslaufen konnte. Anschließend setzt man es auf dem Arbeitsbrett wieder ab und betupft die Fehlstellen, die durch das Anfassen entstanden sind, mit etwas Glasur (Pinsel oder Fingerspitze). Die Unebenheiten verlaufen beim Brennen. Kleine Teller faßt man genauso, taucht sie einfach senkrecht ein und bessert die Fehlstellen wie beschrieben aus. Man kann auch links und rechts anfassen, waagerecht oder schräg eintauchen oder durchziehen, hat dann aber an beiden Seiten Fehlstellen. Für größere Teller muß man zum Tauchen die entsprechende Menge Glasur im ausreichend großen Eimer haben. Wenn man Fingerspuren vermeiden will, kann man Hilfsmittel aus Draht herstellen, die die Teller o. ä. halten. Man kann z. B. drei Drahtstücke jeweils an einem Ende umbiegen zu einer Kralle, die um den Tellerrand greift. Die anderen Enden führt man zusammen und verdrillt sie. Dann hängt der Teller horizontal in dieser dreifachen Aufhängung. Man taucht etwas schräg ein, und die Fehl-

stellen sind minimal. Damit der Teller beim Tauchen nicht wegschwimmt, drückt man ihn mit einem Drahtstück nach unten, so daß er fest in der Aufhängung sitzt. Es gibt auch speziell geformte Glasierzangen, die Fehlstellen klein halten.

2. Tauchen zur Hälfte, Beschütten.

Wenn die Glasurmenge zu gering ist, gibt es nur zwei Möglichkeiten.

a) Entweder man taucht erst die eine, und - wenn man wieder anfassen kann - auch die andere Hälfte (z. B. bei hohen Vasen, Tellern, Schüsseln usw.). Der Nachteil ist, daß man beim zweiten Tauchvorgang über die erste Glasurlage hinweg tauchen muß. Dort liegt dann jedoch, wie eine Naht, die Glasur doppelt dick. Das sieht man meist als einen kräftiger eingefärbten Streifen. Nur bei der Verwendung von uneingefärbter, glänzender Glasur und hellem Scherben oder bei vollständig deckender Glasur fällt das nicht so auf. Durch vorsichtiges Wegschaben der Verdickung kann man die Erscheinung etwas mildern.

b) Die andere und am häufigsten praktizierte Möglichkeit besteht im Begießen mit der Kelle oder dem kleinen Henkelgefäß. Wenn eine Innenglasur erwünscht ist (und das ist die Regel), dann erst diese wie bekannt aufbringen (Ausdrehen usw.). Dann das Gefäß in der einen (trockenen ! ! !) Hand, Öffnung schräg nach unten, über den Eimer oder eine Schüssel halten und bahnenweise nach und nach begießen. Dabei mit der trockenen Hand immer dorthin umgreifen, wo die Glasur schon angefaßt werden kann. Das ist meist leichter gesagt als getan. Man sollte sich deshalb vorher genau überlegen, in welcher Reihenfolge man am besten vorgeht. Man sollte sogar das zu glasierende Stück zunächst einmal probeweise wie geplant fassen und mit der leeren Kelle „so tun als ob . . .", um zu erkennen, ob es auch wirklich so gehen wird. Größere Schüsseln usw. lassen sich schlecht halten. Man legt sie umgestülpt auf zwei Leisten über eine Auffang-Schüssel und beschüttet (siehe Abbildung!).

In vielen Fällen läßt sich Tauchen und Beschütten auch kombinieren. Es gilt, etwas findig/kreativ zu sein.

Genau wie beim Zweifach-Tauchen entstehen natürlich auch beim Beschütten doppelte und sogar dreifache Glasurlagen, denn die Gießbahnen überlagern sich. Das führt auch hier (Ausnahmen siehe oben!) zu meist sichtbaren Streifen: Zeichen von redlichem Bemühen durch Handarbeit! Warum sollte man das verleugnen? Im Gegenteil! Wenn man die Lage der Gießbahnen etwas plant, kann das ausgesprochen attraktiv und ursprünglich aussehen. Diese Besonderheiten kann man nicht kaufen, sie entstammen der Bemühung des Einzelnen. Sie können deshalb auch therapeutisch wirksam sein im Sinne von Identifikation mit der eigenen Arbeit.

3. Spritzen/Sprühen

Die Industrie kann so natürlich nicht arbeiten. Es ist zu teuer, und außerdem wünschen die Kunden normalerweise gleichmäßige Glasuren. Man benutzt deswegen in aller Regel auf einem Gefäß auch nur eine Glasur, man verfügt über die entsprechend großen Glasurwannen zum Tauchen oder man versprüht die Glasur in geschlossenen Kammern und läßt die Ware auf Transportbändern durch den Sprühnebel laufen. Das ergibt gleichmäßige Glasurlagen. Wenn wir auch solche aufwendigen Anlagen nicht haben, sprühen können wir. Wir dürfen jedoch nur Spritzgeräte benutzen, die an einen Kompressor angeschlossen sind, die also die Glasur durch strömende Luft ansaugen und versprühen. Die üblichen kleinen Farbspritzpistolen sind unbrauchbar! Sie drücken nämlich das Sprühgut (Farbe usw.) mittels eines kleinen Kolbens, elektrisch betrieben, durch die Düse. Dieser kleine Kolben wird beim Versprühen von Glasur durch die winzigen Glas- und Quarzpartikel innerhalb von wenigen Stunden abgeschliffen. Die Kompression sinkt stark ab, das Gerät ist unbrauchbar und muß repariert werden. Anders die Kompressorgeräte. Sie nutzen sich praktisch nicht ab.

Die kleinsten Kompressorgeräte werden durch normale Bohrmaschinen angetrieben. Vom Kompressor führt der Druckschlauch zur Spritzpistole mit dem oben oder unten sitzenden Becher für das Sprühgut. Diese Kleinstgeräte besitzen keinen Windkessel (= Vorratsbehälter für Druckluft), müssen also ständig laufen und machen dabei erheblichen Lärm. Aber es funktioniert.

Als sehr brauchbar für den Gruppenbetrieb hat sich ein elektrisch betriebener, solider Kleinkompressor mit Windkessel erwiesen. Er läuft zuverlässig, wartungsarm, leise und eben nur dann, wenn der Druck im Windkessel stark nachläßt. Es entfällt vor allem auch das lästige Montieren der Bohrmaschine, die man möglicherweise zum Quirlen braucht.

Zum Preis: Man kann unter Vorbehalt rechnen, daß der eben beschriebene Kleinkompressor mit Windkessel doppelt so viel kostet, wie ein Kleinstkompressor mitsamt der Bohrmaschine.

Zum Spritzen selbst:

Die Ecke im Werkraum, in der gesprüht wird, sollte man organisieren unter dem Motto „Das meiste geht daneben!" Wir brauchen also eine Spritzkabine (die möglichst nichts kostet). Wir selbst haben uns dazu ein kleines Gerüst aus Latten zusammengenagelt, an das wir mit einigen Wäscheklammern oben eine Plastikfolie anklammern, die unten frei in einer Plastikschüssel hängt. In dieser Schüssel steht eine normale Tisch-Ränderscheibe, auf die wir das zu sprühende Gefäß stellen, drehen und von allen Seiten spritzen können. Ärmel hochkrempeln! Nur geradeaus in Richtung Kabine sprühen! Die danebengehende Glasur fließt in die Schüssel und ist nicht verloren.

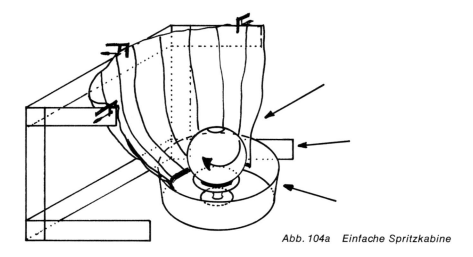

Abb. 104a   Einfache Spritzkabine

Folgendes beachten:
Die Glasur muß klumpenfrei sein. Vorher durchs Sieb gießen! Wenn eine andere Glasur versprüht werden soll, vorher die Schüssel leeren und dazu Plane und Ränderscheibe abspülen. Gefahr, daß sonst in der Schüssel ein Glasurmischmasch entsteht! Anfrage an die Gruppe: Wer will jetzt Grün spritzen? Usw. . . . Die Glasur liegt zunächst sehr dünn! Um deckendes Färben zu erreichen, muß mehrfach übereinander gespritzt werden.
Mit dem Nagel einritzen, um die Schichtdicke erkennen zu können! Auch gleichmäßig zu sprühen, will gekonnt sein! Bei zu dünner Lage wird die Glasur wolkig.
Es ist nicht gesundheitsfördernd, Glasurnebel einzuatmen. Prinzipiell, man kommt in der Laienarbeit in den meisten Fällen auch ohne Sprühgerät aus.

4. Laufglasuren
Außerordentlich reizvolle Glasurerscheinungen erhält man, wenn man Glasuren übereinander aufbringt, die verschiedene Garbrandtemperaturen haben. Die dünnflüssigere dringt dann während des Brandes in die zähflüssigere ein, vermischt sich mit ihr und läuft auch etwas nach unten ab. Daher der Name „Laufglasur" für die dünnflüssigere. Die zähflüssigere hat zusätzlich die Aufgabe, am unteren Teil des Gefäßes diese Laufglasur aufzufangen, um sie daran zu hindern, gänzlich nach unten und auf die Einbauplatte zu laufen. Daher der Name „Auffangglasur" oder „Standglasur".
Wir selbst benutzen seit langem für diese Art zu glasieren, eingefärbte Steingut-Grundglasuren-1050° als Laufglasuren, sowie eingefärbte Steinzeug-Grundglasuren-1160° als Standglasuren auf einem weißen Scherben aus 40

Teilen Vitreous-China-Masse-1140° + 60 Teilen Feinsteinzeugmasse-1150/
1200° (alles von Egeling/Bad Hersfeld). Der Glasurbrand erfolgt bei 1160° C
(SK 4a). Es gibt also gar keinen übermäßigen Aufwand: Der Standard-Scher-
ben für unsere Arbeitsgruppen ist der oben angegebene für 1160° C. Die
ohnehin dazugehörigen Glasuren mit der gleichen Garbrandtemperatur sind
die Steinzeugglasuren für 1160° C. Wer Laufglasurwirkungen erzielen will,
der benutzt eben zusätzlich einige im Regal stehende Steingutglasuren für
1050° C. Dann erfüllen unsere Normal-Glasuren für 1160° C hier zusätzlich
die Funktion einer Auffangglasur. Das ist organisatorisch alles. (Da wir unsere Aufbau-Keramik ebenfalls bei 1160° C/SK 4a brennen, und die Massen
vom gleichen Hersteller beziehen, benutzen wir auch dazu die oben genannten Glasuren. Einfacher geht's nicht.)

**Zum Glasieren mit Laufglasuren gibt es im Prinzip nur eine Regel. Die ist
allerdings fundamental:**

Es muß so glasiert werden, daß in einem genügend breiten Sicherheitsstreifen
am unteren Teil des Gefäßes die Auffangglasur rein und unvermischt sitzt, so
daß sie tatsächlich den Glasfluß auffangen kann, der von oben kommt! —
Oben hat man die Freiheit, eine Laufglasur solo, aber auch über oder auch
unter eine Standglasur zu legen. Das spielt keine Rolle. Eben nur unten muß
die Standglasur solo sitzen, und zwar genügend breit!
Was heißt nun „genügend breiter" Sicherheitsstreifen?
Das Ablaufen einer Glasur ist abhängig von mehreren Gegebenheiten. Eine
Glasur fließt um so heftiger ab, je steiler die Wand ist, je dicker die Glasur
liegt (je größer also die Masse ist), und je stärker wir ihre normale Fließtem-
peratur überschreiten. (Dazu kommt noch, daß auch die zusätzlichen chemischen Reaktionen während der gegenseitigen Durchdringung für eine
Änderung der Viskosität sorgen können.)
Die oben genannten Glasuren sind vom gleichen Hersteller und besitzen
immer gleiche Fließeigenschaften. Zusätzlich wissen wir, daß wir die Steingutglasuren um etwa 100° C überhitzen. Das ist erheblich. Was hier, an dieser
Stelle nicht in Rechnung gestellt werden kann, sind die Steilheit des Scherbens und die Dicke der Glasurlage. Damit muß jeder Einzelne fertig werden
durch Probieren und Erfahrungsbildung. Das ist gar nicht so schwierig: Ganz
narrensichere Proben kann man herstellen, wenn man Laufglasuren ins Innere
von Schälchen, Schüsseln oder Tellern laufen läßt. Wenn man mit Proben
auch außen beginnt, sollte man zunächst sehr vorsichtig anfangen: Die Laufglasur nur 1-2 Sekunden tauchen und den Sicherheitsstreifen etwas breiter,
4-5 cm halten! Tauchdauer und ursprüngliche Breite der Standglasurlage
sollte man sich merken. (Auf dem Boden der Probe eine Nummer einritzen,
und im Heft die Werte notieren!) Dann kann man mutiger werden.

Diese Erfahrungsbildung wird natürlich verhindert, wenn man beim Anmachen der Glasuren die Wasserzugabe nicht konstant einhält, also unterschiedliche Dickflüssigkeit hat, die Schrühtemperatur wahllos ändert, Glasuren von anderen Herstellern zwischendurch verwendet oder gar untermischt usw. Man muß also mit System vorgehen!

Auch eine schmale, über die Standglasur hinweg bis zum Boden gelaufene Bahn Laufglasur kann sich u. U. unerfreulich auswirken! Wegschaben! Sie bahnt sonst für die oben sitzende Laufglasur den Weg nach unten und läßt das Gefäß ankleben! Die Werkenden in einer Gruppe sollten das sehr genau wissen! Am wirkungsvollsten ist es, so etwas an einem verunglückten Stück aus dem Archiv zu demonstrieren. Gruppenleiter sollten prinzipiell aus allen Arbeitsphasen fehlerhafte Stücke sammeln, um sie nach vorangegangenen hypothetischen Überlegungen, nach Empfehlungen, nach sorgenvollen Fragen usw. als konkrete Folgen vorzeigen zu können. Es muß ja nicht immer wieder dasselbe falsch gemacht werden! Es gibt eben Zwänge, die man nicht ungestraft übersehen darf, und man kann hier lernen, Vertrauen zu haben zu einem, der es tatsächlich besser beurteilen kann. Dazu helfen solche Archiv-Stücke nötigenfalls als Nachweise.

Die Motivation jedenfalls, sich an die o. a. Regel zu halten, ist stets erheblich, das Aha-Erlebnis, vor allem beim Ausbau des Ofens tiefgehend.

Die im Farbbild IV* gezeigten Laufglasuren auf der Umschlag-Rückseite sind folgendermaßen entstanden:

Scherben: Mischung Halbporzellan/Feinsteinzeug = 40:60
wie oben beschrieben (Egeling), Garbrand SK 4a (1160° C)
Auffangglasur: Egeling Nr. Gl 338 (transp.-glänz. für 1160° C)
eingefärbt mit 1 % Kaffeebraun + 8 % Basaltmehl + 10 % Steinkohlenasche
Laufglasuren: Egeling Nr. Gl 329 (weiß-glänz. für 1050° C)
eingefärbt jeweils mit 4 % Farbkörper Gelb, Braunrot, Blau bzw. Laubgrün.
Der Ablauf des Glasierens für diese Proben:
1. Innenglasur: Egeling Gl 328 (transp.-glänz. für 1050° C)
durch Ausdrehen (verläuft sehr glatt)
2. Laufglasur: Umgekehrt tauchen, 3-6 cm tief, 4 Sek. lang
3. Auffangglasur: Mit dem Boden nach unten (also richtig herum) tauchen, möglichst bis zum Rand, 2 Sek. lang
4. Rand: In Auffangglasur umgekehrt tauchen, 0,5-3 cm tief, 1-2 Sek. lang
Gesamtdauer des Glasierens ca. eine Minute.
Glasurbrand (Garbrand) bei SK 4a (ca. 1160° C).
Die Laufglasur ist bei diesen Proben unter der Auffangglasur aufgebracht. Bringt man sie darüber auf, erhält man ein ganz anderes Bild. Es sind auf der Abb. die Durchdringungen zu sehen und z. T. auch die Laufstrecken. Die Vielfalt der Kombinationen ist unerschöpflich. (Rezepte von der Firma Egeling/Bad Hersfeld auf Anfrage!)

Umschlag-Rückseite rechts unten. Text Seite 4.

Es ist einzusehen, daß man diese erfreulichen Möglichkeiten nur dann nutzen kann, wenn man wie beschrieben im Steinzeugbereich brennt und dann die Steingutglasuren als Laufglasuren verwenden kann. Gleichzeitig hat man einen wasserdichten Scherben. Und noch eines: Wir erwähnten oben, im Abschnitt über „Tauchen zur Hälfte, Beschütten" die manchmal unerfreulichen Überlagerungen der Glasurlagen. Wenn man auf solche „Nähte" eine Laufglasur aufbringt, verlaufen sie und verschwinden unter der neuen Struktur. Dieses Verfahren kann man sogar zu einem Prinzip vielfältiger persönlicher Freiheiten erheben.

5. Unterglasurmalerei

Dazu sind die bereits erwähnten Farbkörper preisgünstig und in vielen Farben zu verwenden. Man mischt sie innig, z. B. in einer Reibschale mit dem gleichen Gewichtsteil einer Glasur aus demselben Temperaturbereich, bei dem nachher der Garbrand erfolgen soll. Bei gleichzeitiger Zugabe von wenig Wasser erhalten wir nichts weiter als eine zu 100 % eingefärbte Glasur. Konsistenz wie süße Sahne und dünner. Die trägt man mit Pinseln unterschiedlicher Form und Stärke dünn (!) auf den bereits geschrühten Scherben auf. Vorsicht! Zügig malen, denn der Scherben saugt den Pinsel schnell trocken, und es gibt Verdickungen! Anschließend transparent überglasieren und brennen! Die Malerei liegt dann geschützt unter der Glasur. Im Gefäß eingetrocknete „Unterglasurfarbe" kann man mit Wasser natürlich wieder flüssig machen. Man kann auch eine Kleinigkeit Traubenzucker zugeben, dann klebt die Farbe etwas besser auf dem Scherben. Wenn man zum Anteigen der Farbkörper versehentlich eine niedriger brennende Glasur genommen wurde, besteht die Gefahr des Ablaufens und Verschwimmens der Konturen!

6. Aufglasurmalerei

Das zu bemalende Gefäß muß den Glasurbrand bereits hinter sich haben. Erst dann wird es bemalt und ein zweites Mal sehr viel niedriger gebrannt. Dabei schmelzen die Aufglasurfarben ein wenig in die Oberfläche der eigentlichen Glasur ein. Man stellt diese Farben aus den bereits bekannten Farbkörpern her, denen man die etwa dreifache Menge einer wesentlich niedriger brennenden Glasur zugibt (z. B. um 850° C). Das Ganze darf man nun aber nicht etwa mit Wasser anrühren, sondern man muß als Malmittel eine auf Glas haftende Flüssigkeit benutzen. Das sind ätherische Öle, die verhältnismäßig schnell verdunsten und die Farben einigermaßen griffest auf der Glasur halten. Zu diesen Ölen gehören neben anderen Terpentinöl, Nelkenöl, Anisöl, Lavendelöl. Nur so viel zusetzen, daß die Farbe nicht läuft! Angemachte Farben nach dem Gebrauch verschließen, damit sie nicht andicken!

Verdünnen mit einigen Tropfen Testbenzin! Bezug: Einschlägige Geschäfte, Apotheken, Drogerien. (Siehe auch das Buch: Porzellanmalschule von Rudolf Lumm - TOPP-Nr. 803.)

Nach dem Abtrocknen erfolgt das Einbrennen, eigentlich also ein zweiter Glasurbrand, nun aber um einige hundert Grad niedriger (z. B. bei 850° C) als der erste (z. B. bei 1160° C). Die Farben schmelzen durch die darin enthaltene Glasur (= „Feuerkitt") oberflächlich auf und reagieren dabei chemisch mit der darunterliegenden, die nicht schmilzt bzw. nur ein wenig weich wird. Sie sind aber nun dem direkten Zugriff bei der Benutzung und Reinigung ausgesetzt und sind außerdem wegen des relativ weichen Feuerkitts (nur 850° C) verstärkt dem Abrieb ausgeliefert, im Gegensatz zu den Unterglasurfarben. Der Vorteil: Es können sehr feingliedrige Strukturen aufgemalt werden, weil die darunterliegende, fertig gebrannte Glasur den Pinsel nicht trockensaugt, so daß man zum Malen Zeit hat.

7. Engobieren

Der Ausdruck kommt aus der französischen Handwerkssprache: engober la pâte heißt, die Töpferware (einen noch weichen Formling) angießen oder begießen. Im Maurerhandwerk bedeutet gobetage soviel wie Bewerfen und Bestreichen.

Damit ist die Möglichkeit gemeint, einen farblich unschönen, einen unreinen oder einen fade-eintönigen Scherben auf sehr billige Weise durch Begießen/ Bestreichen/Bemalen/Betupfen schöner zu gestalten, zu ornamentieren, zu verzieren, aufzugliedern usw. Die Engobe ist im Prinzip nichts weiter, als ein von Natur aus oder absichtlich eingefärbter Ton-Schlicker oder der Schlicker einer keramischen (Qualitäts-) Masse, z. B. eine normale Gießmasse. Solche Massen kann man in den Farben Weiß, Braun, Rot kaufen. Man kann auch weiße Massen mit Farbkörpern einfärben. Das Ganze wird dünn aufgeschlämmt (Konsistenz wie Kondensmilch) und durch das Sieb gegeben.

Der Formling muß zum Engobieren im lederharten, ungebrannten und bereits fertig abgeschwammten Zustand vor uns stehen, notfalls im Plastikbeutel aufheben. Sehr schwindungsarmes Gut kann auch vorher durchgetrocknet sein, wenn man nur bemalen will.

Falls der Formling insgesamt überdeckt werden soll, wird er wie beim Glasieren behandelt: innen durch Ausdrehen, außen durch Tauchen oder Beschütten. Aber Vorsicht! Ungeschrühte Formlinge sind zerbrechlich und werden schmierig! Pausen beim Abtrocknen einlegen! Nach dem Engobieren kann man u. U. Muster einritzen oder einschaben. Dann scheint die ursprüngliche Scherbenfarbe durch. Es wäre aber ein technologischer Witz, Geschirr aus roter Masse herzustellen, um es anschließend weiß zu engobieren, nur weil man es weiß haben möchte. Das kann man einfacher haben, indem man gleich weiße Masse benutzt, über die wir heutzutage überall verfügen können. Früher mußte man mit der im heimischen Umland gefundenen Tonmasse zufrieden sein, und die war in der Regel braun, rot bis unansehnlich gelb und grau. Weiße Massen waren selten, kamen meist von weit her und waren entsprechend teuer, so daß man sie sich nur als dünnen, geschickt aufgebrachten Überzug leisten konnte.

Technologisch sinnvoll ist das Bemalen mit dem Pinsel, mit dem Malhörnchen (bzw. mit einem Gummiball + Glasröhrchen oder einer Arzneimittel-Pipette). Auch das Stempeln z. B. mit dem Kartoffelstempel ist möglich.

Die weitere Behandlung ist klar: trocknen, schrühen, mit transparenter Glasur glasieren, Glasurbrand.

Zum Schluß:

a) Geschrühte Gefäße sollte man bald (!) glasieren. Sie beginnen schon nach dem Ausbau aus dem Ofen zu verstauben, und Staub ist einer der ärgsten Feinde beim Glasieren. Er bildet eine Isolier- und Gleitschicht zwischen Scherben und Glasurlage, so daß eine nur ungenügende Haftung entsteht. Die Folgen sind ein Abblättern, oft noch vor dem Brand, Zusammenrollen der Glasur zu Tropfen, Fehlstellen, Glasurtropfen auf den Einbauplatten. Wenn man nicht gleich zum Glasieren kommt, die Gefäße im Karton oder im Schrank aufheben.

b) Trotz aller Begeisterung sollte man die Stücke vor dem Glasieren so wenig wie möglich anfassen, und wenn, dann nur mit sauberen Händen. Gips- und Massereste, Kreide und Butter auf dem Scherben ergeben einmalige, aber recht ungewollte Glasureffekte, weil dort die Glasur nicht haftet. (Übrigens, man kann den geschrühten Scherben vor dem Glasieren gezielt mit Wachs bemalen. Diese Stellen nehmen beim Tauchen keine Glasur an und erscheinen nach dem Brand als Ornament.)

c) Im Glasurpulver ist in aller Regel ein kleiner Prozentsatz Tonsubstanz (z. B. Kaolin) enthalten. Sie hilft, die Glasurteilchen im Schlicker in der Schwebe zu halten und zum anderen nach dem Tauchen usw. die Glasurlage als Schicht zu festigen und am Scherben anliegen zu lassen. Manche Glasuren sind aber recht arm an Tonsubstanz, werden nach dem Aufbringen pulverig und greifen sich leicht ab. Auch Laufglasuren haften schlecht darauf, weil sie wie Staub wirken. Um das zu vermeiden, kann man den Glasuren eine kleine Menge Tapetenkleister zusetzen. Auf ein kg Trockenglasur können einige Gramm trockener Kleister zugegeben werden. Den Kleister vor der Zugabe nach der Gebrauchsanleitung klumpenfrei rühren.

d) Gelegentlich wird das sogenannte „Rohglasieren" empfohlen. Dazu nimmt man den knochentrockenen, ungeschrühten, also „rohen" Formling und glasiert ihn wie beschrieben. Man spart dann einen Brand. Es eignet sich aber nicht jede Masse für dieses Verfahren, und außerdem ist jeder rohe Formling sehr empfindlich. Es gibt viel Bruch. Deswegen wird für die hier zur Debatte stehenden Situationen davon abgeraten.

Notwendige Werkzeuge und Werkstoffe:
Siehe Anfang des Kapitels und im Text der einzelnen Abschnitte!

Zum Glasurbrand:

Die Gefäße können sofort in den Ofen eingesetzt werden. Wenn wir mit *bekannten und betriebssicheren* Grundglasuren gearbeitet und den Rand etwas freigewischt haben, können wir sie direkt auf die *engobierten* Platten setzen (siehe unten). Zwischen den Gegenständen mindestens 2—3 mm Raum lassen, weil sie sonst aneinander festschmelzen. Die Glasur nicht abgreifen! Evtl. den Segerkegel setzen, langsam bei geöffneten Schiebern anheizen bis etwa 200 °C, um das aufgesaugte Wasser auszutreiben, dann die Schieber schließen und zügig bis zur Endtemperatur durchheizen. Anschließend bis unter 100 °C abkühlen lassen (Quarzsprünge!).

An dieser Stelle sei noch einmal eindringlich an das Problem der „Temperatur"-Messung erinnert (siehe dort)! Wer wirklich gezielt und sicher glasieren will, sollte trotz aller modernen Technik nicht auf das Einsetzen von Segerkegeln (SK) verzichten: Nur mit ihnen kann Scherben- und Glasurbildung tatsächlich gemessen werden, weil sie sowohl die Temperaturhöhe als auch die Zeit der Einwirkung dieser Temperatur durch ihre Neigung anzeigen. Wir haben bei teuren, fabrikneuen, von renommierten Firmen gelieferten Meßgeräten, die sogar mit Digitalanzeige ausgestattet waren, bis zu 80° C Unterschied (!) gegenüber der Anzeige durch Segerkegel gehabt! Diese Fernthermometer waren keineswegs defekt. Sie zeigten richtig an: Die augenblicklich am Thermo-Fühler anliegende Temperatur. Sie konnten uns aber nicht sagen, ob die Zeit ausgereicht hatte, die Glasur glatt fließen zu lassen. Welches Thermometer auf dieser Erde kann so etwas schon? Der Segerkegel kann es! Wer seine Glasuren sicher brennen will, sollte deshalb das Abschalten des Ofens nur dann der Automatik überlassen, wenn er sie mehrfach mit dem Segerkegel geeicht hat.

Auch beim Einbau zum Glasurbrand gelten sinngemäß die bereits bekannten Prinzipien:

a) Die Gefäße nach hoch und niedrig sortieren! Überblick genügt!
b) Niedriges nach unten, Hohes nach oben!
c) 3 Stützen stellen!
d) Gefäße dürfen sich nicht berühren! Aber Raum ausnutzen!
e) Vor dem Einsetzen nachschauen, ob der Gefäßboden wirklich sauber ist! Evtl. Dreifüße oder dergl. bereitstellen!
f) Von den Wendeln wegbleiben! Gefährdete Gefäße mehr in die Mitte!
g) Ebene und beschichtete Platten verwenden!
h) Beim Einbau keine Glasur abgreifen! Abgefallene Glasurfetzen noch vor (!) dem Brand aus dem Ofen! Gefäß ausbessern! Löcher werden größer, nicht kleiner!

Ein Wort zur Sicherheitsbeschichtung der Einbauplatten:
Durch herunterlaufende Glasur oder festhängende Gefäße werden die Einbauplatten verdorben! Zum einen werden sie uneben, zum anderen wird die Glasur bei jedem folgenden Brand wieder flüssig und läßt eingebaute Gefäße erneut ankleben. Die Folgen sind verständlicherweise höchst ärgerlich!
Abhilfe: Wir stellen eine Engobe (von engober = frz. beschütten) aus den Anteilen
1 kg Kaolin + 1 kg Quarzmehl + 2 kg Wasser (evtl. + Flußmittel/s. u.!) her, indem wir alles zusammengeben und mit dem Quirl mischen. Wir legen unsere Einbauplatten vor dem Brand flach hin und tragen mit einem Spachtel oder einem breiten Pinsel eine ca. 1 mm starke, ebene (!), gut deckende Schicht auf eine Seite auf. Manche Platten saugen dabei den Schlicker schneller trocken, als wir ihn verteilen können. Dann die Platte vorher mit dem Schwamm anfeuchten! Die Ränder der Platte wieder sauberkratzen, sonst fallen Krümel der Engobe später in die darunter stehenden glasierten Gefäße!
Die Beschichtung besteht aus Substanzen, die bei unseren Temperaturen nicht schmelzen. Sie sitzt also verhältnismäßig lose, wie eine Oblate, als Isolierschicht auf den Platten und hindert herunterlaufende Glasur daran, mit der eigentlichen Platte Kontakt zu bekommen und festzubrennen. Glasurkleckse und festhängende Gefäße lassen sich dann relativ leicht abheben, ohne daß die Platte selbst beschädigt wird. Falls die Beschichtung zu dünn war, läuft die Glasur aber hindurch, und dann hilft nur noch der Meißel. Die Fehlstellen müssen gelegentlich neu ausgespachtelt werden. Eine Arbeit von wenigen Minuten. Frisch beschichtete Platten können benutzt werden, sowie der Schlicker nicht mehr schmierig ist (nach wenigen Sekunden). Die Beschichtung ist einfach vorzunehmen, sie hält viele Brände aus und erspart Ärger, Enttäuschung und Kosten!

Falls die Engobeschicht etwas zu pulverig sein sollte und schlecht auf der Platte haftet, gibt man zum o. a. Versatz zusätzlich 50 g weißes Tonmehl oder bis 50 g einer weißen hochbrennenden Gießmasse zu und quirlt die Zugabe sehr gut unter (!) Wir haben dann in unserem Schlicker dank dieser Zugabe eine ganz geringe Menge Flußmittel (also Glasmehl, Feldspat oder dergl.), das unsere Beschichtung besser auf der Platte festhält und das auch die Schicht selber etwas griffester werden läßt. Aber nicht übertreiben! Sonst geht der Sinn der Beschichtung verloren. Vorsichtig ausprobieren!

Gelegentlich findet man in der Literatur die Empfehlung, man solle die Platten nach dem Einsetzen mit Kaolinpulver oder mit Quarzsand bis zu 4 mm dick bestreuen. Dadurch werden aber zum einen die Platten uneben. Zum zweiten werden beim Bestreuen der neu eingesetzten Platte die bereits unten einge-bauten Gefäße mit Sicherheit teilweise mit bestreut und die Glasuren ver-dorben. Zum dritten laufen flüssige Glasuren verhältnismäßig leicht durch eine lose Sandschicht. Zum vierten müßte man bei jedem Brand die Platten neu bestreuen, und wer weiß, wie eng es in einem Ofen ist, wie schwer die Platten ohnehin zu handhaben sind und wie lange das Einsetzen sowieso dauert, und . . .? Es ist nicht gut einzusehen, wie so etwas funktionieren soll. — Beschichten ist sicherer, leichter, schneller . . . !

Häufige Fehler beim Glasieren:

Abrollen der Glasur	durch verschmutzte Gefäße; Fett durch häufiges An-fassen, Staub usw.; durch zu dicke Glasurlage, fal-sche Glasur; „Zusammenrollen" auf Staub zu Tropfen.
Glasurverdickungen	durch zu langsames Glasieren und entsprechend dicke Auflage, durch zu dicken Glasurbrei, durch mehrfaches Übergießen oder Tauchen.
Anbrennen im Ofen	durch Glasurreste an der Standfläche, durch zu dickes Glasieren, durch Herunterlaufen von nicht be-triebssicherer Glasur, durch zu hohe Brandführung.
Löcher in der Glasur	durch Abgreifen, Abschürfen, durch aufliegenden Staub.

G Hinweise zum Herstellen mehrteiliger Gußformen (Matrizen)

Die Modelle von bauchigen Vasen, von bauchigen Kannenkörpern, von Dosen mit Falz, von Flaschen, von zugewölbten Schälchen usw. lassen sich aus einer einteiligen Matrize nicht herausziehen. Auch die entsprechenden Formlinge würden sich nicht entnehmen lassen. Solche Matrizen müssen mehrteilig hergestellt werden. Bisweilen genügt Zweiteiligkeit, oft ist Drei- oder Vierteiligkeit erforderlich oder aber wünschenswert, wenn dadurch der Vorgang erleichtert wird.

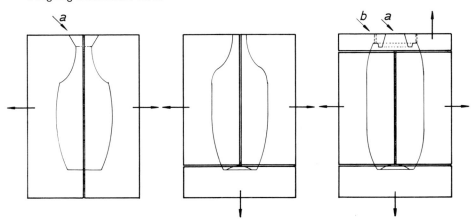

Abb. 105 *Schema: Mehrteilige Gußformen (Matrizen).*
  a = Eingußöffnung, evtl. trichterförmig ausgearbeitet, um nicht so oft Masse nachgießen zu müssen (= „Schonung").
  b = Entlüftungskanälchen, damit die Masse in den Falz steigen kann.

Stellvertretend für andere Gegenstände verfolgen wir das Problem am Fall einer Vase:
Für eine zweiteilige Gußform bauen wir zunächst einen Rahmen aus Holz (Spanplatte, Brett usw.), der so groß ist, daß das Modell an allen Seiten ca. 3 cm Platz hat. Dann wird auch die Matrizenwandung stark genug werden. Die Seitenbretter werden wie üblich dünn *mit Formenschmiere* eingerieben (32) und mit Nägeln leicht zusammengeheftet, so daß der Rahmen wieder zerlegt werden kann. (Es hat sich als arbeits- und materialsparend erwiesen, für den Schulbetrieb Norm-Umrandungen zurechtzuschneiden, deren Teile immer wieder benutzt werden können!)
An unserem Modell haben wir inzwischen die obere und die untere Öffnung, die von der herausgezogenen Welle herrühren, verschmiert und haben zumindest oben einen Dübel eingegipst. Er kann aus Holz sein, man kann

aber auch sehr vorteilhaft Kunststoffdübel verwenden, wie sie zum Einlassen in Wände usw. benutzt werden. Wie wir gleich sehen werden, ist es bisweilen besser, auch im Boden einen Dübel einzugipsen. Dann zeichnen wir von unten nach oben rings um das Modell die Mittellinie an oder markieren einige Punkte, bis zu der das Modell eingegossen werden muß. Dazu das Modell senkrecht hinstellen, einen Anschlagwinkel davor aufstellen, daran vorbeivisieren und die entsprechenden Punkte auf dem Modell anzeichnen. Anschließend wird das Modell, wie beschrieben, konserviert. Wer genau arbeiten will, markiert *an der Innenseite der Umrandung mit einigen Strichen,* wie hoch der Gips beim ersten Einguß stehen muß, um das Modell zur Hälfte einzubetten.

In die eine Stirnwand unseres Rahmens bohren wir ein Loch, stecken eine Holzschraube hindurch und schrauben das Modell fest. Es hängt nun frei im Rahmen. Falls es zu schwer sein sollte, in den unteren Dübel einen kräftigen, rechtwinklig abgebogenen Draht (oder auch zwei) stecken und das Modell am unteren Stirnbrett (oder den Seitenbrettern) aufhängen. Die Umrandung in der üblichen Weise *waagerecht (!) aufstellen (den ganzen Tisch mit der Wasserwaage ausrichten!)* und unten durch keramische Masse oder einfach mit Gips abdichten. Gips mit dem Blechstreifen auf die Bretter der Umrandung auftragen, die Umrandung wieder umdrehen und auf den Tisch aufdrücken!

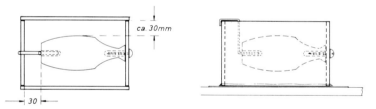

Abb. 106 Einbau des Modells in die Umrandung zum Herstellen einer zweiteiligen Gußform (Matrize).

Anschließend rühren wir in der bereits erklärten Weise Gips an, achten besonders darauf, daß auch *auf* dem Gipsbrei keine Blasen stehen (Löcher!) und gießen neben dem Modell vorbei (evtl. durch Papier abdecken) die untere Hälfte der Umrandung voll bis zu den Markierungsstrichen am Modell und an der Umrandung. Die Striche erfüllen natürlich nur dann ihren Zweck, wenn das Ganze wie gesagt vorher waagerecht ausgerichtet worden war. Evtl. an mehreren Stellen eingießen; leicht klopfen, damit sich der Gips am Modell anlegt.

Keine Hast! Falls beim ersten Mal der Einguß nicht gelingen sollte, das Modell ruhig losschrauben, herausheben, abwaschen und den Vorgang mit neuem Gipsbrei wiederholen.

Wenn der Gips nach wenigen Minuten abgebunden hat, öffnen wir die Form, so daß nur das festgeschraubte Stirnbrett noch steht und schneiden oder schaben mit dem Messer alle störenden Unebenheiten weg. Dazu gehören vor allem auch Wülste, die sich am Modell gebildet haben. Wir halten das Messer flach und schneiden mit ruhiger Hand bis dicht an das Modell heran.

In die freiliegende Oberseite des ersten Eingusses schaben wir durch Drehen eines rechtwinkligen Blechstreifens vier kegelförmige Vertiefungen, die nachher mit ausgegossen werden und die als „Schlösser" gegen Verrutschen dienen (siehe Abb.!).

Danach müssen Fehlstellen in der Isolierung des Modells ausgebessert werden. Ebenso ist die gesamte Oberseite des ersten Eingusses mit den Schlössern dünn mit Formenschmiere (32) zu konservieren. Sodann bringen wir die Umrandung wieder an und gießen die zweite Hälfte der Matrize.

Nach dem Abbinden entfernen wir die Umrandung, beschneiden die scharfen Kanten der noch geschlossenen Matrize und öffnen sie dann, indem wir vorsichtig von links und rechts Messer hineintreiben. Nicht mit der Spitze, sondern mit der langen Schneide. Selbst große Matrizen öffnen sich auf diese Weise. Keine stumpfwinkligen Gegenstände eintreiben, sie zerquetschen nur das Gipsgefüge, ohne die Keilwirkung voll zu entfalten. *Das Öffnen nicht zu früh versuchen, sondern erst dann, wenn der Gips tatsächlich hart ist.* (Wenn man Zeit hat, nach zwei Stunden.)

Das Modell läßt sich mit Hilfe der beiden Dübel herausheben. Bisweilen bereiten weitbauchige Gefäße dabei Schwierigkeiten, vor allem auch solche, die eine große Standfläche haben, die dazu evtl. auch noch unterschnitten

Abb. 107
Gießen der unteren Matrizenhälfte.

Abb. 108
Ebnen der Matrizenhälfte, Anbringen der Schlösser.

ist und das Herausheben behindert. Man kann diese Mißlichkeit umgehen, wenn man die Gußform dreiteilig herstellt. (Siehe unten!) Der weitere Ablauf ist bekannt: Nach Resten der Isolierung sehen, die Matrize trocknen usw. Den Formling kann man später natürlich auch nur dann entnehmen, wenn man die Matrize auf die Seite legt und öffnet. An solchen Formlingen entstehen naturgemäß dort „Nähte", wo die Matrizenhälften zusammenstoßen. Man schneidet diese Gießnähte zunächst grob weg, um sie dann auf die bekannte Weise nach dem Trocknen vollends wegzuschaben und zu schwämmen. Gußformen für kugelige Vasen, oben etwas zugewölbte Tassen, Schüsseln usw., auch wenn sie einen Stehring haben, kann man zweiteilig herstellen, wenn man die Gußform horizontal teilt, und zwar in der Ebene der weitesten Ausbauchung. (Siehe Abb. 110a!) Nachdem man diese Linie ringsum markiert hat (Anschlagwinkel neben dem Modell aufstellen!) stellt man das Modell *umgekehrt* in die Umrandung, gießt die eine (obere) Hälfte der Gußform, schneidet Schlösser, isoliert, um dann das Bodenstück auch von oben zu gießen.

Der Vollständigkeit halber soll erwähnt sein, daß man zweiteilige Gußformen auch herstellen kann, indem man das Modell zunächst bis zur Mittellinie in keramische Masse oder Ton einbettet und die erste Matrizenhälfte von oben her gießt. Dann öffnet man die Umrandung, entfernt den Ton, wäscht sauber ab, isoliert neu, baut umgekehrt wieder ein und gießt die zweite Hälfte wiederum von oben. Man braucht aber für dieses Verfahren sehr viel keramische Masse, die dann nicht mehr verwendet werden kann, da sie in der Regel mit Gips durchsetzt wird. Es gibt auch weitere, jedoch noch aufwendigere Verfahren.

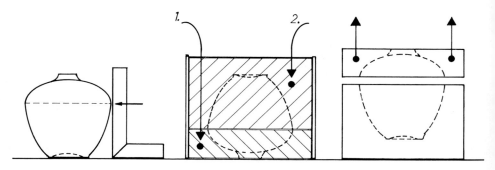

Abb. 110 a *Horizontal geteilte Gußform für kugelige Vasen, oben zugewölbte Tassen usw.*

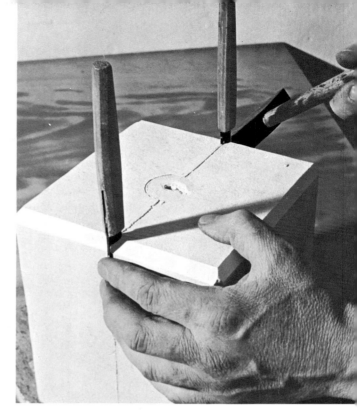

Abb. 109
Öffnen der Matrize.

Abb. 110
Zweiteilige Matrize,
Modell und Form-
ling.

Die Gußform muß dreiteilig hergestellt werden, wenn das Modell einen Stehring und einen komplizierten Wandungsverlauf erhalten soll. Würde für ein solches Modell die Matrize nur zweiteilig gegossen, ließe sie sich nicht mehr auseinandernehmen. (Siehe dazu die Skizze zu Beginn des Kapitels!) Das Vorhaben kann auf folgende Weise gelöst werden: Im Modell brauchen wir nur oben einen Dübel einzugipsen. Wir markieren wie üblich an zwei gegenüberliegenden Seiten die Mittellinie und isolieren. Die Bretter für die Umrandung schneiden wir nach den gleichen Grundsätzen zu wie für die oben beschriebene Umrandung. Wir isolieren sie wieder dünn und rücken beim Zusammenheften das eine Stirnbrett so weit nach innen, daß ein Innenraum mit quadratischer Grundfläche entsteht. Die Befestigung kann mit einer Schraubzwinge vorgenommen werden, man kann aber auch nageln. Der Rahmen wird nun in der bekannten Art aufgestellt und abgedichtet.

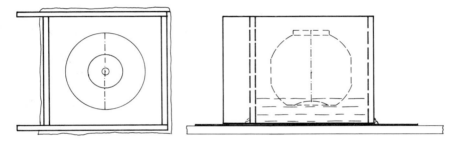

Abb. 111   *Rahmen zur Herstellung einer dreiteiligen Gußform, eingerückt zum Gießen des „Bodenstückes".*

Danach gießen wir in den Innenraum Gipsbrei ein, so daß er 4 bis 5 cm hoch steht. Anschließend nehmen wir das Modell in die Hand, drehen es um und geben mit einem Löffel oder dgl. etwas Gipsbrei in die Höhlung des Bodens, bis ein flacher „Berg" entsteht. Wenn nach kurzer Zeit dieser Gips eben abzubinden beginnt und nicht mehr wegfließt, drehen wir das Modell um und setzen es vorsichtig *mitten und senkrecht* in die Umrandung hinein. Das Modell drückt sich dann etwas in den Gipsbrei ein, je nach Notwendigkeit 0,5—3 cm tief. Evtl. setzen wir es nur eben auf. Durch vorsichtiges und geringfügiges Heben und Senken des Modells ebnen wir die Gipsfläche. In der Endstellung müssen wir das Modell ruhig halten, bis der Gips so steif geworden ist, daß er es selbst tragen kann. Dazu vorher in den oberen Dübel einen Knebel einschrauben und daran das Modell festhalten. Wenn wir den Boden nicht vorher mit Gips ausgefüllt hätten, wäre nun beim Einsetzen in den Brei eine Luftblase unter dem Boden verblieben. Wer sehr genau arbeiten will, sollte vorher quer auf das Modell

Abb. 112
Rahmen und aufge-
hängtes Modell.

Abb. 113
Ebnen des Boden-
stückes, Anbringen
von Schlössern.

eine Leiste schrauben, die nach links und rechts übersteht, und die man auf untergeschobene Klötze oder dgl. auflegen kann. Dann hängt das Modell ruhig in dieser Stellage, und der Gips kann ungestört abbinden.

Nach dem Abbinden nehmen wir den Rahmen auseinander, ebnen die Gipsfläche des Bodenstückes, bringen Vertiefungen für die Schlösser an und isolieren neu. Das Modell kann dazu herausgenommen werden. Dann heften wir die zwei Seiten des Rahmens und ein Stirnbrett wieder zusammen, legen das Modell mit dem anhaftenden Matrizenboden waagerecht, so daß das Modell in der Mitte des Stirnbrettes eben (plan) anliegt, schrauben es evtl. durch das Stirnbrett hindurch an und pressen die Seitenbretter mit einer Schraubzwinge am Matrizenboden fest. Danach wird, wie oben beschrieben, die eine Matrizenhälfte gegossen, die Umrandung geöffnet, die Gipsfläche geebnet, es werden Schlösser geschnitten, es wird isoliert und der Rahmen wieder geschlossen. Dann erfolgt der letzte und am leichtesten auszuführende Guß mit den restlichen Arbeiten.

Die Reihenfolge des Auseinandernehmens richtet sich nach der Art und der Lage der Schlösser. Wenn sie kegelförmig sind (hier nicht gezeigt), muß man die Matrize zunächst auf die Seite legen oder „auf den Kopf" stellen, das Bodenstück abheben (evtl. mit dem Messer keilen), und dann erst die beiden Formhälften auseinandernehmen. Beim Entnehmen der Formlinge nach dem Gießen mit keramischer Masse wird man in gleicher Weise vorgehen müssen. Wenn aber die Matrize groß und der Formling empfindlich ist, kann das sehr umständlich sein. Deswegen ist es günstiger, die Schlösser so anzubringen, daß zunächst die beiden Formhälften nach der Seite weggezogen werden können. Dann steht der Formling aufrecht *im* oder *auf* dem Bodenstück und kann leicht abgehoben werden.

Das läßt sich erreichen (siehe vorige Abbildungen), wenn nach dem Gießen des Bodenstücks und dem Ebnen seiner Oberfläche nicht *kegelförmige* Aussparungen inmitten der Gipsfläche, sondern an den entsprechenden beiden gegenüberliegenden Kanten je eine oder zwei winklige und schräg ansteigende oder rundliche Aussparungen eingeschnitten werden. Dadurch ist es später möglich, bei einem gut geglätteten Matrizenboden die Formhälften nach der Seite wegzuziehen, ohne sie anheben zu müssen.

Es ist von Vorteil, alle Matrizen von *größeren Modellen* auf diese Weise dreiteilig herzustellen. Man erspart sich dann das bisweilen etwas schwierige, freie Aufhängen des Modells in der Umrandung und kann außerdem das Modell und die Formlinge leichter entnehmen.

Eine solche dreiteilige Gußform ist noch einfacher herzustellen, wenn man zunächst die beiden seitlichen Hälften und dann erst das Bodenstück gießt: Dazu das Modell mit der Oberseite an einem Umrandungsbrett festschrauben und den Umrandungskasten so eng heranrücken, daß auch der Boden des Modells am Brett anliegt. Evtl. mit einer Schraubzwinge anpressen.

Abb. 114
Verputzen der ersten (unteren)
Matrizenhälfte.

Abb. 115
Fertig zum letzten Einguß.

Abb. 116
Dose mit Deckel: Modell, dreiteilige Matrize, Formlinge.
(Deckel: Modell, einteilige Matrize
und Formlinge.) Siehe auch geteilte Schablone Abb. 48!

Das Modell hängt dann frei, eingespannt zwischen zwei Brettern der Umrandung. Sodann die untere Hälfte gießen, Schlösser schneiden, isolieren, danach die andere Hälfte gießen. Modell und Gußform zum dritten Guß umgekehrt aufrecht stellen, so daß der Boden des Modells oben herausschaut, Schlösser schneiden, isolieren und das Bodenstück ebenfalls von oben gießen (Abb. 117).

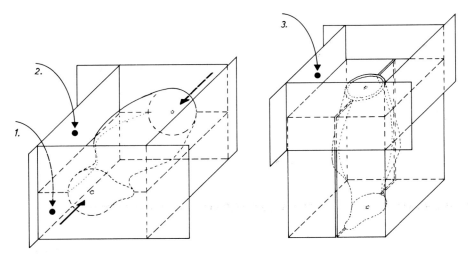

Abb. 117 Dreiteilige Gußform, vereinfachter Herstellungsablauf.

Das hier beschriebene Vorgehen hat den Vorteil, daß man sich das freie Einhängen des Modells in die Umrandung erspart. Die Gußform selbst hat den Nachteil, daß man den Formling nur dann entnehmen kann, wenn man zuerst das Bodenstück entfernt, die Gußform auf die Seite legt und in dieser Stellung entformt. Das kann bei großen Formlingen unangenehm sein. Ursache sind die im Bodenstück befindlichen erhabenen Schlösser, die ein seitliches Wegziehen der Matrizenhälften verhindern.

An dieser Stelle sei noch einmal auf das bereits erwähnte **Sprengverfahren** verwiesen (siehe das Kapitel über „Das Herstellen der Gußform" und das zweite Unterrichtsbeispiel!). Es verhilft uns auch beim Herstellen dreiteiliger Gußformen zu ganz wesentlichen Vereinfachungen, wie die nachstehende Abb. erkennen läßt.

194

Modell einsetzen	erster Einguß + einebnen + Schlösser + isolieren
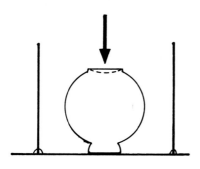	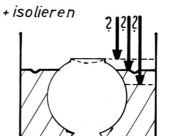
zweiter Einguß + einebnen	Umrandung entfernen Bodenstück abheben
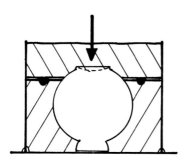	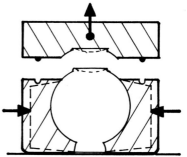
	einsägen + sprengen +Sprengfläche säubern

Abb. 117b   Dreiteilige Gußform (Dose, Bowle usw.) nach dem Sprengverfahren

Vorteile:

1. Das Modell braucht nicht eingespannt oder aufgehängt zu werden.
2. Es läßt sich eine runde Umrandung (Kunststoffrohr, zusammengebogenes 1 mm-Alu-Blech oder dergl.) verwenden. Das lästige Zusammennageln eines Kastens entfällt.
3. Es sind nur zwei Gießvorgänge mit Gipsbrei nötig, nicht drei. Wenn der Gefäßboden eben ist, muß nicht einmal ein Bodenstück gegossen werden: also nur ein Einguß.
4. Die Umrandung braucht nicht umgebaut zu werden.
5. Als Summe: Einsparung von Arbeit, Zeit, Material (mit den entsprechenden Lernmöglichkeiten).

Nachteile:

1. Sprengflächen setzen sich bei Unvorsichtigkeit etwas leichter mit Gießmasse zu und passen dann nicht mehr so genau. (Notfalls abwaschen!)
2. Es muß möglicherweise eine der beiden Hälften nochmals gesprengt werden, wenn das erste Aufsprengen nicht zentral erfolgte.
3. Es kann naturgemäß durch Einsparung von Schwierigkeiten nicht so viel gelernt werden, bzw. es wird anderes gelernt, z. B. eine Vereinfachung (was nicht unbedingt ein Nachteil sein muß).

Auf diese einfache Weise lassen sich nahezu alle dreiteiligen Gußformen jeglicher Größe herstellen, sogar von Kannenkörpern, an die bereits eine Schnaupe anmodelliert wurde (Abb. 117 und 118). Auch die Gußformen von zugehörigen Deckeln mit und ohne Griffknopf lassen sich leicht (zweiteilig) sprengen (Abb. 122). Nur die Gußformen von Henkeln lassen sich so nicht herstellen, weil die Sprengnaht doch nicht auf den Millimeter vorhersehbar reißt, es sei denn, die Henkel wären recht groß. Sonst ist wegen des kleinen Querschnitts der Henkel-Modelle die Feinarbeit beim Gießen der Teile nötig (Abb. 119). Ähnliches gilt für die Gußformen von Kannenmodellen, an denen Schnaupe und Henkel bereits anmodelliert sind. Sie lassen sich nicht sprengen. Siehe dazu das folgende Kapitel!

Zum Gießen, Trocknen, Verputzen, Schwämmen und Brennen ist nur noch zusätzlich zu sagen, daß mehrteilige Matrizen zum Gießen mit kräftigen Gummiringen (Einmachgummi, Ringe von Autoschläuchen) zusammengehalten werden müssen, *daß man beim Auskippen das Bodenstück nicht verlieren darf,* daß insgesamt mehr Kraft erforderlich ist, daß auch hier der Rand verschnitten werden muß, daß man das Lösen der Matrizenhälften vorsichtig vornehmen sollte (evtl. mit dem Handballen vorher klopfen), daß man die Gießnähte zunächst nur grob wegschneidet, um sie erst später glattzuschaben, und daß man vor einem neuen Einguß nachsieht, ob die Schlösser und Formhälften sauber sind, damit die Matrize dicht zusammenpaßt.

Zum Problem „Deckel" (siehe auch nächstes Kapitel!):

Modelle von Stülpdeckeln oder Falzdeckeln, mit oder ohne anmodelliertem Griffknopf, herzustellen und die zugehörigen Gußformen zu gießen oder zu sprengen, ist nun kein Problem mehr. Wohl aber gibt es immer wieder das Ärgernis, daß der Deckel nach dem Brennen nicht mehr paßt, und das um so mehr, je größer er ist, z. B. für ein Bowlegefäß. Woher kommt das und wie stellt man das ab?

196

Zum Brennen, vor allem zum Glasurbrand, setzt man ja den Deckel, mit sauber abgewischtem Rand nach unten, auf die Einbauplatte ein. Während des Brandes wird der Formling aber weich und schwindet gleichzeitig auf sein Zentrum zu. Natürlich auch während des Schrühbrandes. Da Einbauplatten nie vollständig eben sind, bleibt er dabei mit dem empfindlichen Rand an einer oder an mehreren Stellen hängen, während die anderen Teile nach innen rutschen können: Er wird zu unserem Ärger unrund! Bei einem mittelgroßen Deckel, ϕ 15 cm und einer Gesamtschwindung von 10 % und mehr, wird dabei immerhin eine diagonale Wegstrecke von mindestens 15 mm von allen Seiten nach innen „durchrutscht". Das ist erheblich!

Außerdem sind manche Deckel für Marmeladedosen, Suppenschüsseln usw. am Rand ausgeschnitten für den Löffel- oder Kellenstiel. Dieser Ausschnitt sinkt zusätzlich nach unten, weil die tragende Kuppel dort zerstört ist, die beiden Enden des unterbrochenen Randes werden zusätzlich belastet, bleiben hängen und werden nicht nach innen mitgenommen, eine Kette von Ursachen!

Sichere Abhilfe erfolgt durch Bomsen (oder Pomsen). Das sind ebene Scheiben von 3-6 mm Dicke, die man auf einer ebenen Gipsplatte (oder einer umgedrehten Gußform) aus der gleichen (!) keramischen Masse gegossen hat. Einfach einen Fladen gießen und trocknen lassen! Diese Bomse braucht nur einige Millimeter größer zu sein als der Deckel. Damit sie eben wird, muß man sie beim Trocknen wenden. Auf eine solche Bomse setzen wir unseren Deckel und setzen ihn so auf die Einbauplatte in den Ofen. Dann schwindet der Deckel, wie oben beschrieben, aber die Bomse tut das im gleichen Maße! Diese flache Scheibe hat beim Schwinden keine Probleme mit einer rauhen Einbauplatte. Sie bleibt nicht hängen. Sie schwindet, und auf ihr, jedoch ohne Bewegung gegenüber der Bomse, im gleichen Maße auch der Deckel. Er kann also nirgendwo hängenbleiben und sich verformen. Voraussetzung: Die Bomse schwindet im gleichen Maß! Also: Gleiche Masse verwenden! Damit die Ausschnitte im Deckel nicht absinken, einfach ein dreieckiges Scheibchen der gleichen Masse aufrecht unterschieben. Es schwindet dann im gleichen Maße nach unten wie der Rand, und wie es auch der Ausschnitt tun soll. Das Scheibchen glasiert sich dann zwar fest, nach dem Abbrechen ist aber der Fehler in der Glasur minimal. Er wird weggeschliffen (runder Schleifstift, Winkelschleifer, Rundfeile . . .).

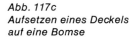

Abb. 117c
Aufsetzen eines Deckels
auf eine Bomse

Zum Schrühbrand muß man nicht unbedingt Bomsen benutzen. Dann setzt man in vielen Fällen den Deckel auf das Gefäß und brennt so. Er schwindet zwar, wird aber nicht so weich. Und das Gefäß wirkt ja wie eine Bomse. Aber zum Glasurbrand müssen die Bomsen benutzt werden! Das bedeutet, daß die im Glasurbrand zu verwendenden Bomsen schon im Erstbrand mitgeschrüht werden müssen, entweder mit aufsitzendem Deckel oder im Stapel. Denn sie sollen ja im Glasurbrand auch nur noch so viel schwinden wie die zu glasierenden Stücke. Roß und Reiter sollen im gleichen Maße „abmagern". Große oder ausgeschnittene Deckel oder z. B. Lampenschirme schrüht man am besten auch auf der zugehörigen Bomse. Daß man verzogene Bomsen nicht verwenden sollte, braucht wohl hier nicht mehr begründet zu werden. Nach dem Glasurbrand kleben die Bomsen oft ein wenig am Deckel an. Sie lassen sich aber mit einem kurzen, leichten Schlag einfach lösen. Es sei denn, man hätte vergessen, den Rand von Glasur freizuwischen . . . !

H   Hinweise zum Herstellen und Anbringen (Garnieren) von Henkeln usw.

Es ist nicht ganz einfach, beispielsweise das Modell einer Kanne, das mit Ausguß (Schnaupe, Tülle) und Henkel fertig vor uns steht, auf die beschriebene Weise genau bis zur Mittellinie in Gips einzubetten. In der Industrie bedient man sich dazu komplizierterer Methoden, vor allem steht das Können von Fachleuten zur Verfügung. Deswegen ist es für uns geraten, am Modell des Kannenkörpers nur die Schnaupe anzubringen und den Henkel gesondert zu gießen. Vielfach ist es jedoch leichter, auch den Ausguß für sich herzustellen.

Für einfache, aus dem offenen Kannenrand herausgezogene Schnaupen trägt man den Gips direkt ans Modell an und beginnt, ihn im halbfesten Zustand zu formen. Die Feinarbeit kann durch Schneiden, Schaben, Feilen und Schleifen erfolgen, besonders gut dann, wenn der Gips trocken geworden ist. Die Stelle des Antragens vorher grob aufrauhen oder anbohren und anfeuchten.

Der Rand und der Ausguß des Formlings werden *bald nach dem Ausnehmen* mit einem scharfen Messer „verschnitten". Dazu kann man sich eine Schablone aus Papier herstellen, die am Kannenkörper angelegt wird, und die das gleichmäßige Markieren von Bögen erleichtert (siehe Abb.).

Tüllen für Kaffeekannen und dgl. kann man, wenn sie rotationssymmetrisch sind, auf der kleinen Welle des Drehgerätes herstellen, am Kannenkörper anpassen und dann ankleben oder angipsen (vorher grob aufrauhen oder anbohren!).

Wenn Ausguß und Henkel getrennt gegossen werden sollen, stellt man deren Modelle am besten aus Holz her. Wir empfehlen ein weiches Holz (z. B. Erle oder Limba). *Gut eignet sich auch Balsa,* ein leichtes, weiches und mit dem scharfen (!) Messer fast wie Speck zu schneidendes tropisches Holz. (In Bastelgeschäften für Flugmodellbau, Schiffsmodellbau, Holzhandlungen usw. erhältlich.) Wir verwenden ganze Bohlenstücke oder verleimen Bretter in der Art von Sperrholz. Man schneidet zunächst mit der Laubsäge den Seitenriß aus und arbeitet den Rohling dann mit Messer, Modellbauerraspel (sehr fein!) und Schleifpapier fertig aus. Um die Oberfläche glatt zu bekommen, bestreicht man sie mit schnelltrocknendem Zellulose-Einlaßgrund oder dgl. Dadurch werden die Fasern fixiert und lassen sich abschleifen. Anschließend mit Nitro-Lack (schnelltrocknend) oder ähnlichem streichen, damit das Modell kein Wasser aufnimmt. Modelle für Henkel an Tassen können wir aus einem kräftigen Draht biegen. Solche dünnen Henkel werden massiv gegossen, indem man so lange Masse nachgibt, bis die Matrize nichts mehr wegsaugt. (Siehe Abb. 124!)

Abb. 117 a   Die mehrteilige Gußform wird mit kräftigen Gummiringen zusammengehalten.

Abb. 118   Herstellen der Gußform für einen Kannenkörper mit angearbeiteter Schnaupe.

Die Gußformen für Henkel müssen zweiteilig hergestellt werden. Dazu gießen wir den isolierten und an der Umrandung festgeschraubten Henkel einfach bis zur Hälfte in Gips ein, isolieren neu und gießen die andere Matrizenhälfte. Henkelmodelle aus Draht drücken wir der Einfachheit halber zunächst zur Hälfte in Gips, um dann wie üblich die zweite Hälfte zu gießen. Dünne Henkel werden dann später voll (massiv), größere Henkel werden hohl gegossen. *Hohle Henkel sind mit einem Luftloch zu versehen, das einen Druckausgleich beim Garnieren und Brennen gestattet!* Siehe Abb. 122! (Einen 2-mm-Spiralbohrer in die Hand nehmen und drehen!)
Weniger Geübte haben erfahrungsgemäß Schwierigkeiten mit der Herstellung von Henkel-Gußformen, weil das doch eine anspruchsvolle Arbeit ist. Deswegen noch einige verdeutlichende Hinweise (über die andere hinweggehen können).

Abb. 119
Kanne: Guß und Verschneiden des Formlings. Herstellung des Henkels.

Abb. 120
Modell und dreiteilige Gußform für eine Teekanne. Die Tülle ist auf dem Drehgerät (Egeling, Bad Hersfeld) gedreht, dann nachgeformt, angepaßt und angegipst.
Um sich ein öfteres Nachgießen von Masse zu ersparen, ist oberhalb des Kannenrandes ein trichterförmiger „Vorratsbehälter" angearbeitet worden („Schonung").
Oberhalb der Tüllenöffnung wurde nachträglich ein Entlüftungskanal ausgeschnitten, damit die Masse beim Eingießen hochsteigen kann.
Die rundlich geformten Schlösser werden nicht so leicht beschädigt wie scharfkantige.
Für Henkel und Deckel: gesonderte Gußformen.
Trennmittel: Gipsformen-Schmiere (Egeling, Bad Hersfeld).
Eine Zeitangabe für die Herstellung des Modells (ohne Tülle):
Ein geübter Werkender brauchte
für das Aussägen der Schablone 10 min,
für das Feilen, Verstärken und Montieren auf das Gerät weitere 30 min,
für alle nachfolgenden (bekannten) Arbeiten 80 min.
Nach insgesamt 2 Stunden war das Modell (ohne Tülle) fertig.

Abb. 121
Gußform für eine Teekanne (siehe Abb. 120) mit Formlingen in verschiedenen Fertigungsstadien.
Beachte das Verschneiden der „Schonung" und des Entlüftungskanals an der Tülle, wenige Minuten nach dem Ausnehmen (mitlerer Formling). Der Henkel am dritten Formling ist (drei Stunden nach dem Ausnehmen) mit Gießschlicker angarniert worden (siehe unten). Zum Einguß war die Gußform mit Gummiringen (Einmachgummi oder Ringe von alten Autoschläuchen) zusammengehalten.
Verwendete Gießmasse: Egeling-Feinsteinzeug/1150° (Vitreous-China-Masse).
Standzeit: 12 Minuten. Schichtdicke: 4 bis 5 mm. Kippen und Abstumpfen :15 Minuten, anschließend ausgenommen, dann neuer Einguß.

Abb. 119

Abb. 120

Abb. 121

1. Folgendes vorweg: Henkel sitzen an Gefäßen, und die sind in aller Regel gewölbt. Wir müssen die Henkelmodelle aber in einer rechteckigen Umrandung an einem ebenen Brettchen ankleben oder anschrauben, und das läßt sich mit Henkelmodellen, die bereits an den Kannenkörper angepaßt sind, nicht machen. Deswegen sind die beiden Henkelenden so zu verlängern, daß sie tatsächlich an einem ebenen Brettchen plan liegend anzubringen sind.

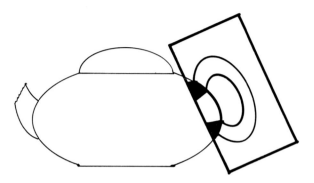

Abb. 121a   *Form eines modifizierten Henkelmodells*

Wenn man dann einen entsprechenden Formling gießt, paßt der natürlich wiederum nicht an die Kanne: Es müssen deshalb zunächst die beiden überflüssigen Enden abgeschnitten werden, und dann paßt man den ersten Henkel-Formling an den ersten Kannenkörper-Formling an. Eine Arbeit von wenigen Minuten. Sodann legt man den zurechtgeschnittenen Henkelformling in die Gußform zurück und kratzt mit einem Nagel die nachzuschneidende Linie in beide Hälften der Gußform ein. Beim nächsten Formling bildet sich diese Linie ab, und man braucht ihr nur mit dem Messer nachzufahren.
Falls man nicht in dieser Weise vorgehen will, kann man auch das Henkelmodell gleich an das Kannenkörpermodell anpassen, ohne die erwähnten Verlängerungen. Ein solches Modell läßt sich dann aber nicht in der Umrandung befestigen. Deswegen gießen wir die Portion Gipsbrei für die erste Gußformhälfte in die Umrandung ein, lassen den Brei ein klein wenig abbinden und drücken dann das Henkelmodell genau bis zur Mittellinie ein. Nach dem Schneiden der Schlösser, dem Isolieren und dem zweiten Einguß öffnen wir die Form und schneiden mit dem Messer zwei trichterförmige Öffnungen bis zum Henkelmodell. Wenn man später an den Formlingen diese „Schonungen" wegschneidet, müssen die Henkel genau passen.

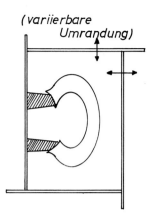

(variierbare Umrandung)

Abb. 121b
Gußform-Schema nach dem Henkel-Original

2. Nun zum eigentlichen Arbeitsablauf bei der Herstellung des Henkelmodells:

Prinzipiell lassen sich Henkelmodelle nicht nur aus Holz, sondern sehr vorteilhaft auch aus einer Gipsplatte (Reste vom Gießen) herstellen.

a) Entscheiden, nach welcher der beiden oben beschriebenen Methoden man vorgehen will.

b) Die Henkel-Zeichnung (Seitenriß) auf die trockene Gipsplatte oder das Brettstück kleben (vor allem natürlich den Riß)!

c) Mit der Laubsäge winklig (!) aussägen!

d) Falls die Gipsplatte zu dick war, mit dem Fuchsschwanz eine entsprechende Scheibe abschneiden!

e) Falls der Rohling ungleichmäßig dick ist, ein Stück Schleifpapier auf den ebenen Tisch legen und den Rohling vorsichtig so oft darüber schieben, bis er die richtige Dicke hat und nicht mehr wellig oder schief ist.

f) Den Sägeschnitt nachraspeln, -feilen, -schleifen! Der Rohling ist jetzt vierkantig und im Querschnitt rechtwinklig.

g) Die Mittellinie markieren! (Kugelschreiber, wasserfeste Tusche usw.) Dazu entweder ein Streichmaß benutzen oder den Rohling flach hinlegen, den Markierstift ebenso flach auf ein Klötzchen oder dergl. daneben legen und festhalten. Sodann den Rohling seitwärts am Stift vorbeischieben (der natürlich in der entsprechenden Höhe der halben Henkel-Dicke eingerichtet sein muß)!

h) Falls der Henkel keine gleichförmige Breite behalten, sondern mit verdickten Enden am Kannenkörper anliegen soll, die Seiten des immer noch vierkantigen Rohlings in der Griffpartie schmaler ausarbeiten, so daß die Enden breiter bleiben. Symmetrisch arbeiten!

i) Nun erst den noch immer vierkantigen Querschnitt des Rohlings nach und nach oval arbeiten! Dabei darf die Mittellinie nie verletzt werden! Entlang der Mittellinie ist dann das Henkelmodell am dicksten. Nur so (!) läßt sich das Modell (und später auch der Formling) aus der Gußform entnehmen!

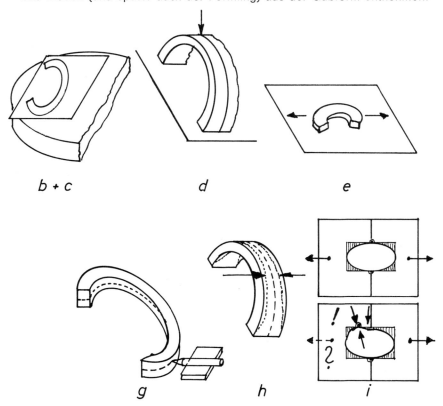

Abb. 121c   Arbeitsschritte bei der Herstellung des Henkels

3. Herstellen der Henkel-Gußform:

Gleichgültig, ob man das Henkelmodell in der Umrandung befestigt oder es einfach in den ersten Gipseinguß eindrückt, es besteht immer die Gefahr, daß durch ungenaues Eingießen oder Eindrücken der Gips einer Matritzenhälfte über die Mittellinie hinausreicht und das Henkelmodell „umkrallt". Das kann geschehen, wenn das Modell beim ersten Vorgang zu tief eingebettet wird, das kann auch passieren, wenn es im ersten Einguß zu flach steckte, so daß dann der zweite Einguß von oben über die Mittellinie hinausgeht.

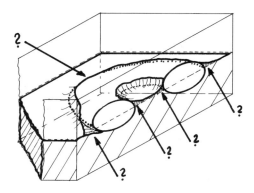

Abb. 121d   *Nicht bis zur Mittellinie eingegossenes Henkelmodell*

Genauso, wie vorher exakt ovales Formen des Henkelquerschnittes erforderlich ist, muß hier absolut genaues Einbetten bis zur „Linie der dicksten Stellen"
(der Mittellinie) erfolgen. Sonst steckt das Modell (zunächst) fest. Folgendes
Vorgehen wird empfohlen:

1. Zusammennageln einer rechteckigen Umrandung.
2. Vorheriges Einzeichnen der horizontalen Linie im Innern der Umrandung,
   bis zu der der erste Einguß reichen soll.
3. Das Modell auf diese Mittellinie schrauben oder kleben (mit hartwerden-
   dem Klebstoff).
4. Das Modell mit Gipsformenschmiere dünn isolieren.
5. Die Umrandung wie bekannt aufstellen und abdichten.
6a) Bei dem Verfahren mit dem befestigten Modell: Den ersten Einguß Gips-
    brei neben (!) dem Modell eingießen, ohne es zu beklecksen, bis zur
    Mittellinie. Der Gips steigt von unten hoch und legt sich aber meist nicht
    so gern am Modell an. Dann die Umrandung sanft (!) hin und her „rütteln",
    damit sich der Gips anlegt und einebnet. Trifft man die Mittellinie genau,
    ist es gut. Bleibt man darunter, wird sich später der obere Einguß „fest-
    krallen"!! Also, lieber etwas über (!) die Mittellinie gehen! (Sie lesen
    richtig! Über . . .) Gips abbinden lassen! Auch dann, wenn das Modell
    nicht ganz horizontal liegen sollte, und an einer Stelle der Mittellinie schon
    erreicht ist, während sie an anderen Stellen noch sehr weit frei liegt:
    Weiter eingießen! Wir müssen an allen Stellen mindestens bis an die
    Mittellinie herankommen! (Lösung s. Nr. 7 und Abb. 121 e).
6b) Bei einzudrückendem Modell den ersten Einguß ebnen, einige Minuten
    warten, bis der Gipsbrei zäh werden will, das isolierte Modell überall
    gleichmäßig bis mindestens (!) zur Mittellinie eindrücken! Gips abbinden
    lassen!

7. Umrandung öffnen! Mit einem scharfen Messer flach und fast horizontal den zu hoch gestiegenen Gips rund um das Modell vorsichtig wegschneiden, bis die Mittellinie überall (zur Hälfte/Mitte Riß) zu sehen ist! Kleckse auf dem Modell entfernen! Es ist außerordentlich nachteilig, wenn man die Mittellinie mit einem Schnitt steil und schräg nach unten freilegt! Dann bekommt die obere Gußformhälfte einen kleinen Wall, der leicht ausbricht. Flach und nur leicht schräg schneiden!

8. Schlösser schneiden, Modell und Gußform isolieren, Umrandung schliessen (Klemmzwingen genügen), zweiter Einguß!

9. Gußform öffnen, Modell entnehmen, evtl. Trichterförmige Öffnungen schneiden!

10. Falls das Modell festsitzt, weil doch eine der Gußformhälften über den „Berg" der Mittellinie hinübergreift, kann man sich durch Frei-Schneiden helfen (wie unter 7. beschrieben). Eine solche Gußform kann benutzt werden, denn die Gießlinge bekommen nur eine größere Gießnaht, die man wegschneiden kann.

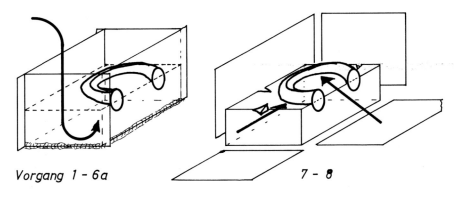

Vorgang 1 - 6a   7 - 8

Abb. 121e   Prinzipien beim Herstellen und Nachschneiden einer Henkel-Gußform

(Anmerkung zu einem anderen Problem: Wenn man von Kannenmodellen mit fest anmontiertem Henkel und fest angearbeiteter Schnaupe eine Gußform herstellen will, ist man den gleichen Schwierigkeiten ausgesetzt, wie eben beim Problem Henkel beschrieben. Verfehlen der Mittellinie beim Eingießen von Gips! Wer aber nach der oben beschriebenen Weise Henkelgußformen herstellen kann, der kann auch kompliziertere Kannen-Gußformen herstellen, auch von gekauften Kannen. Das Prinzip des eventuellen Höher-Eingießens und das anschließende Frei-Schneiden sind gleich.)

Matrizen für Schnaupen und Tüllen müssen bisweilen ebenso gegossen werden. Wenn die Modelle kurz und nicht unterschnitten sind, brauchen wir sie aber nur in Gips einzudrücken. Die Formlinge müssen nach dem Entnehmen entsprechend verschnitten werden.

Siehe auch die Ausführungen über Sprengformen und das Brennen auf Bomsen im vorigen Kapitel!

Das Zusammenfügen der Einzelteile zum ganzen Gegenstand wird in der Fachsprache als „Garnieren" bezeichnet. *Dazu müssen alle Einzelteile im lederharten Zustand vorliegen,* der bekanntlich als breiter Bereich, nicht aber als punktuell fixierte Verfassung zu bezeichnen ist. Sie dürfen *eher etwas feuchter (!),* keinesfalls aber zu trocknen sein, vor allem müssen alle Einzelteile wegen der noch im Gang befindlichen Trockenschwindung *den etwa gleichen Feuchtigkeitsgehalt aufweisen.* Das kann man erreichen, wenn man die Teile gleichzeitig gießt oder nach dem ersten Abtrocknen gemeinsam in einen dichten Kunststoffbeutel steckt und sie dort über Nacht, oder wenn man zur Weiterarbeit keine Zeit hat, mehrere Tage bis zum Garnieren aufhebt.

(Teekannen aus der Egeling-Feinsteinzeugmasse 1150° (V-C-Masse) waren im warmen Raum bereits nach 3 Stunden so weit abgetrocknet, daß die Henkel garniert werden konnten. Bei Steingutmassen dauerte es etwas länger.)

Vor dem Garnieren werden die Teile mit Hilfe von Messern (und evtl. Schleifpapier) genau angepaßt. Das Ausgußloch in der Kannenwand wird mit einem spitzen Messer herausgeschnitten. Die Stellen, an die der Henkel und die Tülle gehören, werden durch einen kleinen Ritz markiert. Die Gießnähte werden grob weggeschnitten und der Gegenstand, so weit es geht, verputzt und auch vorsichtig mit dem Schwamm abgewischt, vor allem die zukünftigen Ansatzstellen.

Wenn alle Teile angepaßt und zurechtgelegt sind, bestreicht man die Ansatzflächen der Tülle oder des Henkels (nicht der Kanne!) mit Gießschlicker normaler Konsistenz und der gleichen Masse oder taucht sie 1 mm tief ein. Dann drückt man *ohne Zögern* das Teil vorsichtig am Kannenkörper oder dgl. an. Mit der anderen Hand wird von innen gegengehalten. Der Schlicker wird dabei an den Seiten möglicherweise etwas austreten. Man kann dann beobachten, wie er sein Wasser an den Formling abgibt. Schon nach wenigen Sekunden sitzen die Teile fest aneinander. Zu trockene Teile saugen dabei zu heftig, so daß man etwas Schlicker mit der Messerspitze oder dgl. nachgeben muß.

Anschließend werden die Ansatzstellen mit einem Messer oder ähnlichem verstrichen und mit einem Schwämmchen geglättet.

Abb. 122
Kannenkörper (vierteilige Matrize): Zum Garnieren vorbereitet.
Ausguß: Modell, Matrize, unverschnittener und verschnittener Formling.
Henkel: Beachte das Luftloch!
Deckel: Matrize und Formling.

Abb. 123
„Garnieren" (Befestigen) eines Henkels.

Die Industrie verwendet zum Garnieren einen besonderen Schlicker, der auf ihre Bedürfnisse abgestimmt ist.
Falls der erste Versuch mißlungen ist, das Teil vorsichtig wieder abschneiden und erneut garnieren. Keine Aufregung!
Der Formling muß nun auf bekannte Weise vorsichtig getrocknet, verputzt, geschwämmt und gebrannt werden.

Benutzung von fertigen Gegenständen als Modell

Rückschauend läßt sich sagen, daß wir von einer Unzahl von Gegenständen umgeben sind, die man mit Hilfe irgendeiner „Form" hergestellt hat, sei es in einer Keramik- oder Metallgußform, in einer Preßform für Glas, Kunststoffe oder Bleche, in einer Tiefziehform für Kunststoff oder Metall usw. Überall waren es „Formen", aus denen der Formling natürlich auch entnommen werden mußte, die dementsprechend ein- oder mehrteilig angefertigt waren.

Abb. 124 Fertige Gefäße. Masse: Egeling-Steingut/rot/1050° (dicht). Innenglasur: Egeling - 290 mit 4 % Farbkörper gelb.

Gegenstände dieser Art sind Blumentöpfe, Teller, Schüsseln, Tassen, sämtliche Kaffee- und Teekannen mitsamt den Deckeln, Vasen, Kunststoff- oder Zinnbecher, Kunststoffbüchsen, Glas- und Keramikflaschen mit und ohne Stopfen, Gläser von Gemüsekonserven, Gläser mit Stopfen für Pulverkaffee oder Gewürze, Sparschweine usw. ...

In jedem Falle kann man sich aufgrund des bisher Gesagten vorstellen, wieviel Teile die Form gehabt haben muß, und in welcher Weise sie zu öffnen war. Wenn man danach den Gegenstand genauer betrachtet, kann man tatsächlich vielfach noch die Reste von Gießnähten oder dergl. an den entsprechenden Stellen entdecken. Und was fabrikmäßig gelang, gelingt auch hier. Es ist ja nicht notwendig, gleich das Komplizierteste auszuwählen. Die „Modelle" sind nur geringfügig vorzubehandeln. Kunststoffbecher z. B. braucht man nur ganz dünn mit Gipsformenschmiere einzucremen und in der bekannten Umrandung mit Gips zu übergießen. Sie müssen dabei mit einem Drahtstück oder dergl. einige Minuten niedergedrückt werden, weil sie sonst hochschwimmen. Will man sich das ersparen, kann man sie vorher mit Gipsbrei vollgießen und auch gleich einen Dübel einbringen. Dann braucht man möglicherweise nachher auch nicht zu sprengen, sondern kann das Modell herausziehen.

Mehr Vorarbeit ist nötig z. B. bei Krügen mit einem geschwungenen oberen Rand. Sie lassen sich in dieser Form nicht abgießen, weil sie sich nicht hinstellen oder horizontal einspannen lassen, ohne daß der Gipsbrei hineinfließt. In dieser Gestalt waren sie aber auch nicht aus der Produktionsform entnommen worden. Sie hatten ursprünglich in aller Regel einen horizontalen, geraden Rand, und erst der Glasmacher oder der Porzellanfacharbeiter haben den Rand nachträglich zu der geschweiften Form verschnitten. Es ist deswegen nötig, die ursprüngliche Form wieder herzustellen, um eine Gußform machen zu können. Dazu stopft man das Original mit Papier aus oder füllt es mit Sägemehl voll, legt oben ein Stück Hartschaumstoff auf und modelliert auf dieser Unterlage mit steifem Gips eine horizontale Plattform hoch, etwa in der Form einer „Schonung" (siehe Abb. 105). Ein so vorbereitetes Modell kann wie beschrieben aufgestellt oder eingespannt, isoliert und eingegossen werden. Die Formlinge muß man dann analog zur Arbeit des Glas- oder Porzellanmachers verschneiden.

Alle diese Formlinge werden naturgemäß durch die Schwindung kleiner als das Original. Und noch eine Information: Die Formen von Markengeschirren und dergl. unterliegen dem gesetzlichen Schutz.

Abschließend: Man kann auch auf diese Weise in der Schule technische Denkprozesse und technisches Lernen initiieren, in der Sozialpädagogik Beschäftigungs-, Arbeits-, Heil- und Freizeittherapie betreiben und auch im Laienschaffen zu anspruchsvoller Keramik kommen.

Übersicht: Stufenfolge der fertigungstechnischen Schwierigkeiten

Hinsichtlich des Grades der fertigungstechnischen Schwierigkeit bei den einzelnen Arbeitsschritten ergibt sich *in etwa* die folgende Steigerungsmöglichkeit („Vom Leichten zum Schweren") (9):

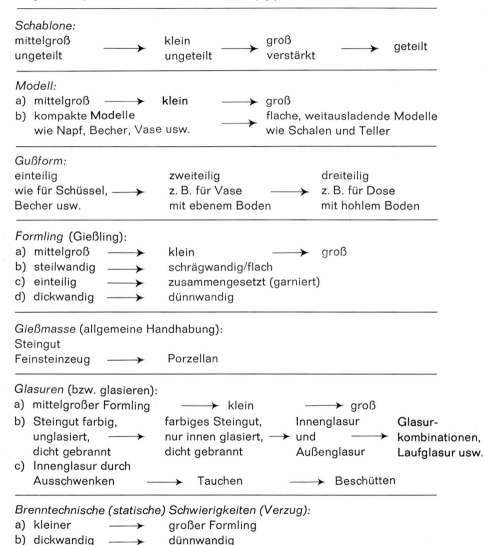

Schablone:

| mittelgroß | → | klein | → | groß | → | geteilt |
| ungeteilt | | ungeteilt | | verstärkt | | |

Modell:
a) mittelgroß ⟶ klein ⟶ groß
b) kompakte Modelle
   wie Napf, Becher, Vase usw. ⟶ flache, weitausladende Modelle
   wie Schalen und Teller

Gußform:
einteilig
wie für Schüssel, ⟶ zweiteilig ⟶ dreiteilig
Becher usw. z. B. für Vase z. B. für Dose
mit ebenem Boden mit hohlem Boden

Formling (Gießling):
a) mittelgroß ⟶ klein ⟶ groß
b) steilwandig ⟶ schrägwandig/flach
c) einteilig ⟶ zusammengesetzt (garniert)
d) dickwandig ⟶ dünnwandig

Gießmasse (allgemeine Handhabung):
Steingut
Feinsteinzeug ⟶ Porzellan

Glasuren (bzw. glasieren):
a) mittelgroßer Formling ⟶ klein ⟶ groß
b) Steingut farbig, farbiges Steingut, Innenglasur Glasur-
   unglasiert, ⟶ nur innen glasiert, → und ⟶ kombinationen,
   dicht gebrannt dicht gebrannt Außenglasur Laufglasur usw.
c) Innenglasur durch
   Ausschwenken ⟶ Tauchen ⟶ Beschütten

Brenntechnische (statische) Schwierigkeiten (Verzug):
a) kleiner ⟶ großer Formling
b) dickwandig ⟶ dünnwandig
c) steilwandig ⟶ schrägwandig ⟶ flachschalig/tellerartig

V. Nachbesinnung

Die vorangegangene Beschreibung des keramischen Gießverfahrens (im wesentlichen als Hohlguß) und der Zweck der Darlegung sind unter den beiden Aspekten einerseits des Laienschaffens und andererseits der pädagogischen Intention zu betrachten:
Der Laienwerker findet, wie wir hoffen, eine brauchbare Anleitung, um sicher und ohne Umschweife zu Gefäßen und Geschirr nach eigenen Ideen zu kommen. *Er hat es auf ein fröhliches, sinnvolles Tun und das fertige Werkstück abgesehen.* Das ist legal.
Ebenso ist der Sozialpädagoge, der Heilpädagoge, der Freizeitpädagoge, der Beschäftigungs- und Arbeitstherapeut lebhaft daran interessiert, seinen Patienten/Klienten/Gruppenmitgliedern ein schönes, erstrebenswertes Ziel als Motivation zum Tun vor Augen führen zu können. Zu einem Tun, das einen Schatz gezielt einsetzbarer Lern- und Therapiemöglichkeiten für die unterschiedlichsten Situationen birgt. Für ihn gilt im übertragenen Sinne, und jeweils speziell akzentuiert, auch das nachstehend für den Lehrer Gesagte.
Der Werklehrer sollte eine Möglichkeit erhalten, *durch Studium und eigenen Versuch* in einem gewissen Umfang selbst sachkundig bzw. kritikfähig zu werden hinsichtlich
der Werkstoffe,
der Werkzeuge,
der Fertigungstechniken und hinsichtlich
der Sache selbst (das sind hier keramische Gefäße in ihrem Gesamthabitus),
und das nicht in erster Linie zur eigenen Bereicherung, sondern zu dem Zweck, „Unterricht" und „Lernen" (im weiten Sinne) für seine Schüler zu ermöglichen. Ein solches Lernen läuft bekanntermaßen am nachhaltigsten ab „auf dem Rücken der Handlung", durch aktives Planen und nachfolgenden praktischen Werkvollzug, der natürlich auch wiederum von geistigen Bemühungen und prüfender Reflexion durchzogen ist, spätestens in der Endphase einer Erprobung, Betrachtung oder dgl. *Dabei entstehen selbstverständlich und glücklicherweise — auch Werkstücke.*
Durch dieses Lernen erhoffen wir Verbesserungen in Form von Zuwachs an Wissen und Können. Wir streben darüber hinaus eine Ausbildung von Kritik- und Urteilsfähigkeit an (unter Zuhilfenahme von Wissen und Können, z. B. hinsichtlich der Verwendbarkeit von keramischen Stoffen, Werkzeugen, Körperformen für bestimmte Zwecke usw.). Wir kommen aber auch zwangsläufig in die Lage, den Komplex der Arbeitstugenden kultivieren zu müssen: das sind Fragen der Kooperation, des Verhaltens gegenüber dem Werkstoff, dem Werkzeug, dem Werkstück, gegenüber dem Raum, dem Mitschüler, dem Lehrer und z. B. auch der Putzfrau. Ohne ein Erlernen solcher

Verhaltensweisen (z. B. Behutsamkeit, Geduld, Zielstrebigkeit, Hilfsbereitschaft, Sorgfalt usw.), die als Funktion, als veränderliche Größen in Abhängigkeit von der räumlichen, dinglichen, zeitlichen, sozialen usw. Situation aufzufassen sind, ist übrigens auch ein Unterrichten nicht möglich.

In der vielzitierten „technisierten Arbeitswelt" finden wir als Verbindendes die *gleichen Notwendigkeiten* wieder: Man kommt generell nicht umhin, ein bestimmtes Wissen und Können zu erwerben, man muß mit dessen Hilfe eine spezifische Urteilsfähigkeit entwickeln und notwendige und der Situation angemessene Verhaltensweisen erlernen, um durch *planvolles und kritisch überdachtes Vorgehen* zum Ziel zu gelangen. Die *konkreten Gegenstände*, um die sich die jeweiligen Bemühungen in der „Welt des Berufes" drehen, *divergieren dagegen in ihren speziellen Versionen außerordentlich!* Ein *allgemeinbildendes* Fach „Werkunterricht", gleichgültig, ob es als „Arbeitslehre", „Technischer Unterricht" oder dgl. bezeichnet wird, kann sich jedoch nur mit solchen konkreten Gegenständen beschäftigen, die die *Allgemeinheit* berühren und auf diese Weise für den common man relevant sind. Das sind die „Werke" des Menschen, die Grundtypen seiner technischen Gegenstände, in etwa dargestellt durch die eingangs genannten „Typen", *und dazu gehören unabdingbar auch „Gefäße" aus keramischer Substanz.*

Deswegen ist die „materiale Verbesserung" hier als ein Zuwachs an *technischem Wissen und Können* zu bezeichnen, unausweichlich untermischt mit Erkenntnissen aus dem Bereich des Ästhetischen. Die „formalen Verbesserungen" sind eine Ausbildung *technischer Arbeits-, Denk- und Urteilsfähigkeit,* spezifisch und gegenstandsbezogen wie *jede* Fähigkeit zum „technischen Denken und Handeln" (und wiederum untermischt mit ästhetischen Aspekten). Die Verbesserung der Verhaltensweisen zielt fast zentral auf die Fähigkeit zu *technischer Verwirklichung* im Werkprozeß ab.

Wir waren bemüht, im einzelnen aufzuzeigen, welche Einsichten gewonnen werden können. Das sind letztlich „fundamentale Erkenntnisse" aus der Ebene I (Klafki), die ermöglicht werden durch theoretische und praktische Bemühungen im Bereich der „Kategorien" aus der Ebene II. In dieser Weise hoffen wir, „doppelseitig erschließend" zu wirken.

Oder kurz: Es geht um das Erreichen von Lernzielen aus dem kognitiven, dem psychomotorischen und dem affektiven oben angesprochenen Bereich. Die Methode dazu ist das Herstellen von Gegenständen/Gefäßen im keramischen Gießverfahren. Die Gegenstände, die Technologie, die soziale und technische Organisation der Arbeit sind also für den didaktisch handelnden Lehrer, Sozialpädagogen, Heilpädagogen usw. ein Medium, um (auf dem Rücken der Handlung) die o. a. und jeweils spezifischen Ziele zu erreichen. Der Schüler, der Klient, der Patient usw. hat natürlich primär das Erlangen eines schönen, evtl. eigenen Gegenstandes im Auge, ohne vielfach bewußt zu bemerken, welche strukturellen Veränderungen bei ihm durch „Lernen" während dieses Prozesses abgelaufen sind.

Unsere schulische Arbeit wäre aber unvollständig, wenn wir nicht versuchen wollten, über den exemplarischen Fall oder über die durch Zeitnot bedingten wenigen konkreten Arbeiten hinaus ein Verfügbarmachen und eine Ausweitung zu erreichen und *Möglichkeiten des Transfer anzubahnen*. In der Folge deswegen eine Liste von Vorhaben, die im Sinne eines „orientierenden Lernens" dazu geeignet erscheinen (45):

1. *Im gleichen Sachbereich keramischer Gefäße z. B.:*
   Tonfilm: Porzellanherstellung
   Dia-Reihe: In der Töpferei (V-Dia-Verlag, Heidelberg, Reihe 73009 —
              19 Bilder)
   Betriebsbesichtigungen
   Auseinandersetzung mit Werbeprospekten des Handels
   Auseinandersetzung mit Erzeugnissen der Industrie und des Handwerks
   Geschichtliche Aspekte
2. *Im technologischen Bereich (der Werkstoffe, Werkzeuge und Fertigungstechniken) z. B.:*
   Besichtigung einer Tongrube, eines Feldspatwerkes usw.
   Besuch einer Ziegelei
   Tonfilm: Porzellanherstellung
   Dia-Reihe: In der Glockengießerei (V-Dia-Verlag, Heidelberg, Reihe
              71024 — 20 Bilder)
   Besuch einer Metallgießerei
   Besuch einer Kunststoff-Fabrik
3. Bei solchen Unternehmungen werden auch wiederum, wie im Werkraum, Fragen der Ökonomie transparent (Arbeitsteiligkeit, Fließband, Serienherstellung usw.)

In welchem Maße das hier aufgerissene Gesamtproblem keramischer Gefäße im einzelnen schulisch bearbeitet werden kann, hängt von der jeweiligen Situation des Lehrers und der Schüler ab.

Zur Methode ist ganz allgemein zu sagen, daß wir *den* Weg gehen sollten, der am fruchtbarsten erscheint. Das ist der Weg der aktiven eigenen Bemühung und des Selbstfindens. Wir sollten also Unterrichtssituationen schaffen, die zum Nachdenken bewegen, **wir sollten die entscheidenden Fragen aus den Ebenen I und II tatsächlich aufleuchten, sie frag-würdig und zum Problem werden lassen,** um daraus Motivationen zu ihrer Bewältigung zu gewinnen.

Es sollte aber selbstverständlich sein, daß der Lehrer, als der Wissende und der Könner, dabei im Hintergrund steht, um das Finden von Lösungen anzustoßen und zu steuern. Es wäre falsch, Schüler zu zwingen, alles und jedes selbst zu finden. Wir werden sogar dann und wann im richtig verstandenen Sinne lehren müssen, wenn etwa durch Schüleraktivität allein die Fertigungstechniken nicht in Gang kommen wollen, oder wenn es um materialkundliche Fragen geht.
Es werden auch Schwierigkeiten auftauchen! Sowohl solche, die mit der Sache selbst (den Gefäßen) zusammenhängen, als auch solche, die durch den Werkstoff, das Werkzeug und die Fertigungstechniken verursacht werden. Mit Sicherheit erwarten uns letztlich auch Beschwernisse, die aus dem falschen Verhalten von Schülern und aus Organisationsfehlern des Lehrers resultieren.
Der von seinem Auftrag überzeugte und sachlich fundierte Lehrer wird daran nicht scheitern. Er wird nicht versuchen auszuweichen, er wird vielmehr Lösungswege zu finden wissen.
Und das gilt auch für den gesamten, weiten Bereich der Sozial-, Heil- und Freizeitpädagogik, von der Arbeit in der Heilstätte für Alkoholgefährdete, im Jugendheim, in der Volkshochschule , im Strafvollzug usw.!

Wo Schwierigkeiten auftauchen, gibt es auch grundsätzlich etwas zu lernen, sowohl für die Schüler als auch für den Lehrer!
(Nach Guyer): Der Mensch lernt nur durch Schwierigkeiten!

Abschließend zur Verdeutlichung der aphorismenhafte Bericht über zwei konkrete Unterrichtsvorhaben,
wobei das erste besonders aufschlußreich deswegen ist, weil es sich um eine Reihe von 12 Doppelstunden handelt, während der sieben Studierende (Pädagogisches Fachinstitut, Fulda) jeweils ihre erste, bzw. dann die zweite Doppelstunde ihres Lebens hielten. Die Studierenden hatten also mehr oder weniger mit ihrer eigenen Natur, mit den Tücken des jeweiligen Unterrichtsinhaltes, sowie mit der Organisation und Führung des Unterrichts zu kämpfen. Dadurch wurden die möglichen Schwierigkeiten natürlich besonders evident, zumal es sich um eine starke Gruppe von 20 Schülern handelte, die noch nicht im keramischen Bereich gearbeitet hatten. Alter der Jungen: durchschnittlich 13 Jahre (7. Schuljahr, Volksschule).

Im zweiten Bericht werden neben dem Ablauf vor allem detaillierte Angaben über die jeweiligen Lernzielbereiche gemacht.
Beide Berichte dürften deswegen auch für die soziale Arbeit im weiten Sinne eine Fundgrube über den Ablauf mit anderen Akzenten und Intentionen sein.

Aufgabe: Herstellung eines Milch- oder Kakaobechers mit einem Untersetzer sowie einem Teller für ein Brötchen oder dgl.

Die vier besten Entwürfe sollen verwirklicht und die Teile in so ausreichender Zahl hergestellt werden, daß jeder Schüler ein vollständiges Gedeck erhält.

In der didaktischen Vorbesprechung wurde zunächst festgelegt, welche der drei nachfolgenden Möglichkeiten des Vorgehens mit dem entsprechenden „Einstieg" für unsere Situation am angemessensten sei:

(Die drei Schemata lassen sich auch auf andere Unterrichtsinhalte im Werkunterricht übertragen. Sie beinhalten sowohl die methodische Möglichkeit eines Lernens durch

a) *praktischen Werkvollzug einschl. „Planung"*, siehe Schemata 1 und 2, als auch durch

b) *analysierenden Unterricht über einen Unterrichtsgegenstand*, siehe Schema 3.)

1. Einstieg in Ebene I

Ebene III

Anbahnung eines Transfer
durch orientierendes Lernen und Verallgemeinerung
(als Erweiterung auf Varianten des gleichen Typs
und als Verallgemeinerung von Problemlösungen
der Ebene II)

Gegenstand eines bestimmten Typs
(in Originalgröße, im Kleinformat, als
„Spielzeug", als Teillösung/z. B. Unterbau . . .
als Verfahrensweise)
Doppelseitig erschlossen

Erprobung,
Kontrolle,
Betrachtung (als
Rückkopplung wirkend)
motiviert zur evtl.
Verbesserung

Ebene II

Oberfläche ?

Größe, Form, Proportionen . . . ?

Werkzeug + Werkverfahren ?
Organisationsform der Arbeit

Material ?

Erwerb bzw.
Anwendung
von
Kenntnissen,
Fertigkeiten,
Urteilsfähigkeit
und
Verhaltensweisen

zur Lösung des Gesamtproblems
durch mehr oder weniger großen
Anteil von probierendem Vorgehen
und rein gedanklicher Planung

Ebene I

?? Ist die
Situation
„bestanden"

Motivation

Die Ursituation
der Entstehung
eines Gegenstandes
aus einer „Not des Lebens"

Einstieg
durch Rückführung auf die
Ursituation der Entstehung

Ernstsituation:
Wanderung — Feuerstelle?
Werkraum — Werkzeugschrank?
Schulfest — Bühne?
1. Schuljahr — braucht Kästchen!
Winter Futterstelle f. Vögel
Schulfest/ Vasen
Tombola und dergl.

künstl. Situation:
2 Tische, dazwischen „Schlucht"
— Brücke?
Schilderung vom Aufrichten eines
Mastes
— Abstützung?
Techniken:
Wir müßten jetzt drehen können!

2. Einstieg in Ebene III

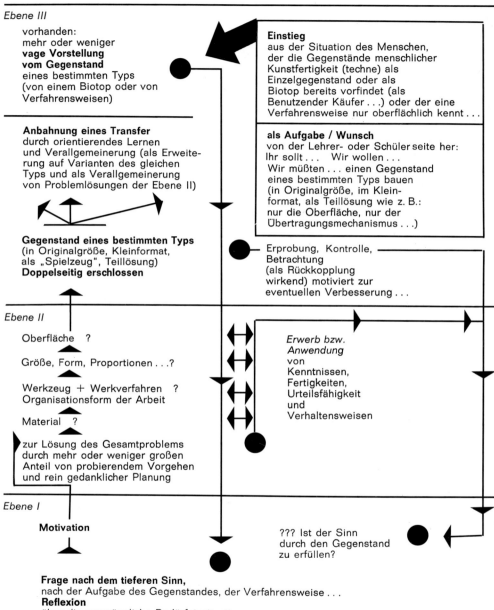

Ebene III

vorhanden:
mehr oder weniger
vage Vorstellung
vom Gegenstand
eines bestimmten Typs
(von einem Biotop oder von
Verfahrensweisen)

Einstieg
aus der Situation des Menschen,
der die Gegenstände menschlicher
Kunstfertigkeit (techne) als
Einzelgegenstand oder als
Biotop bereits vorfindet (als
Benutzender Käufer...) oder der eine
Verfahrensweise nur oberflächlich kennt...

Anbahnung eines Transfer
durch orientierendes Lernen
und Verallgemeinerung (als Erweiterung auf Varianten des gleichen
Typs und als Verallgemeinerung
von Problemlösungen der Ebene II)

als Aufgabe / Wunsch
von der Lehrer- oder Schüler seite her:
Ihr sollt... Wir wollen...
Wir müßten... einen Gegenstand
eines bestimmten Typs bauen
(in Originalgröße, im Kleinformat, als Teillösung wie z. B.:
nur die Oberfläche, nur der
Übertragungsmechanismus...)

Gegenstand eines bestimmten Typs
(in Originalgröße, Kleinformat,
als „Spielzeug", Teillösung)
Doppelseitig erschlossen

Erprobung, Kontrolle,
Betrachtung
(als Rückkopplung
wirkend) motiviert zur
eventuellen Verbesserung...

Ebene II

Oberfläche ?

Größe, Form, Proportionen...?

Werkzeug + Werkverfahren ?
Organisationsform der Arbeit

Material ?

zur Lösung des Gesamtproblems
durch mehr oder weniger großen
Anteil von probierendem Vorgehen
und rein gedanklicher Planung

Erwerb bzw.
Anwendung
von
Kenntnissen,
Fertigkeiten,
Urteilsfähigkeit
und
Verhaltensweisen

Ebene I

Motivation

??? Ist der Sinn
durch den Gegenstand
zu erfüllen?

Frage nach dem tieferen Sinn,
nach der Aufgabe des Gegenstandes, der Verfahrensweise...
Reflexion
über die ursprüngliche Bedürfnissituation
des „bedrängten" Menschen
(Was soll der Gegenstand leisten?
Was verlangt man von ihm?

3. Einstieg in Ebene III

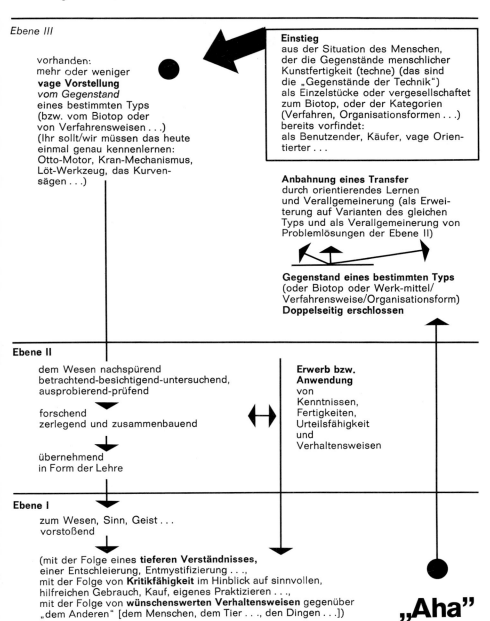

Ebene III

vorhanden:
mehr oder weniger
vage Vorstellung
vom Gegenstand
eines bestimmten Typs
(bzw. vom Biotop oder
von Verfahrensweisen . . .)
(Ihr sollt/wir müssen das heute
einmal genau kennenlernen:
Otto-Motor, Kran-Mechanismus,
Löt-Werkzeug, das Kurven-
sägen . . .)

Einstieg
aus der Situation des Menschen,
der die Gegenstände menschlicher
Kunstfertigkeit (techne) (das sind
die „Gegenstände der Technik")
als Einzelstücke oder vergesellschaftet
zum Biotop, oder der Kategorien
(Verfahren, Organisationsformen . . .)
bereits vorfindet:
als Benutzender, Käufer, vage Orien-
tierter . . .

Anbahnung eines Transfer
durch orientierendes Lernen
und Verallgemeinerung (als Erweiterung auf Varianten des gleichen
Typs und als Verallgemeinerung von
Problemlösungen der Ebene II)

Gegenstand eines bestimmten Typs
(oder Biotop oder Werk-mittel/
Verfahrensweise/Organisationsform)
Doppelseitig erschlossen

Ebene II

dem Wesen nachspürend
betrachtend-besichtigend-untersuchend,
ausprobierend-prüfend

forschend
zerlegend und zusammenbauend

übernehmend
in Form der Lehre

**Erwerb bzw.
Anwendung**
von
Kenntnissen,
Fertigkeiten,
Urteilsfähigkeit
und
Verhaltensweisen

Ebene I

zum Wesen, Sinn, Geist . . .
vorstoßend

(mit der Folge eines **tieferen Verständnisses,**
einer Entschleierung, Entmystifizierung . . .,
mit der Folge von **Kritikfähigkeit** im Hinblick auf sinnvollen,
hilfreichen Gebrauch, Kauf, eigenes Praktizieren . . .,
mit der Folge von **wünschenswerten Verhaltensweisen** gegenüber
„dem Anderen" [dem Menschen, dem Tier . . ., den Dingen . . .])

„Aha"

Wir entschieden, in der ersten Stunde zunächst nach der Möglichkeit Nr. 3 (Einstieg in Ebene III) „einzusteigen", sahen aber schon voraus, daß danach im Wechsel auch nach den beiden anderen Weisen verfahren werden müßte. Zur Artikulation des Unterrichtsverlaufs benutzten wir die Vorstellungen von W. Himmerich, H. Roth und P. Heimann/W. Schulz.

1. Doppelstunde:

Kreis im Klassenraum. Mehrere gegossene und glasierte Schälchen und Becher stehen auf dem Tisch in der Mitte. Großes Staunen, als gesagt wird: „Das ist das Werk von Jungen Eures Alters!" Problemgespräch um die Fertigungstechnik. Vermutung: Hilfe einer Maschine, weil sehr exakt gearbeitet. Bestätigung! Aber Verneinung auf die Frage nach der Töpferscheibe. Neue Vermutung: Die Gefäße sind gegossen! Bestätigung! Neue Schülerfrage: Wie haben die Jungen das gemacht? In der anschließenden Diskussion wird in erstaunlich exakter Weise von den Schülern gefunden, daß ein Modell und eine danach hergestellte Form (Matrize) vorhanden gewesen sein müssen. Nach der Einhilfe: „Ton" kann man verflüssigen und Gips saugt! finden die Schüler, daß die Matrize keinen „Kern" braucht, der die Schichtdicke festlegt, sondern daß ein „Hohlguß" möglich ist. Weitere Erkenntnis: Das Modell muß gedreht worden sein. Frage nach der Maschine! Wir holen das Drehgerät (Egeling) aus dem Schrank. In der Diskussion um die Wirkungsweise finden die Jungen, daß ein „Blechding" (Schablone) gemacht werden muß, um mit der Maschine arbeiten zu können. Im Feststellungsgespräch werden die insgesamt notwendigen wesentlichen Arbeitsschritte zum Ablauf geordnet. Er ist von den Jungen weitgehend selbst gefunden worden. (Entwurf-Modell-Gußform, Formling usw.). Nahezu spontane Reaktion: So etwas können wir auch machen! (Einstieg nach Möglichkeit Nr. 2.)
Einigung auf die Aufgabe: Milchbecher usw. (siehe oben). Diskussion über die richtige Abfolge der Arbeitsschritte. Fixierung der Bedingungen, die das Geschirr erfüllen muß: *Was wird von den einzelnen Teilen eigentlich verlangt?* (Standfestigkeit, Größe usw.) (Ebene I)
Beginn der zeichnerischen Planung durch jeden einzelnen.

2. Doppelstunde:

Kurze Wiederholung und Weiterarbeit am Entwurf. Ausschneiden als Scherenschnitt/Faltschnitt.
Geordnetes Anheften an die Tafel (Tesakrepp). Anschließend werden sämtliche Teile in jeweils einem ganzen Durchgang zunächst beurteilt nach den Kriterien:

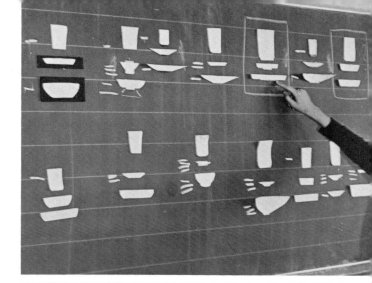

Abb. 125
Kritik.

Abb. 126
Letzte Besprechung.

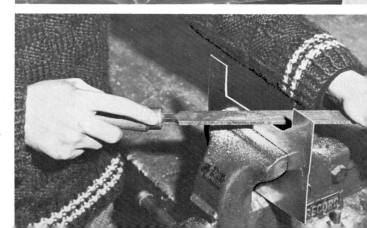

Abb. 127
Feilen einer Schablone.

Zu groß — zu klein? dann
ausreichend standfest? dann
in der Form zueinander passend? dann
aus der einteiligen Matrize zu lösen? zuletzt
in der Erscheinung ansprechend? (Zu hoch im Vergleich zur Breite ...
usw.)
Jedes einzelne Teil, das der Anforderung nicht genügte, erhielt einen
Minus-Strich beim jeweiligen Durchgang. Dabei *deutlich zunehmende Kritikfähigkeit gegenüber den Entwürfen.*
Es bleiben einige Entwürfe übrig, die relativ fehlerfrei sind. Sie werden
gemeinsam etwas modifiziert und werden von den betreffenden Jungen zu
Hause noch einmal sauber als Faltschnitte ausgeschnitten.

3. Doppelstunde:

Die Entwürfe liegen vor. Sie erhalten ihren Namen. Es werden nach klärender Aussprache vier Arbeitsgruppen zu je 5 Jungen gebildet, die
jeweils ein ganzes Gedeck in partnerschaftlich-*arbeitsteiliger Weise* herstellen sollen. Probleme der Kooperation in einer Ernst-Situation! *Hier und
in den folgenden Stunden Probleme der „inneren Differenzierung"!*
Zuschneiden von Blech für die Schablonen. Aussägen der Schablonen.
Fertigungstechnische Probleme wechselnder Art.
Einzelne Schüler beginnen bereits, die Schablonen zu feilen.

4. Doppelstunde:

Feilen der Schablonen. *Feinarbeit.* Wie spanne ich das Werkstück zum
Feilen ein? *Meßtechnische Probleme.*
Klärung der Frage, *wie die Schablone auf das Drehgerät aufzubringen und
wie die Wellenstärke zu berücksichtigen ist.* Folgen fehlerhafter Arbeit?
Die ersten Schablonen werden zum Aufschrauben vorbereitet.

5. Doppelstunde:

Die Löcher werden gebohrt. Verschiedene, auch unangemessene Bohrgeräte werden erprobt (z. B. Bohrwinde).
Aufschrauben und Einrichten der Schablonen. Sollte man die Schrauben
von oben oder von unten durchstecken? *Hilfsmittel zum Einrichten?* ...

Sowie die erste Schülergruppe „arbeitslos" ist, *gemeinsame Erprobung
des Drehgeräts* (Kreis). Klärung von *materialkundlichen (technologischen)
Fragen zum Problem „Gips".*

6. Doppelstunde:

Weiterarbeit an der Montage der Schablonen. Einige Schüler *beginnen, die Modelle zu drehen.* Es sind schließlich 9 Geräte im Betrieb. (Man kann selbstverständlich durch Umorganisation und Differenzierung mit weniger Geräten auskommen.)
Gegen Ende der Stunde sind 7 Modelle einigermaßen fehlerfrei gedreht.
Ein wesentliches pädagogisches Problem: *Die Korrelation im Verhalten der Schüler zu Gips-Kleidung-Werkzeug-Werkraum!* Die Unterrichtende hatte zwar auf die Verschmutzungsgefahr hingewiesen, hatte aber unter die Geräte keine „Fangtücher" spannen, sondern nur Zeitungspapier auf dem Boden auslegen lassen. Die Folge: Die Kleidung der Schüler, als ihr anerkannt wertvolles Eigentum, war *vollkommen* sauber geblieben, die auf den Boden gefallenen Gipsbröckchen waren jedoch breit getreten und verschleppt worden. 10 Minuten vor Ende der Stunde hieß es sehr pauschal und ungezielt: „Schluß! Aufräumen! Saubermachen!"
Daraufhin holte der rührigste der Jungen unversehens einen großen Eimer mit Wasser, schwappte es auf den Fußboden und begann mit dem Schrubber „sauberzumachen", wie „die Mutter das eben so macht". Die anderen Schüler konnten ihm nicht ausweichen und liefen in dem „Brei" herum. Sie waren sichtlich zutiefst über diesen unerfreulichen Ausgang betroffen, mußten aber zur nächsten Stunde in die Turnhalle gehen. Über der Unterrichtenden und den anwesenden Studierenden aber stürzte der „didaktische Himmel" ein. Wir hatten eine ganze Stunde zu tun, bis der Raum wieder gesäubert war.

Eine nachfolgende Analyse brachte zutage, daß *nur verhältnismäßig kleine Probleme aus dem pädagogisch-funktionalen Raum* an dem Unglück schuld waren und der Lösung bedurften:
1. *Es darf kein Gips auf den Fußboden gelangen!*
2. *Es müssen Wege vermieden werden.* Dazu ist es notwendig, den Gips in (dicht verschließbare) Eimer abzufüllen, die auf den Tischen aufgestellt werden und für einzelne Arbeitsgruppen zugänglich sind. Das gleiche gilt für Wasser. An jedem einzelnen Arbeitsplatz stehen darüber hinaus ein oder zwei Gipsbecher aus Gummi und ein Plastikbecher für Wasser!
3. *Wenn überhaupt, dann darf nur feucht, nicht aber naß aufgewischt werden!*
4. *Säuberungsmaßnahmen müssen gezielt angeordnet und konsequent gesteuert werden!*

7. Doppelstunde:

*Schüler und Lehrer waren hoch motiviert: So etwas darf nicht wieder vor-
kommen!*
Es werden in Problemgesprächen die Gründe erforscht, die zu dem „Er-
eignis" führten (siehe oben 1—4), *danach werden notwendige Verhaltensweisen und Organisationsformen gefunden, verabredet und natürlich als
verbindlich angeschrieben:*

1. Fangtücher unter das Gerät spannen!
2. Gedreht wird zu zweit! Der eine kann das Modell aufbauen, der
   andere behält saubere Finger, rührt mit einem Blechstreifen Gips an,
   erledigt Handreichungen und dreht die Welle des Gerätes. Er kann
   auch Gipsbröckchen aufheben.
3. Die Hände von abgebundenem Gips nur über dem Fangtuch reinigen
   (durch Abreiben)!
4. Wege vermeiden! Trockenen Gips und Wasser nicht von weit her
   holen, sondern aus den nächsten Vorratsgefäßen.

Danach wurden noch einmal an acht Geräten Modelle gedreht.

Abb. 128
Teller-Modell.
Beachte das
Fangtuch!

Die fertigen Modelle aus der vorigen Stunde wurden in der Zwischenzeit von anderen Schülern zugegipst und mit Dübeln versehen. Am Ende der Stunde brauchten nur die Geräte gesäubert und die Tische abgewischt zu werden. *Der Fußboden war bis auf einige Krümchen vollständig sauber geblieben!* Das war auch im wesentlichen in den folgenden Stunden der Fall. Während eines *neuen* Unterrichtsvorhabens mit *anderen,* uneingeweihten Schülern haben wir diesen Lernerfolg: „Breitgetretener Gips wirkt sich unerfreulich aus!" weniger aufwendig erreicht, indem wir in der Art einer Schülerdemonstration *einen einzelnen* Schüler vor den Augen der anderen einen solchen Modellfall gezielt und mit allen Konsequenzen durchprobieren ließen, bis hin zum Säubern des kleinen Fußbodenstückes und der Schuhe. Dieser eine exemplarische Fall war eindringlich genug, um auch für die anderen als Motivation zu richtigem Verhalten zu dienen.

Analog zu Mädchen, die im hauswirtschaftlichen Unterricht lernen müssen, mit flüssigen, schmierenden, breiartigen oder staubenden Substanzen umzugehen, sollte es auch den Jungen als zukünftigen Männern ermöglicht sein, entsprechende Verhaltensweisen zu erwerben!

Damit rückt der Werkraum aus der hier und dort noch anzutreffenden Situation eines wohlbehüteten und auf Hochglanz polierten „Renommier-Raumes" der Schule heraus und wird unter anderem zum (entsprechend eingerichteten) *Versuchs-Raum.* (7)

Abb. 129 Herstellen der Umrandung.

8. Doppelstunde:

Gießen der ersten Matrizen. *Vorweg Probleme beim Bau der Umrandung,* der Abdichtung, der Konservierung des Modells.
Das Problem der *richtigen* Gips-Wasser-Mischung, sowie das *Organisationsproblem der Herstellung und Verteilung des Gipsbreies.* Das Problem des Eingießens in die Umrandung. Zunächst Herausarbeiten der Verfahrensweisen, dann Demonstration durch Schüler. Organisation: Zwei Schüler rühren unter Zuhilfenahme der „Gipswaage" (Egeling) und der Bohrmaschine mit Rührer auf Bestellung der anderen Gruppen die jeweils nötige Menge Gipsbrei an und geben sie zum Vergießen ab.
Die ersten Matrizen werden gegossen und die Modelle herausgezogen.
Einige Jungen konnten in der gleichen Stunde noch eine zweite Matrize von ihrem Modell gießen.
Die fertigen Matrizen wurden über Nacht im Brennofen bei 40 °C getrocknet. Sie wären aber auch ohne diese Maßnahme bis zur nächsten Stunde trocken gewesen.

9. Doppelstunde:

Der spannende Moment: *Die ersten Formlinge werden gegossen* und anschließend prompt zerdrückt. Allgemeine Demonstration der notwendigen Behutsamkeit. Weitere Abgüsse. Zwischendurch werden die letzten Matrizen angefertigt.
Probleme der räumlichen Organisation: Getrennte „Abteilungen" für das Gießen der Formlinge und das Herstellen der Matrizen. Warum?
Aufstellen der Formlinge zum Trocknen. Verfahrenstechnische und materialkundliche Probleme.

10. Doppelstunde:

Zwei Abteilungen: In der einen: Gießen neuer Formlinge; in der anderen: Verputzen und Schwämmen der trockenen Formlinge aus der vorigen Stunde.
Probleme des Verhaltens:
    Trockenbruch durch Unvorsichtigkeit,
    anfallender Massestaub (Verputzen an *einer* Stelle über dem Tisch),
    Ordentlichkeit der Arbeit.

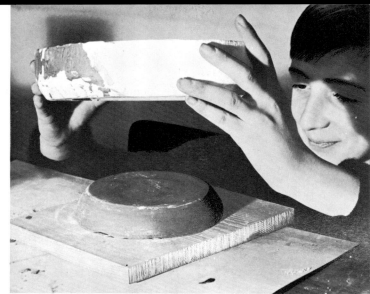

Abb. 130
Der spannende
Moment: „Entfor-
men".

Abb. 131
Verputzen und
Schwämmen.

11. Doppelstunde:

Die letzten noch fehlenden Formlinge werden gegossen, die inzwischen trockenen verputzt, geschwämmt und in den Ofen eingesetzt. *Materialkundliche, brenntechnische Probleme, sowie Fragen der Ökonomie* beim Einsetzen. Der Brand wurde durch den Lehrer geführt.

12. Doppelstunde:

Die letzten wenigen Formlinge werden verputzt. Inzwischen werden die Becher innen glasiert. Allgemeine Fragen: *Warum eigentlich eine Glasur? Welche Farbe? Fertigungstechnik, materialkundliche Fragen* und natürlich ständig Fragen des Verhaltens. Vor Beginn der Arbeit: Üben des Innenglasierens mit Kunststoffbechern und Wasser.

Anschließend: Einbau und Glasurbrand. Die letzten Formlinge wurden zwischendurch geschrüht und glasiert.

(Benutzte Gießmasse: Egeling Steingut braun 1050°
Innenglasur: Egeling weiß-deckend-glänzend 1050°)

Zur Kostenfrage:

Bei vorhandener Grundausstattung (Brennofen, für je 2 Schüler ein Drehgerät, davon einige verstellbar mit großer und kleiner Welle, Gipswaage) sind die laufenden Kosten *erstaunlich gering:*
  a) Blech für Schablonen wird in nur geringen Mengen verbraucht.
  b) Gips ist sehr billig.
  c) Zubehör wie Eimer, Kellen, Wasserbecher, Plastikfolie, Blechstreifen usw. kosten wenig.
  d) Gießmasse verbraucht sich sehr sparsam! (Handaufgebaute Gefäße sind in der Regel größer bei zusätzlich dreifacher Wandstärke!)
  Aus einem Sack Trockenmasse (50 kg) lassen sich gießen:
  ca. 90—100 Teekannen
  oder ca. 500 Teeschalen
  oder ca. 500 Kakaobecher
oder wie in einer anderen Unterrichtsreihe (5./6. Schuljahr, Realschule)
  ca. 50 große Schalen für Lakritz-Konfekt für einen Jungengeburtstag (5 verschiedene Entwürfe),
  dazu insgesamt
  ca. 450 jeweils passende Schälchen für die einzelnen Teilnehmer. (So viele sind natürlich nicht gegossen worden.)

e) Die Grundglasuren sind preiswert, im Brennbereich 1150° und höher ausgesprochen billig. Bei Verwendung von farbigem Steingut (Egeling/1050°) können sie möglicherweise sogar entfallen.
Was unter Einsatz dieser relativ geringen Mittel gelernt werden kann, ist deutlich geworden.

Da die vorgesehene Hospitationszeit zu Ende war, konnte der Unterricht von seiten der Studierenden nicht weiter erteilt werden. Der amtierende Werklehrer beabsichtigt jedoch eine Weiterführung, vor allem zunächst eine *kritische Betrachtung und Erprobung der angefertigten Geschirrteile!*

Was war erreicht worden?
In wechselnder Weise von der Ebene III oder der Ebene I her einsteigend, sind die Werkprobleme aus der Ebene II (die kategorialen Voraussetzungen der geistigen Aneignung und Bewältigung) in mehr oder weniger tiefgründiger Weise erhellt worden. Wir bemühten uns dabei im Sinne doppelseitiger Erschließung letzten Endes

a) um das Wesen unseres einfachen Geschirrs selbst,
b) um Werkzeuge, Werkstoffe und keramische Fertigungstechniken,
c) um die Organisation der Arbeit, von der Planung bis hin zur Praxis der Partnerarbeit und der Arbeitsteiligkeit,
d) um Verhaltensweisen gegenüber den spezifischen Werkstoffen in Relation zum Werkenden selbst, zu den Mitschülern, den Werkzeugen, dem Raum usw.

Wir haben dabei oft und in glückhafter Weise „Aha-Erlebnisse" beobachten können, die auf ein Lernen in Richtung „laienhafter Sachverstand" (Klafki) schließen lassen. Diese Lernergebnisse sind zum großen Teil durch Klausuren überprüfbar!

Die Veranstaltungsreihe litt naturgemäß
hinsichtlich der Eleganz des störungsfreien Ablaufes, und zwar, wie schon gesagt, dank der Schwierigkeiten der Studierenden mit der eigenen Person und der großen Werkgruppe, mit den notwendigerweise wechselnden Organisations- und Aktivitätsformen im Werkraum, sowie mit den Tücken der Werkstoffe und den daraus erwachsenden Problemen des Verhaltens. Bedingt vor allem auch durch den dauernden Lehrerwechsel resultierte schließlich aus dieser Situation eine noch zu geringe Gründlichkeit, eine zu geringe Befestigung und Verfügbarkeit des Gelernten (Werk-Heft!), eine zu geringe Ordentlichkeit der Werkausführung und außerdem verständlicherweise ein zu schleppender Gang. Ein versierter Werklehrer kommt erfahrungsgemäß sicherer und schneller zu qualitativ besseren Lern- (und Werk-)Ergebnissen!

Da unsere zwanzig Schüler nunmehr die Fertigungstechnik beherrschen und auch die erforderlichen Verhaltensweisen kennen, dürften sie früher oder später in der Lage sein, nach entsprechender Motivation und evtl. im „differenzierenden Vorgehen" (46) z. B. akzentuierter in ästhetische Fragen oder in die komplexe Problematik komplizierterer keramischer Gefäße einzudringen. Wir halten sie nach unseren Erfahrungen auch schon im Alter von 13 Jahren für fähig, einfache zwei- und dreiteilige Gußformen herzustellen. (Siehe die Übersicht: Stufenfolge der fertigungstechnischen Schwierigkeiten.)

An die praktischen werkerischen Bemühungen sollten sich, um es wiederholend zu sagen, in jedem Falle, sofort oder zu einem späteren Zeitpunkt, Unterrichtsveranstaltungen anschließen, die die exemplarisch gewonnenen Verbesserungen durch orientierendes Lernen (mit dem Ziel eines Transfer) zu einer breiteren Verfügbarkeit anwachsen lassen (Besichtigungen, kritische Betrachtung von Gebrauchsgeschirr, Film, Lichtbild usw.). Auch in diesem Sinne will der amtierende Werklehrer weiterarbeiten.

Wenn hier nicht der perfekte Unterrichtsablauf eines Könners mit den entsprechenden Ergebnissen dargelegt worden ist, dann, wie gesagt, nur deshalb, weil die Bemühungen von Anfängern die unterrichtlichen Schwierigkeiten deutlicher erkennen lassen.

Und zu guter Letzt:

Was Studierende in ihren ersten Probestunden mit Erfolg bewältigt haben, sollte auch für den Werklehrer möglich sein!

Dosen für Süßigkeiten gießen

1. Doppelstunde
(Die Stunden wurden zum Teil von Studenten der Fachhochschule Gießen, Bereich Fulda, gehalten.)
Die 16 Schüler (7. Schuljahr) wurden mit der Aufgabe konfrontiert:
Herzustellen sind Dosen für etwa 125 g Bonbons oder ähnliches, gedacht für den eigenen Bedarf im eigenen Zimmer.
Werkstoff: Keramik („Ton").
Die Dosen sollen a) in größerer Anzahl hergestellt werden und b) in einer Qualität, die sogar einen Verkauf gestatten könnte.
Unsichere Frage: Wie kann das gehen?
— unmöglich!
Als Denkanstoß und zur genauen Untersuchung standen gegossene Becher bereit, die von anderen Schülern hergestellt worden waren. Frage: Wie haben die das gemacht? Das könnten wir sicherlich auch!

Lernziele:
Sie sind hier und im folgenden nicht expressis verbis exakt formuliert! Siehe dazu auch „Lernzielbeschreibung"! Es müßte sonst die folgende Angabe unter Nr. 1 etwa lauten:
Endverhalten: Begründen können, warum die vorliegenden Becher weder von Hand aufgebaut, noch auf der Töpferscheibe gedreht sein dürften, sondern mit Sicherheit von den unbekannten Schülern gegossen wurden.
Hilfsmittel: gegossene Becher, evtl. auch handaufgebaute und gedrehte Gefäße.

Beurteilungsmaßstab: Da es sich um eine hypothetische Beurteilung handelt, müssen geringe Denkfehler zunächst gestattet sein. Sie sollten aber spätestens nach Denkanstößen durch die Gruppenmitglieder oder den Lehrer korrigiert werden können.
Da solche ins einzelne gehenden Angaben nur immer für spezielle Situationen gelten und auch räumlich aufwendig sind, bleiben wir im folgenden bei der vereinfachten Angabe von Lernziel-Intentionen.

Technologie:
(Technologie = griechisch, Lehre von der Herstellungsweise)
1. Einsicht, daß die Becher weder von Hand aufgebaut, noch auf der Töpferscheibe gedreht, sondern sicherlich gegossen wurden.
2. Einsicht, daß dazu eine Gußform vorhanden sein muß. (Die zugehörige Gußform wird aus dem bisher verschlossenen Karton hervorgeholt.)
3. Einsicht, daß man beim Keramikguß keinen „Kern" braucht, weil die Gußform aus Gips die keramische Gießmasse („Tonschlicker") ansaugt, ihr Wasser entzieht und durch die an der Innenwand hängenbleibenden Masseapartikel eine Schicht bildet, daß der Rest Masse ausgekippt werden muß, daß der zurückbleibende Formling trocknet, schwindet und entnommen werden kann. (Ein lufttrockener Formling wird hervorgeholt.)

4. Einsicht, daß zum Herstellen der Gußform ein Modell des Gegenstandes
vorhanden sein muß, das man mit
Gips übergießt und dann aus dem
Gipsblock herauszieht. (Vorzeigen
des zugehörigen Modells.)
5. Einsicht, daß das Modell wegen der
exakt drehrunden Form mit einer Maschine angefertigt sein muß. (Das
„Drehgerät für Gipsmodelle DBGM"
der Firma Egeling, Bad Hersfeld,
Markt 17, wird hervorgeholt.)
6. Grob orientierende Demonstration
des Funktionierens dieses Geräts:
Einsicht, daß dazu eine Blechschablone von der Form des Gegenstandes
als spezielles Drehwerkzeug gemacht
werden muß. (Vorzeigen der zugehörigen Schablone.)
7. Einsicht, daß dazu zunächst ein genauer Entwurf des gewünschten Gefäßes im Seitenriß anzufertigen ist.
8. Einsicht in den letztlich richtigen technologischen (Grob-)Ablauf: Entwurf
— Schablone — Modell — Gußform
— Formling — Brand.
9. Einsicht in eine Methode technologischen Analysierens. (Entwicklung des
Problemlösungsverhaltens im Bereich
Technologie.)

Abb. 1   Analyse des Gießvorganges

Damit hatten die Schüler, weitgehend
kreativ, aus eigener Kraft den Grobab-
lauf gefunden, waren laienhaft orientiert
und fanden den Mut, mit der Lösung der
Gesamtaufgabe zu beginnen.
Die letzte halbe Stunde war einer ersten Planung vorbehalten. Jeder Schüler sollte zunächst nur einen Seitenriß-
Entwurf herstellen. Nach kurzer Zeit
stellte sich eine (vom Lehrer vorherge-
sehene) gewisse Resignation ein. Im
Gespräch stellte sich heraus, daß die
Schüler einfache Methoden des Planens
(hier Seitenrißzeichnung) nicht ausreichend beherrschten.

Lernziele:
Gefäß:
Einsicht, daß es keinen Sinn hat, mit
dem Entwurf eines Gefäßes zu beginnen, wenn man nicht genau weiß, was es
im einzelnen leisten soll. (Das zielt auf
Beurteilungskriterien.)

Technologie:
Einsicht, daß das Herstellungsverfah-
ren sicherlich die Gesamtform beeinflußt.

Ökonomie:
Einsicht, daß dem Entwurf die oben genannten Überlegungen vorausgehen
sollten, um Zeit und Arbeitskraft zu
sparen.

2. Doppelstunde

Die letzten Fragen der vorangegangenen Stunde wurden aufgegriffen: Es
mußte also zunächst gelernt werden,
wie man beim Entwerfen vorgeht. (Das
Planen mußte gelernt werden.)

Lernziele:
Gefäß:
Erkenntnis, daß beim Planen folgende Faktoren berücksichtigt werden müssen:
1. Volumen (mit Rückwirkung auf Durchmesser, Höhe, Seitenrißlinien-Verlauf),
2. Befüllbarkeit (Weite der Öffnung),
3. Entnehmbarkeit bis hin zur Reinigung (Weite der Öffnung? Gefäß zu hoch? zu eng? Verlauf der Wandung?),
4. Standfestigkeit (Standfläche und Schwerpunktlage),
5. Verschließbarkeit durch einen Deckel (Stülpdeckel, Falzdeckel usw.),
6. Anfaßbarkeit/Transportierbarkeit von Dose und Deckel (Umspannen mit der Hand? Henkel?).
Aus alledem resultierend:
7. Höhe und Durchmesser von Dose und Deckel,
8. Verhältnis von Höhe zu Breite (Proportionen), von Dose und Deckel,
   a) technisch richtig (eher breit als hoch oder umgekehrt?) und
   b) ansprechend (schön) (zu breit im Vergleich zur Höhe, oder umgekehrt?),
9. Verlauf der Seitenrißlinien,
   a) technisch richtig („Dreckecken"? Blockierung des Entnehmens z. B. durch Kanten, Bauchungen) und
   b) ansprechend (schön).

Technologie:
1. Einsicht, daß durch die Wandstärke von 3-4 mm das Volumen und auch die Füllöffnung kleiner werden.
2. Einsicht, daß wegen der Innenglasur im Deckel und der Außenglasur der Dose etwas „Luft" eingeplant werden muß (weil sonst der Deckel klemmt)!
3. Wie zeichne ich einen Gegenstand mit Symmetrieachse? Wie zeichne ich Kurven ohne Kurvenlineal? (biegsames Leistchen o. ä.)

Abb. 2   Entwurfsarbeit

Wie übertrage ich die Kurve auf die andere Seite? (Faltschnitt)

Ökonomie:
1. Wie gehe ich beim Entwerfen wirtschaftlich vor?
   (Zuerst mehrere kleine Freihandskizzen, die mehrfach verbessert werden, dann erst mit maßstäblichem Seitenriß beginnen!)
2. Welches Papier nehme ich (liniert, kariert, Millimeterpapier)?

Die Schüler fertigen in dieser Doppelstunde je zwei Entwürfe in selbständiger Arbeit an. Schon beim oberflächlichen Betrachten zeigen sich dem Lehrer außerordentliche Divergenz und alle denkbaren Fehler.

233

Lernziele:
1. Schulung des Problemlösungsverhaltens in Bezug auf die Koordination der o. a. Bedingungen und auf das Finden von entsprechenden Kompromissen (in Bezug auf das Gefäß).
2. Festigung bzw. Erwerb von technologischen und ökonomischen Fertigkeiten.

Einige Schüler vollendeten die Entwurfsarbeit zu Hause.

3. Doppelstunde

Alle Entwürfe wurden mit Tesakrepp an die Tafel geheftet und in jeweils einem ganzen Durchgang (zuerst „Volumen" jedes einzelnen Entwurfs, dann „Befüllbarkeit" usw.) beurteilt. (Die Beurteilungspunkte standen in unterschiedlichen Farben an der Tafel.) Mängel an den Entwürfen wurden durch einen Minus-Strich oder ein Fragezeichen in der jeweiligen Farbe gekennzeichnet. Die acht Entwürfe mit den wenigsten Fehlern wurden ausgewählt. Je zwei Schüler konnten sich für die Weiterarbeit an einem Entwurf entscheiden. Letzte Korrekturen wurden angebracht.

Lernziele:
Gefäß:
1. Angemessene Urteilsfähigkeit in den Beurteilungsbereichen der vorigen Doppelstunde. (Sie nahm im Verlauf jedes Durchgangs deutlich hörbar zu!)
2. Einsicht, daß die Formfindung aus Kompromissen besteht.

Technologie:
Erkenntnis, daß lediglich die Deckelmodelle aus einer einteiligen Gußform herauszuziehen sind, nicht aber die meisten Dosenmodelle, für die „irgendwie anders" mehrteilige Gußformen gemacht werden müssen.

Ökonomie:
Beurteile ich zunächst nur einen Entwurf in allen Punkten, oder untersucht man besser alle Entwürfe nacheinander in immer nur einem Punkt? (Wegen der besseren Vergleichbarkeit: Entscheidung für den zweiten Fall.)
Soziales:
1. Kritik üben, ohne zu verletzen. Wie macht man das?
2. Kritik ertragen, ohne beleidigt zu sein.

Abb. 3   Beurteilung der Entwürfe

4. Doppelstunde

Herstellen der Schablonen. Zunächst wurden Mißverständnisse über die Form der Deckelschablonen ausgeräumt:
Anschließend wird die eine Hälfte des Entwurfs (von Dose und Deckel getrennt) auf Aluminium-Blech (1,5 mm hart) aufgeklebt. Die Schablonen werden ausgesägt und sauber gefeilt.

Lernziele:

Technologie:

1. Umgehen können mit Kontaktkleber.
2. Handhabung der Laubsäge beim Metallsägen.
3. An geraden und gebogenen Linien genau entlangsägen können.
4. Winkel aussägen können (eventuell vorher ein Loch in den Winkel bohren).
5. Richtiges Einspannen im Schraubstock.
6. Eventuell behelfsmäßiges Einspannen mit Schraubzwinge und Zulage.
7. Gerade und gebogene Linien mit der richtigen Feilenart nachfeilen können.
8. Überprüfen durch Visieren mit dem Winkel oder dem Lineal, ob gerade gefeilt wurde.
9. Überprüfen durch Tasten, ob eine geschweifte Schablonenpartie gleichförmig verläuft.
10. Entgraten.
11. Werkstofferfahrung.

Ökonomie:

1. Einsicht, daß man dicht am Riß entlang sägen sollte, damit nur wenig nachzufeilen ist.
2. Einsicht, daß grobe Werkzeuge benutzt werden sollten, wenn größere Materialmengen abzuspanen sind, daß man z. B. feinhiebige und kleine Feilen erst zur Feinarbeit benutzt.
3. Einsicht, daß Arbeitsteilung Zeit spart. (Eine Zweiergruppe hat zwei Schablonen herzustellen.)

Organisation:

Fähigkeit, die Arbeiten in der Gruppe nach Art, Zeit und Arbeitsplatz so zu teilen, daß die Arbeit „fließt" (vor allem, wenn z. B. die Zahl der Werkzeuge begrenzt ist).

Abb. 4
Die Frage der Deckelschablone wird geklärt

Abb. 5   Feilen der Schablonen

Abb. 6   Problemgespräch um das Aufbringen der Schablone

Abb. 7 Montage der Schablonen

Technologie:

1. Schulung des Problemlösungsverhaltens beim Finden des technologisch richtigen und ökonomisch günstigen Ablaufs.
2. Voraussehen möglicher Fehler beim Einrichten eines Werkzeugs an einer Maschine (hier: Schablone am Drehgerät).
3. Meßtechnik: Umgang mit der Schieblehre (Wellenstärke!), Umgang mit dem Anschlagwinkel beim Einrichten der Schablone.
4. Markieren, Körnen und Bohren der Befestigungslöcher.
5. Umgang mit der Blechschere (Verkürzen der Schablonenenden).

Ökonomie:
Einsicht, daß die Flügelmuttern (zur Befestigung der Schablonen) wegen der möglichen Verschmutzung durch Gips unter dem Schablonenhalter sitzen sollten (siehe Abb. 8).

Soziales:
1. Fähigkeit zur Kooperation.
2. Sorgfalt (mit dem Blick auf das Ziel). In den letzten 30 Minuten (es waren noch nicht alle Schablonen befestigt) wurde ein Drehgerät zur Demonstration am Tisch montiert. Zwei Jungen begannen versuchshalber, ein Modell zu drehen. Während die erste Schicht abband, wurde Materialkunde „Gips" getrieben.

Lernziele:
Technologie:
1. Kenntnisse über die Montage des Drehgerätes.
2. Einsicht, daß die Welle zunächst mit einer Trennschicht (Gipsformenschmiere der Firma Egeling) eingerieben werden muß. (Späteres Abziehen des Modells!)

Soziales:
1. Fähigkeit zur hilfsbereiten, verständnisvollen Kooperation in unterschiedlichen und wechselnden Situationen: als Mitarbeiter, als Gruppenführer oder als Ausführender.
2. Einsicht, daß die Güte der gesamten Produktion abhängt von der Sorgfalt und Genauigkeit, mit der die Schablone angefertigt wird (Verantwortung).

5. Doppelstunde

Die Schablone soll auf das „Drehgerät" aufgebracht werden.
Im Problemgespräch wurden zunächst mögliche Fehler, dann der technologisch richtige und der gleichzeitig ökonomische Ablauf der Montage gefunden. (U. a. muß die halbe Stärke der konischen Welle berücksichtigt werden.) Dann wurde montiert.

3. Kenntnisse über die Herstellung steifen Gipsbreies im Gipsbecher aus Gummi.
4. Kenntnisse über das Verhalten des Gipses bei der Verarbeitung und beim Aufbringen der ersten Schicht sowie der weiteren Lagen.
5. Kenntnisse über Gewinnung, Brennen und Abbinden von Gips.
6. Fachterminologie.

In den letzten Minuten wurden alle Geräte übungshalber montiert und wieder abgebaut, damit zum Drehen der Modelle in der nächsten Doppelstunde die gesamte Zeit zur Verfügung stehen konnte.

Abb. 8   Demonstration des Drehgerätes

6. Doppelstunde

Die Modelle der Dosenkörper wurden gedreht. Zuvor wurden Verhaltensweisen gefunden und verabredet, die ein Verschmutzen des Raumes verhindern sollten.

Lernziele:
Soziales / Organisation:
1. Einsicht, daß kein Gips auf den Fußboden gelangen sollte,
2. Daß Wege, auf denen etwas verschüttet werden könnte, vermieden werden müssen,
3. daß deswegen Gips und Wasser nur den beiden Eimerchen am jeweiligen Arbeitsplatz mit einem Blechstreifen, einem Kunststoffschäufelchen bzw. einem Becher zu entnehmen sind,
4. daß Gips nur mit einem Kunststoffspachtel angerührt und aufgetragen wird, nicht aber mit den Fingern,
5. daß alle Gipsreste in das Fangtuch unter dem Drehgerät entleert werden,
6. daß Gipsbecher mit weichen Gipsresten nicht ausgewaschen werden

Abb. 9   Die Modelle werden gedreht

Abb. 10   Ein Modell wird gedreht

(Abflüsse setzen sich zu!), sondern daß man den Gips abbinden läßt, um ihn durch Zusammendrücken des Bechers ins Fangtuch zu werfen,

7. daß man Gipsbröckchen, die trotz aller Umsicht heruntergefallen sind, entweder zunächst unter den Tisch schiebt oder gleich aufhebt,
8. daß man kooperativ schneller zum Ziel kommt, indem man z. B. überschüssigen Gipsbrei anderen Gruppen anbietet bzw. von ihnen übernimmt.
9. Praktizieren dieser Verhaltensweisen und Organisationsformen.

Abb. 11   Sieben fertige Modelle

Technologie:

1. Erfahrungen, Fertigkeiten, Geschicklichkeiten beim Drehen des Modells (siehe 5. Doppelstunde), Erfahrung der Wirkungsweise der Schablone (Maschine und Drehwerkzeug).
2. Urteilsfähigkeit über den Einsatz der Hilfsmittel (spezifische technologische Denkfähigkeit).
3. Fähigkeit, Fehler zu erkennen und zu beseitigen (z. B. Rillen am Modell).
4. Abstoßen des Modells von der Welle.

Abb. 12
Acht fertige Modelle (eins ohne Deckel)

Ökonomie:
Räumliche, zeitliche und personelle Verteilung der Arbeit, so daß die Abbindezeiten der einzelnen Gipslagen überbrückt werden.

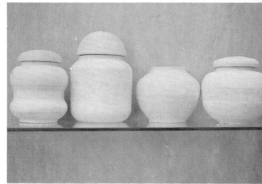

Gefäß:

1. Erste Vergleiche des nun voluminös (plastisch) erscheinenden Modells mit den Vorstellungen bei der Seitenrißplanung.
2. Einsicht, daß ein von allen Seiten und auch schräg betrachtbares plastisches Modell einen anderen Eindruck hinterläßt als ein Seitenrißentwurf.

Die Modelle waren z. T. schon nach 30 Minuten fertig. Ein Modell mißlang, weil die letzten Schichten nicht hart wurden: Es stellte sich heraus, daß der Junge den Gipsbrei zu lange gerührt hatte, so daß sich die entstehenden Gipskristalle während des Abbindens nicht „verfilzen" konnten. Der Brei blieb also weich. Beim Aufräumen mußten Verfahrensweisen für das Säubern der Tische und Geräte entwickelt werden.

Lernziele:
Ökonomie des Reinigens (zur Einsicht in eine zeitsparende Reihenfolge der Reinigungsmaßnahmen):
1. Zuerst Fußboden grob reinigen (Handfeger), damit nichts breitgetreten wird.
2. Geräte im montierten Zustand über dem Fangtuch oder im demontierten Zustand über dem Tisch reinigen.
3. Materialreste auf dem Tisch zusammennehmen, erst grob, dann fein (Handfeger-Wischtuch). Nicht nach Jungenmanier alles auf den Boden hinunterwischen!
4. Fußboden reinigen, eventuell mit feuchtem Wischtuch. Nicht naß! Wischtuch wenden und zum Schluß auswaschen!

7. Doppelstunde

Herstellen der Deckelmodelle und des zunächst mißlungenen Dosenmodells. Feinarbeit an den Modellen: Verschmieren der Löcher, Ausbessern kleiner Fehler, Dübel in die Deckelmodelle einsetzen.
Lernziele:
Wie vorige Stunde, dazu
Technologie:
Kenntnisse über die Wirkungsweise eines Kunststoffdübels; daraus folgend: technologisch richtiges Einsetzen.

8. Doppelstunde

Herstellen der Gußformen. Die Schüler fanden, daß die Gußformen für die Dosenkörper dreiteilig hergestellt werden müssen. Von verschiedenen weitgehend selbständig gefundenen Lösungen wird die einfachste ausgewählt: Sprengform! Nach der gemeinsamen Planung der Ausführung begannen die Schüler mit der Arbeit.

Lernziele:
Technologie:
1. Finden einer (gleichzeitig ökonomischen) Möglichkeit, eine technisch richtige Gußform herzustellen (durch technologisch-kreatives Denken).
2. Lösen der Gesamtproblematik „Umrandung".
   a) Abmaße?
   b) Isolierung der Umrandung mit Gipsformenschmiere (wegen der Verschmutzung; Ziel: Wiederverwendung).
   c) Befestigung (Bindfaden oder Draht).
   d) Abdichtung auf der Unterlage durch Gipsbrei: Man zieht mit einem Bleistift einen Strich dicht um die Umrandung herum, nimmt sie hoch, bringt steifen Gipsbrei auf die Markierung auf und drückt die Umrandung leicht darauf fest. Dann sitzt der abdichtende Gips tatsächlich an den undichten Stellen zwischen Umrandung und Auflage. Den überstehenden Gips innen und außen sauber verstreichen.
   e) Aufbau der Umrandung mit der PVC-Unterlage mitten auf einer etwa 80 x 80 cm großen Plastikfolie. (Falls die Umrandung doch undicht sein sollte und der Gips ausläuft, nimmt man einfach die vier

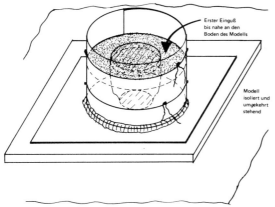

Erster Einguß
bis nahe an den
Boden des Modells

Modell
isoliert und
umgekehrt
stehend

Abb. 14   Konservieren der Umrandung

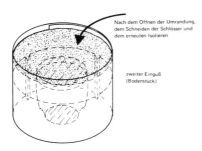

Nach dem Öffnen der Umrandung,
dem Schneiden der Schlösser und
dem erneuten Isolieren

zweiter Einguß
(Bodenstück)

Abb. 15
Eine Deckel-Gußform wird gegossen
(Abdichtung hier aus Aufbaumasse)

Abb. 16
Der zweite Einguß (Bodenstück) ist erfolgt
(Die Abdichtung ist nicht ordentlich gemacht.)

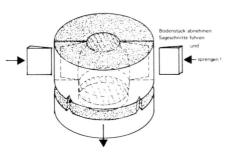

Bodenstück abnehmen
Sägeschnitte führen
und

sprengen !

Abb. 13
Schema: Herstellung einer dreiteiligen
Gußform durch Sprengen

Zipfel dieser Sicherheitsfolie hoch, läßt den Gips abbinden und verhindert so ein Herunterlaufen auf den Fußboden. Das Modell ist ja isoliert. Es kann leicht herausgenommen, abgewaschen und erneut eingesetzt werden.)

f) Notwendigkeit des Isolierens der Modelle mit Gipsformenschmiere („Trennschicht").

g) Herstellen von gießfähigem Gipsbrei mit der „Gipswaage" (Firma Egeling) und dem Quirl in der Bohrmaschine.

h) Kenntnisse über den Sinn von „Schlössern" an Gußformen.

i) Fähigkeit, Schlösser sinnvoll anzubringen.

Ökonomie:
Aufbau der Umrandung nicht auf einem ständig benutzten Arbeitstisch, sondern auf wegräumbaren Spanplattenstücken oder auf Abstelltischen, wo sie stehenbleiben können, falls der Gips nicht rechtzeitig zum Stundenende abgebunden haben sollte oder noch gar nicht eingegossen ist.

Soziales / Organisation:
1. Besonnenes Verhalten im „Katastrophenfall" (siehe oben).
2. Übereinkommen, für mehrere Gruppen zusammen eine größere Menge Gipsbrei gleichzeitig anzumachen.
3. Entscheidungsfähigkeit, Arbeiten personell, zeitlich und räumlich zu teilen.
4. Fähigkeit, Teilziele im Arbeitsablauf zu erkennen und die Arbeit organisatorisch und technologisch sinnvoll zu unterbrechen (falls das Stundenende naht).

Nicht alle Gruppen kamen bis zum Eingießen. Sie erreichten jedoch jeweils ein Teilziel, so daß die Tische abgeräumt und die unfertigen Arbeiten verwahrt werden konnten.

9. Doppelstunde

Herstellen der restlichen Gußformen. Sprengen der fertigen und bereits weitgehend trockenen Gußformen. Kontrolle und eventuell Nacharbeit an den Gußformen. Erste Formlinge wurden gegossen.

Lernziele:
Technologie:
1. Anzeichnen der Sprengnaht mit Winkel und Lineal, da die Naht in Richtung Mittelpunkt des Gefäßes laufen muß (über die dickste Stelle).
2. Technik des Sprengens mit Keilen. Sägeschnitt als Sollbruchstelle. Wo setze ich die Keile an?
3. Feinarbeit an der Gußform ausführen können (Schaden usw.).

Es wurde fortlaufend gegossen. Die Gußformen und die Formlinge wurden dann zum Trocknen aufgestellt.

Lernziele:
Technologie:
1. Reflektierter Umgang mit keramischer Gießmasse (wo, wieviel, wie schnell gieße ich ein?).
2. Reflektierter Umgang mit ein- und mehrteiligen Gußformen (wie stelle ich sie auf? wie halte ich sie zusammen? Auskippen? Abstumpfen?)
3. Fähigkeit zum angemessen vorsichtigen Umgang mit frischen Formlingen (wo fasse ich sie an? wie fest? wie stelle ich sie auf?).
4. Kenntnisse im Bereich „Trocknen von feuchten Gegenständen", hier von Formlingen und Gußformen (Abhängigkeit von der Trockenheit, der Temperatur, der Zirkulationsgeschwindigkeit der Luft und der Größe der Fläche, die Wasser abgeben kann).

Abb. 19   Die Form ist gesprengt

Abb. 17
Das Bodenstück ist abgenommen.
Die Naht, an der die Form gesprengt
werden soll, wird ca. 1 cm tief eingesägt.
(Vorher anzeichnen!)

Abb. 18
Sprengen der Seitenteile mit Aluminium-
keilen (Firma Egeling), die gleichzeitig von
beiden Seiten in die Sägeschnitte einge-
trieben werden.

Abb. 20   Das Modell wird herausgenommen

Abb. 21   Gußform, halb geöffnet

Abb. 22 *Fertige Gußform*

Abb. 23
Erste Eingüsse mit keramischer Gießmasse

5. Stelle ich Formlinge auf einer wasserabweisenden oder einer saugenden Fläche zum Trocknen auf (z. B. Kachel; Vorder- oder Rückseite)?
6. Was geschieht, wenn ich einen Formling mit großer Standfläche auf ein Brett stelle? (Das Brett nimmt Wasser auf, verzieht sich und damit auch der Formling.)
7. Wieso wird der Formling beim Trocknen etwas kleiner? (Schwindung).

Ökonomie / Soziales:
1. Wie ordne ich Tische, Gußformen, Eimer mit Gießmasse usw. an, damit mehrere Zweiergruppen zusammen gießen können? Wohin mit den Formlingen, damit sie nicht beschädigt werden?
2. Einsicht, daß die Qualität des Formlings tatsächlich von der Qualität der Schablone, des Modells und der Gußform abhängt, daß mangelhafte Vorarbeit viel Handarbeit nach sich zieht, wenn z. B. unebene Formlinge verputzt werden müssen. Sorgfältige Vorarbeit zahlt sich aus!
3. Wie entnehme ich dem Eimer Gießmasse, ohne Masse zu verschütten oder das Gießgefäß zu verunreinigen? Wie nehme ich verschüttete Gießmasse auf?
4. Arbeitsteilung.

Abb. 24
Der erste Formling wird entnommen
◀ *(hier mit der Öffnung nach unten).*
Der Junge hatte vergessen, Seitenteile und Bodenstück mit einem Gummiring (vom Autoschlauch) zusammenzuhalten. Die Folge: Es war Gießmasse zwischen Bodenstück und Seitenteile gelaufen.

243

Abb. 25
Behelfsmäßiges Trockenregal auf einem Schrank

10. Doppelstunde

Alle Gußformen waren fertig. Es wurden Formlinge gegossen. Die lufttrockenen Formlinge aus der vergangenen Stunde wurden verputzt und abgeschwammt. In Arbeitspausen wurde die Frage geklärt: Was ist eigentlich Steingut-Gießmasse, was ist Steinzeug, was ist Porzellan?

Lernziele:
Technologie:
1. Materialkunde „keramische Masse".
2. Wann und wie verputzt man Formlinge? Warum so?
3. Wann und wie schwammt man Formlinge ab? Warum so?
4. Wie „fest" darf man lufttrockene Formlinge anfassen?
5. Fertigkeiten beim Verputzen und Abschwammen.
6. Was ist Trockenschwindung?
7. Warum lassen sich zerbrochene Formlinge nicht wieder zusammenfügen?

Ökonomie / Soziales:
1. Wie organisiere ich räumlich, zeitlich und personell das Gießen, Verputzen, Schwammen?
2. Verputzen über dem Tisch oder dem Fußboden? Wohin mit dem Massestaub?
3. Einsicht, daß die Produktionsgeschwindigkeit entscheidend von der Anzahl der Gußformen abhängt.

11. Doppelstunde

Gießen und Verputzen weiterer Formlinge wie in der vorigen Stunde. Es waren gegen Ende der Stunde so viele Formlinge fertig, daß der Ofen zum Schrühbrand eingebaut werden konnte. Brandführung durch den Lehrer.

Abb. 26   *Beim Abschwammen*

Lernziele:
Wie in der 9. und 10. Stunde, dazu
Technologie:
1. Was geschieht beim Schrühbrand?
2. Wie setzt man Formlinge zum Brand
   in den Ofen ein?
Ökonomie:
1. Wie spart man beim Einsetzen Raum?
2. Arbeitsteilung.

12. Doppelstunde

Die ersten Formlinge wurden glasiert.
Jeder glasierte einige Dosen. Innenglasur durch Ausschwenken, Außenglasur durch Tauchen. Zunächst nur die Innenglasur der Dose und Deckel. Nebenbei, da nicht alle gleichzeitig glasieren konnten, weiteres Gießen, Verputzen und Schwammen für die, die bereits glasiert hatten oder noch glasieren mußten. Nach dem Abtrocknen der Innenglasur wurde außen glasiert.

Innenglasur: transparente Egeling-
               Glasur 280 (für 1050°).
Außenglasur: weißdeckende Glasur 290
             matte Glasur 270 oder
             transparente Glasur 280.
Diese Glasuren waren jeweils eingefärbt mit 4 % Farbkörper blau, laubgrün, taubenblau, braunrot oder rosarot. Nach dem Glasieren und dem Säubern der Standfläche wurde mit einem Kaffeesiebchen Steinkohlenasche oder Basaltmehl außen aufgestäubt. Beides brannte mit ein und ergab die Sprenkelung. (Man kann Asche und Basaltmehl auch der Glasur beimengen.) Anschließend Einsetzen und zum Glasurbrand mit Segerkegel 02a (für ca 1060°). Die Einbauplatten waren gegen Verunreinigungen durch Glasur mit einer Engobeschicht versehen worden.

Lernziele:
Wie in den letzten Stunden, und
Gefäß:
1. Warum Glasur?
2. Welcher Art? Matt (und rauh) oder
   glänzend (und glatt)? Welche Farbe
   innen und außen?
Technologie:
1. Was ist Glasur? Was geschieht damit
   im Brand?
2. Wie glasiere ich innen bzw. außen?
   Wie und wo anfassen?
3. Glasurfehler?
4. Warum den Boden abwischen? Womit?
5. Wie setze ich zum Glasurbrand ein?
6. Wie messe ich die „Temperatur"? Einfluß von Temperatur und Zeit.
7. Wie verhindere ich ein Festbrennen
   glasierter Formlinge im Ofen.
Ökonomie:
Wie setze ich den Ofen raumsparend
ein?
Soziales / Organisation:
Wie organisiere ich die Arbeiten zeitlich, räumlich, personell?
Auch der Glasurbrand wurde durch den Lehrer geführt.

13. Doppelstunde

Die ersten fertigen Dosen standen zur Verfügung und wurden einer Beurteilung unterzogen. Die ursprünglich erarbeiteten Kriterien wurden angewandt. Mit einem Kippgerät wurde z. B. die Standfestigkeit bei leerem und bei gefülltem Gerät erprobt.
Am besten wurde die flache Dose bewertet, weil u. a. ein gutes Entnehmen und sogar eine Wahl der Süßigkeiten möglich ist, ohne daß man „wühlen" muß. Am schlechtesten kam die zweifach gebauchte Dose weg: Sie wurde zwar als „modern und interessant", aber auch als „unpraktisch" bezeichnet.

245

Abb. 27   Fertige Dosen

Abb. 28   Kippversuch

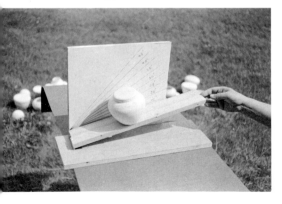

Gefäß:
Urteilsfähigkeit über die technische Richtigkeit und die Schönheit von Dimensionen, Proportionen, Formen, Oberflächen an den Dosen, bezogen auf das Fassungsvermögen, die Befüll- und Entleerbarkeit, die Verschließbarkeit, die Standfestigkeit, die Transportierbarkeit und den zukünftigen Aufstellungsort (die Situation).
Technologie:
Urteilsfähigkeit über (eigenes und fremdes) technologisch richtiges und ordentliches (genaues und schönes) Arbeiten.
Ökonomie / Soziales / Organisation:
Urteilsfähigkeit über geschicktes technologisch-ökonomisches, sozial-ökonomisches und soziales Arrangement innerhalb der Arbeitsgruppe (das z. B. in der Anzahl der hergestellten Dosen zum Ausdruck kam).
Die Schüler hatten zwischendurch eine bekannte Porzellanmanufaktur angeschrieben und erhielten von dort Prospekte, Anschauungstafeln und auch einen Kasten mit Formlingen in verschiedenen Fertigungsstadien. Sie waren in einer folgenden Stunde ohne Schwierigkeiten in der Lage, in Kurzreferaten die einzelnen Sachverhalte zu klären. Eine der Folgerungen hieß: Wir haben das genau so gemacht wie in der Fabrik! Auch der Film „Porzellanherstellung" ergab sicher bewältigte Möglichkeiten bei der Übertragung des Gelernten.
Ein Transfer in andere Werkstoffbereiche war leicht möglich über die Dia-Serie „Eine Glocke wird gegossen".
Die restlichen Formlinge wurden nebenbei gebrannt. Im übrigen waren die Jungen so begeistert, daß sie nachmittags weiterarbeiteten, um zu mehr Dosen zu kommen.

Dosen für Süßigkeiten — Technikunterricht

Wie zu ersehen ist, sind die Lernmöglichkeiten außerordentlich umfangreich und dazu relevant. (Man kann sie erforderlichenfalls verringern, indem man einfachere Gegenstände herstellen läßt oder sich nur mit der Technologie gegossener Keramik begnügt (vielleicht auch, weil noch keine Drehgeräte angeschafft werden konnten). Man kann dann Gußformen von vorhandenen Bechern, Schüsseln usw. herstellen und in die Stunde Nr. 8 einsteigen.)

Der hier beschriebene Unterricht kann nur als „Technik-Unterricht" bezeichnet werden, dem die „Lehre von der Arbeit" immanent ist. Was diesem Phänomen „Arbeit" als einer Methode des Menschen und durch alle Berufsgruppen hindurch als Allgemeinverbindendes anhaftet, ist doch

a) die Notwendigkeit, den technischen Gegenstand zu planen,

b) die Notwendigkeit, eine technologisch richtige (sichere) Fertigungsweise zu planen und zu praktizieren,

c) die Notwendigkeit, den Fertigungsablauf nach Ort, Zeit, Personenbesetzung und Technologie ökonomisch zu planen und zu praktizieren,

d) die Notwendigkeit, positive soziale Verhaltensweisen im Zusammenwirken mit anderen Menschen, mit Werkstücken, Werkzeugen, Werkstoffen, Räumen und mit sich selbst zu entwickeln und zu praktizieren.

Das grob skizzierte Unterrichtsvorhaben hat alle diese Punkte angesprochen — am Beispiel eines wichtigen „technischen" Gegenstandes.

Zur Beurteilung der Schüler:

Es war verhältnismäßig leicht, jeden einzelnen Schüler in folgenden Punkten zu beurteilen:

a) Qualität der geistigen Bemühungen,

b) Quantität der geistigen Bemühungen,

c) Qualität der fertigungstechnischen Praxis,

d) Quantität der fertigungstechnischen Praxis,

jeweils bezogen auf die Bereiche Gefäß, Technologie, Ökonomie, Soziales und Organisation. (Das schließt auch Verhaltensweisen ein.)

Der Zuwachs an Erkenntnissen und an Urteilsfähigkeit hätte sich anhand einer Klausur überprüfen lassen, die nach den jeweils genannten Lernzielen zusammengestellt worden wäre. Man hätte dabei auch die alten, fehlerhaften Entwürfe zu einer erneuten und selbständigen Beurteilung einarbeiten können. Diese Überprüfung ist aus Zeitmangel unterblieben.

Zur Methode:

Dort, wo es lohnend erschien, wurde selbständiges technisch-kreatives (schöpferisches/ingeniöses) Erarbeiten und Lernen angestoßen. Wo dieser Zeitaufwand nicht zu vertreten war, wurde im Problemgespräch Lehrer : Schüler der kürzeste Weg gewählt. Wenn Schülerlösungen nicht zu erwarten waren, wurde gelehrt bzw. unter Begründung arrangiert oder angeordnet.

Die angestrebten Lernziele mußten nicht in allen Fällen vom Stande „Null" aus angegangen werden. Vielfach waren Vorkenntnisse vorhanden (z. B. beim Feilen der Schablonen), die zur Beschleunigung des Ablaufs beitrugen. Die Schüler (7. Schuljahr) fühlten sich nach Ablauf der Unterrichtszeit in der Lage, kompliziertere Aufgaben (z. B. ein Kaffee-Service) herzustellen.

Allgemeine Hinweise und Literaturangaben

1. Siehe unter anderem:
   Klöckner, K.: Die Werkerziehung, in Zeitschr.: Bildnerische Erziehung, Heft 2, 1966, Henn Verlag

2. Siehe unter anderem:
   Metzger, W., Gesetze des Sehens, Verlag Kramer, Ffm., 1953

3. Wilhelm, F., Drechseln für jedermann, Verlag Frech, Stuttgart-Botnang, 1966

4. Örtengren, K., und Lundgren, A. G., Porzellan selbst bemalen, Verlag Frech, Stuttgart-Botnang

5. Luchner/Schott/Zechlin, Leuchtendes Kristallglas-Mosaik, Verlag Frech, Stuttgart-Botnang, 1967

6. Siehe z. B.:
   Griemert, Hubert, Grundformen der Gefäßkeramik, Staatl. Werkschule für Keramik, Höhr-Grenzhausen

7. Siehe z. B.:
   Roth/Steidle, Der Werkraum, Planung und Einrichtung, Klett, Stuttgart, 1968

8. Siehe dazu unter anderem:
   Die Veröffentlichungen um die „Werkpädagogischen Kongresse" in Heidelberg (1966) und Weinheim (1968)
   Wessels, B., Die Werkerziehung, Klinkhardt, 1967
   Arbeitskreis für Werkdidaktik der Pädagogischen Hochschulen, Ansätze zur Werkdidaktik seit 1945, Beltz/Weinheim, 1968

9. Unter Verwendung von Vorschlägen von Schröder, Christel, Das methodische Prinzip „Vom Einfachen zum Schweren" im Sachbereich „Gegossene keramische Gefäße". Unveröffentlichte Examensarbeit Päd. Fachinst. Fulda, 1969

10. Rübsam, E.-H., Untersuchung zur Struktur des Elementaren im Bezugsbereich der Werkerziehung und zum Problem der „Kategorialen Bildung" (nach dem Denkmodell von W. Klafki) (unveröffentlichtes didaktisches Studienmaterial für die Studierenden des Päd. Fachinstituts Fulda), 1967

11. Siehe z. B.:
    Krause, K., Technisches Grundwissen für Lehrer, Volk und Wissen, Volkseigener Verlag, Berlin, 1966

12. Dessauer, F., Streit um die Technik, Frankfurt/M., 1958

13. Siehe unter anderem:
    Vogt, H. H., Wir Menschen sind ja gar nicht so! Franckh, 1964
    Kleemann, G., Die peinlichen Verwandten, Franckh, 1966

14. Siehe z. B.:
    W. E. Schmidt, 858 Bayreuth, Frankenstr. 22
    Chr. Rosenberger, 7 Stuttgart-Zuffenhausen, Postfach 90
    C. Naber, 2804 Lilienthal b. Bremen, Bahnhofstr.

15. Siehe unter anderem:
    Dessauer, F., a.a.O.

16. Siehe auch:
    Klöckner, K., a.a.O.

17. Siehe z. B.:
    Heufelder, Werken mit Ton, Druckerei Müller, Köln, Thürmchenswall 70

18. Klafki, W., Das pädagogische Problem des Elementaren und die Theorie der kategorialen Bildung, 2. Aufl., Weinheim, 1963

19. Siehe auch:
Didaktische Analyse, Auswahl, Reihe A, Schrödel, 1964

20. Klafki, W., a.a.O., S. 233 ff., S. 380 ff.

21. Siehe unter anderem:
Roth, H. Pädagogische Psychologie des Lehrens und Lernens, 8. Aufl., 1965, Schroedel, S. 252 ff.

22. Siehe auch:
Dinter, H., Zeichnen, Sachzeichnen,, Werkzeichnen, technisches Zeichnen, Verlag Frech, 1968

23. Siehe unter anderem:
Plaul, Th., Technologie der Grobkeramik, Bd. 1, VEB-Verlag für Bauwesen, Berlin, 1966
Technologie der Feinkeramik, VEB Deutscher Verlag für Grundstoffindustrie, Leipzig, 1968
Stock, H., Grundordnungen der Keramik, in: Werkpädagogische Hefte, 2/1968. Verlag Frech, Stuttgart-Botnang

24. Siehe z. B.:
Hils, K., Formen in Ton, 1961, Bärenreiter/Kassel
Röttger, E., Das Spiel mit den bildnerischen Mitteln, Bd. 3/Keramik, 1964

25. Jaschinski, Keramische Arbeiten, 1964, Maier/Ravensburg

26. Technologie der Feinkeramik, a.a.O.

27. Siehe z. B.:
Hils, K., a.a.O., S. 68 ff.
Geiger, B., Keramisches Gestalten, 1957, Maier/Ravensburg, S. 31 ff.

28. Siehe auch: Lehrbücher der Physik

29. Vergleiche auch die psychologischen Untersuchungen von Fechner zur Feststellung des „schönsten Rechtecks", aus: Neufert, E., Bauordnungslehre, Berlin, 1960, und seine prinzipiell gleichen Ergebnisse.
Vergleiche auch die Ergebnisse von
Steuernagel, Gisela, Untersuchung über die ästhetische Bewertung des „Goldenen Schnittes" an geometrischen (ungegenständlichen) Figuren durch Kinder (Jungen und Mädchen), unveröffentlichte Examensarbeit, PFi Fulda, 1969;
sowie:
Barthel, H. D., gleiche Untersuchung (vorwiegend Jungen), unveröffentlichte Examensarbeit, PFi Fulda, 1969
Beide Untersuchungen haben folgendes zum Ergebnis:
Es wurden untersucht:
300 Jungen, Alter 9—16 Jahre
ca. 100 Mädchen, Alter: 10—15 Jahre
Art der Untersuchungn: Methode des Paarvergleichs
Testfiguren:
In Anlehnung an die Figuren Abb. 16, 17 und 18 des vorliegenden Buches
Anzahl der Wahlhandlungen:
84 pro Versuchsperson
Sa. = 33 000 Entscheidungen

Die exakte Auswertung erlaubt folgende Aussagen:

1. Bezogen auf die *Gesamtheit* der Versuchspersonen nimmt die Proportion des „Goldenen Schnittes" bei allen Testfiguren *die erste Position* ein. Es folgen dicht die benachbarten Proportionen.

2. Die entsprechenden Intervallskalen zeigen, daß die Jungen und Mädchen von 9—10 Jahren vom „Goldenen Schnitt" nicht soderlich beeindruckt sind, daß sich von etwa dem 11. Lebensjahr an eine deutliche Bevorzugung der Werte um den „Goldenen Schnitt" durchsetzt, und daß vom 12./13. Lebensjahr an die reinen Relationen des „Goldenen Schnittes" mit Abstand den anderen vorgezogen werden.

3. Die Intervallskalen lassen durch die Abstände innerhalb der Positionsfolge erkennen, daß die Eindeutigkeit und Klarheit des Urteils mit zunehmendem Alter allgemein wachsen.

4. Die Intervallskalen der Jungen, verglichen mit denen der Mädchen, zeigen, daß Mädchen (auf *alle* Versuchspersonen bezogen) eindeutiger und klarer entscheiden und ihre Zustimmung und Ablehnung mit größerem Nachdruck und rigoroser kundtun.

Es ist die Frage, inwieweit Angeborenes bzw. Erworbenes an dieser Entwicklung beteiligt sind (nach G. Steuernagel/K. D. Barthel).

Die Tatsache der deutlichen Bevorzugung des Goldenen Schnittes läßt *eine angeborene Komponente* zur Fähigkeit für ein „ästhetisches" Urteil vermuten. Die Tendenz zur größeren Sicherheit usw. mit wachsendem Alter (Tendenz innerhalb der Intervallskalen) weist auf *Erfahrung und „Lernen"* hin.

30. Vergleiche auch:
Hagenmaier, O., Der Goldene Schnitt, Verlag Moos, Heidelberg, 1963

31. Ornament? ohne Ornament, 1965, Kunstgewerbemuseum Zürich, Heft 2
Siehe auch:
Bembé, C. A., Von der Linie zum Raum, 1958, 2. Aufl., S. 48ff (Modul und Melodie)

32. „Gipsformenschmiere" wird aus Seifen verschiedener Art, Wasser und geringen Mengen verschiedener Öle hergestellt. Siehe auch: Heufelder, W. A., Werken mit Ton, Druckerei Müller, Köln, Thürmchenswall 70, S. 74 ff. Die keramische Industrie stellt diese Schmiere für den eigenen Bedarf nach jeweils unterschiedlichen „Hausrezepten" her. Das Anrühren ist mühsam. Man kann jedoch „Gipsformenschmiere" für den privaten und den Schulbedarf billig kaufen (Egeling, 643 Bad Hersfeld, Am Markt 17).
„Schmierseife", in jeder Drogerie und dergl. zu kaufen. Siehe aber auch den Abschnitt: Das Herstellen der Gußform (Aggressivität gegenüber Gips!)

33. Röttger, E., a.a.O., Bd. 3

34. Ornament? ohne Ornament, a.a.O.

35. nach:
Roth, H., Päd. Psychologie, a.a.O., S. 293

36. Entwicklung am Päd. Fachinstitut Fulda
Siehe auch:
Rada, P., Techniken der Kunsttöpferei, 1960, Artia Prag, VEB Verlag Technik, Berlin

37. Technologie der Feinkeramik, a.a.O., S. 91 ff.

38. Siehe zum folgenden unter anderem:
Plaul, Technologie der Grobkeramik, a.a.O.
Technologie der Feinkeramik, a.a.O.
Fachliteratur der Chemie (Chemische Technologie, Chemisches Lexikon, Lehrbücher)

39. Plaul, Th., a.a.O., S. 69

40. Bunzel, E. G., und Lehmann, H., Der Segerkegel und seine Bedeutung für die Kontrolle des Ofenbetriebes, in Zeitschr.: Tonindustrie-Zeitung, Heft 6/1962 (Sonderdruck/Auszug), Verlag Hermann Hübner, Goslar.

41. Siehe zum folgenden unter anderem:
Lehnhäuser, W., Glasuren und ihre Farben, 1966, Knapp/Düsseldorf
Viehweger, F., Rezeptbuch für Glasuren und Farben, 1965

42. Lehnhäuser, a.a.O., S. 9

43. Lehnhäuser, a.a.O., S. 10

44. Siehe zum folgenden unter anderem:
Lehnhäuser, a.a.O.
Heufelder, a.a.O.
Technologie der Feinkeramik, a.a.O..
Jaschinski, a.a.O.
Rada, a.a.O.

45. Siehe z. B.:
Roth, H., a.a.O., S. 169 ff.

46. Siehe: Erziehungswissenschaftliche Literatur über „innere Differenzierung"

47. Engobe (von frz. engober = beschütten) ist eine dünnflüssige Aufschlämmung von keramischer Masse (von sahneartiger Konsistenz), in die der *lederharte (!)* Formling getaucht wird (analog zur Glasur). Er kann damit auch übergossen, bemalt, betupft werden. Verwendbar ist z. B. stark verdünnte Gießmasse des gleichen Temperaturbereichs und annähernd gleicher Schwindung (Egeling, 643 Bad Hersfeld), evtl. ohne Zusatz von Verflüssigungsmittel. Diese Engobe kann nach Wunsch zusätzlich mit Farbkörpern (siehe dort!) eingefärbt werden. Nach dem Schrühbrand kann farblos glasiert werden.
Siehe auch:
Heufelder, a.a.O., S. 35 ff.

48. Nohl, H., Die mehrseitige Funktion der Kunst, in: Vom Sinn der Kunst, Göttingen, 1961, Vandenhoeck und Ruprecht

49. Plaul, Th., a.a.O.

50. Siehe z. B. auch: Bembé, a.a.O.

51. Hils, a.a.O., S. 78 ff.

52. Siehe unter anderem:
Plaul, a.a.O.
Technologie der Feinkeramik, a.a.O.
Heufelder, a.a.O.
Rickert, A., Das Bilden in Ton, Maier, Ravensburg, 1960

Sachregister

260

 **Titel**

Laubsägen

Das Arbeiten mit der Laub-
säge wird oft als Kinder-
basteln abgetan. Das ist
schade. Gewiß kann mit
dem Werkzeug schon ein
Kind umgehen, aber es
steckt darin viel mehr: Der
Autor der nebenstehenden
TOPP-Titel führt das Laub-
sägen in eine neue Dimen-
sion. Ja, er fertigt drei-
dimensionale Bilder und
lehrt Kreativität.

Günter Friedrichs
Laubsägen
Laubsägen ist eine alte
Grundtechnik. Hier zeigt
der Fachmann die gestal-
terischen Möglichkeiten,
die in dieser einfachen
Technik stecken. Man
lernt nicht nur die Herstellung von Raumschmuck
und praktischen Dingen,
es wird auch zu modernen
Formen angeregt.
48 S., 30 Farbb., sw-Fotos
Best.-Nr. 698

Günter Friedrichs
Laubsägen, Vorlagen
Eine Ergänzung zum
gleichnamigen Buch des
Autors. Die Vorlagen kön-
nen vom erfahrenen Bast-
ler aber auch ohne Buch
benutzt werden. Meist handelt es sich um dreidimen-
sionale Schmuck- oder
Gebrauchsgegenstände.
Für eigene Kreativität
bleibt viel Raum.
3 Bg. 61 x 86 cm, 2seit. bedr.
Best.-Nr. 768

Vielleicht möchten Sie die Keramik nun einmal von einer neuen Seite angehen? Hier zwei Vorschläge aus anderen TOPP-Büchern:

Annemarie Schiller
Figürlich modellieren
Es ist ein Genuß, sich die kleinen Kunstwerke und die künstlerisch gestalteten Gebrauchsgegenstände anzusehen. Und am Ende wird man das alles selbst können!
Die Autorin arbeitet ausschließlich mit Ton, die Motive sind aber materialunabhängig.
48 S., 75 Farbfotos

Best.-Nr. 787

Diese Figur entstand in Plattentechnik.
Ausführliche Anleitung mit 9 Farbfotos in Schritt-für-Schritt-Darstellung gibt das Buch „figürlich modellieren" von Annemarie Schiller. Da staunt man, was man alles kann!

Noch eine Arbeit, von Hand hergestellt, also auch ohne Töpferscheibe: Vase mit weißer Zinnglasur. Die Verzierungen wurden in Fayence-Technik gemalt. (Entnommen dem TOPP-Buch „Freizeittöpfern" v. Magda Kaupisch.)

 **Titel**

Drechseln

Es ist schön, eine kunst-handwerkliche Fähigkeit zu entwickeln.
Der Werkstoff Holz hat es vielen angetan.
Für alle kreativen Hobbies hält TOPP die passenden Titel bereit: zum Thema Drechseln eine gute Ein-führung und eine Mappe mit herrlichen Arbeiten vie-ler in- und ausländischer Künstler.

Franz Wilhelm
Drechseln für jedermann
Wer bereits ein Elektro-werkzeug besitzt, kann sich dazu billig einen Drechsel-zusatz erwerben. Drechseln ist ein kreatives Hobby und deshalb so beliebt, weil sich auf ideale Weise der Zweck mit dem Schönen verbin-det. Nach diesem Leitfaden läßt sich die Kunst des Drechselns leicht erlernen.
96 S., 131 Fotos, 32 Zeichn.
Best.-Nr. 585

Franz und Horst Wilhelm
Drechseln, Mappe 1
Diese Vorlagenmappe ist etwas Besonderes: 32 Werkstücke werden in bril-lanten Fotos gezeigt. Die Künstler stammen aus vielen Ländern. Exakte Schnittzeichnungen auf Millimeter-Raster erleich-tern es, den Künstlern nachzueifern.
26 Farbblätter DIN A4,
  6 Farbblätter DIN A3
Best.-Nr. 881